Marie=Louise libertine

DU MÊME AUTEUR

HECTOR FLEISCHMANN

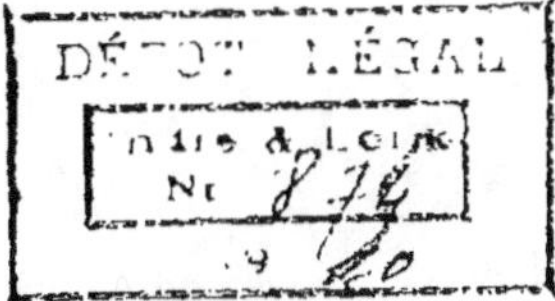

MARIE = LOUISE

libertine

« ... vie qui force la biographie à s'abaisser dans les détails d'une chronique où les scandales vont jusqu'à la honte, les chutes jusqu'à l'abjection et l'oubli des plus faciles devoirs de l'épouse et de la mère, jusqu'au mépris et à l'anéantissement des plus simples instincts de la femme. »

Le Portefeuille, Revue diplomatique
9 janvier 1848.

Avec 65 illustrations, autographes, portraits et hors-texte d'après des documents de l'époque.

PARIS

Albert MÉRICANT, Éditeur

1, RUE DU PONT-DE-LODI, 1

AVANT-PROPOS

*De l'enquête psychologique, commencée avec Napo-
léon adultère, continuée par Joséphine infidèle, voici
le dernier livre. Aux yeux de ceux qui ont lu les
deux premiers, nous n'avons point à excuser la violence de celui-ci, à nous disculper de la froide colère
avec lequel nous y avons condensé l'essentiel des reproches de la France napoléonienne, contre cette
archiduchesse venue d'Autriche, en croupe avec le
Malheur. C'est que nous touchions à l'instant de la
chute du grand Empire, au moment où le désastre
sacre véritablement César, mieux encore que ne l'a
pu faire ce Pape venu du fond des Romagnes pour*

attester de la justice de son élévation. C'est qu'aussi, dans les hordes barbares, franchissant le Rhin, mettant le pied sur la noble terre de la liberté révolutionnaire, nous avons vu marcher, au premier rang, pennons hauts, lances droites, les soldats et les pandours de cette même Autriche dont une fille assumait le rôle de Régente, de gage de paix et de fidélité aux serments solennels des jours heureux de la puissance. C'est que nous avons vu la Famille étrangère marcher sur la Famille française, la prendre à la gorge dans la stupeur de son étonnement, la terrasser et lui arracher ce que, librement, fièrement, elle avait été trop heureuse et trop honorée de lui voir accepter, moins de quatre ans auparavant.

Ah! l'Histoire doit être impartiale, solennelle, froide et impassible! Ah! il faut calmement enregistrer l'agonie du plus noble et du plus digne régime qui veilla aux destinées nationales! Sans tremblement, il faut noter les trahisons, exposer les indignes défaites, les outrageantes soumissions. D'un œil sec, il faut regarder les cadavres, et d'une main posée dresser le bilan du charnier! Il faut raisonner la trahison, ergoter sur la forfaiture! Au nom d'une faiblesse féminine, de raisons sentimentales, on doit excuser ou amoindrir le plus éclatant abaissement que l'Histoire ait à enregistrer! Allons donc! Si une excuse peut consoler l'amertume de cette colère, c'est qu'on doit se dire que ce n'est point une femme française qui a assumé, devant les temps, devant les mémoires fidèles, la honte fameuse d'une telle dégradation morale et physique.

« On a cherché, a-t-on excellemment écrit, à mettre sur le compte de la faiblesse de son caractère, l'in-

digne conduite de Marie-Louise. La faiblesse peut encore inspirer de la pitié ; nulle indulgence ne saurait être acquise au cynisme des sentiments (1). »

Cette indulgence, pourtant, de nos jours, il s'est trouvé quelqu'un pour en faire bénéficier, sans mesure, l'Autrichienne, et le nom de qui absolva ainsi, est bien fait pour surprendre dans l'occurrence. C'est de M. Frédéric Masson que nous entendons parler ici. Les sentiments que nous lui avons voués, que nous lui gardons, nous mettent fort à l'aise pour parler, une fois, du moins, sans ambages.

On sait avec quelle juste sévérité, M. Frédéric Masson a instruit le procès de Joséphine et le jugement accablant et mérité qu'il a rendu, la cause plaidée et entendue. Mais, par une suite d'esprit où nous échappe la ligne de la logique, il a fait bénéficier Marie-Louise de tout ce qu'il avait eu le droit et l'obligation de refuser à Joséphine. Il n'a voulu considérer en elle qu'une sorte de victime résignée de la politique autrichienne, un pantin aux mains des oligarques. A l'entendre, l'Autriche a tout fait, a décidé à elle seule de l'abandon de l'Empereur par l'Impératrice, de sa trahison des serments les plus essentiels, de son outrageant et avilissant adultère enfin. Sans doute, et, dans une large mesure, les déductions de ce raisonnement doivent être acceptées. Mais est-ce pour excuser Marie-Louise ? N'est-elle donc pour rien dans tout cela ? Contrainte à l'abandon de son mari, a-t-elle crié sa volonté de le rejoindre, de courir avec lui les suprêmes chances de la Fortune ou les hasards du malheur ? Un mot, une ligne, un geste, la mon-

(1) ARTHUR LÉVY, *Napoléon intime* ; Paris, 1897, in-8, p. 230.

trent-ils fidèle à son mari? Quand la voit-on protester contre cet arrachement, contre le vol de sa couronne et l'assassinat de sa tendresse? Vers la voix, la convoquant au nouveau foyer de l'île d'Elbe, a-t-elle, une fois, une seule fois, tourné la tête? On lui a imposé un amant. Soit. Mais a-t-elle été violée? Cet amant, elle l'a accepté parce que c'était son bon plaisir et un plaisir tel que, Neipperg mort, elle s'est hâtée de grimper au lit de Bombelles. Donc elle a tout accepté, tout voulu, sans révolte, sans que sa chair cabrée et son esprit rebelle se soient élevés contre l'abjection où on la poussait. Dans tout cela quelle place pour l'indulgence? Le moyen d'excuser, s'il vous plaît?

Nous savons bien que M. Frédéric Masson s'en tire par un tour indigne de lui et sa franchise coutumière. « L'Impératrice des Français m'appartient, dit-il, je ne m'occupe pas de la duchesse de Parme (1). »

C'est esquiver un des points capitaux de l'enquête. On juge un accusé tout autant sur ses paroles que sur ses actes. Ce sont les actes de Marie-Louise que nous allons examiner ici.

Ils montreront Napoléon trahi, une fois de plus, trahi comme il le fut par Joséphine, mais avec un éclat certes bien plus outrageant. La créole n'a trahi que le général en chef, le Premier Consul. Elle a respecté l'Empereur. Si, de quelque indulgence elle doit bénéficier, c'est au nom de ce respect seul qu'on la lui peut impartir. Et c'est au nom de ce respect qu'elle devait à l'Empereur, en tant que chef d'une grande

(1) FRÉDÉRIC MASSON, *L'Impératrice Marie-Louise (1809-1815)*; Paris, 1906, in-8, intr. II.

nation, en tant qu'époux, que Marie-Louise doit être, implacablement, frappée d'un jugement sans appel.

L'excuser ? Tenir compte d'une sentimentalité bêlante ? Il est des cas où ceux qui relèvent de l'Histoire sont sans sexe.

A l'heure de ces suprêmes trahisons, Lui, le Héros, apparaît plus grand encore, dressé dans l'éclat de son apothéose funèbre et triomphale. Sa femme arrachée de lui, ses maréchaux traîtres à leurs titres de victoires, abandonné de sa valetaille, celle du haut et celle du bas, seul, dans ses palais déserts et loin de ses armées trompées et désarmées, il se hausse à la gloire, plus grand d'être solitaire. Ce sont ces malheurs qui obligent à l'agenouillement devant son Nom, à la religion à sa Mémoire. Puissant, honoré et craint, il touche moins la sensibilité française, l'émotion nationale, que, déchu, blasphémé et ridiculisé. Par les courageuses vertus de la race qui s'épanouissent alors en lui, par le renoncement fier, par la soumission majestueuse, il donne le plus haut exemple de grandeur et de noble force. Il domine les écrasements, les agenouillements et les platitudes. Par sa marche solennelle et prisonnière au Ténare de la vie hélénoise, il propose aux siècles la consolation des rancœurs contemporaines. En survivant au reniement de sa femme, aux fourberies de sa noblesse, il offre l'image de l'homme fort, du Surhomme. Pour montrer ce qu'il a de si haut, il faut montrer ce que les autres ont de si bas. Voici ce qui y tâche.

De la chambre de l'humble logis où cette page s'a-

chève, se développe à nos yeux l'horizon marin de la Manche.

Déjà les nuées violettes du crépuscule traînent leurs écharpes au ras des flots cabrés et retentissants. Et là, sous nous, unie et jaune, s'étend la plage. De vieilles poutres vermoulues, cerclées de mousses et constellées de coquillages, attestent des embarcadères construits jadis pour la flotte de la descente en Angleterre. Lentement, une à une, la mer a arraché les planches des estacades de l'an XIV, et c'est maintenant, dans la solitude du port déserté, qu'elle monte à l'assaut des vieilles poutres héroïques. Bientôt tout sera renversé, balayé, emporté. Il ne demeurera rien de l'autrefois, dans ce coin de France où veille la colonne triomphale de Boulogne, il ne demeurera rien du titanesque projet de 1804, si ce n'est que le souvenir de ce havre disparu et la vision du vaisseau, cinglant, dans la haute mer, vers Sainte-Hélène...

Ambleteuse, 1910.

H. F.

LIVRE I

La Femme de César

I

L'ORGUEIL DE LA SURVIE DYNASTIQUE

Dès que Joséphine est reconnue stérile, que l'Empereur est certain que ce n'est point par elle que sa postérité sera maîtresse de l'avenir, l'idée du divorce prend racine, grandit et devient irrévocable. En 1807, c'est chose arrêtée. Les guerres, les circonstances, tout cela conspire à en retarder l'exécution, mais peu importe. L'Empereur divorcera.

Dix-huit princesses sont offertes à son choix. Avec leurs filiations, âges et religions, elles sont portées sur un tableau en tête duquel figure Marie-Louise, archiduchesse d'Autriche, âgée de seize ans. Il en est de plus jeunes, Anne-Paulowna, par exemple, sœur de l'Empereur de Russie, âgée de douze ans et onze mois, et Marie-Amélie-Frédérique-Augusta, nièce du Roi de Saxe, qui a, à peine, atteint ses treize ans et huit mois. Toutes les maisons souveraines figurent là, la Bavière avec l'Espagne, le Portugal et la Russie, les quatre Saxe, le Danemark, et, perdue parmi elles, la maison princière d'Anhalt-Dessau (1).

Dans tout cela, dans cette corbeille de jeunesses roses et blanches, qui choisir ? Sans doute, il ne saurait être question ici d'affaires de cœur. L'intérêt seul du grand Empire doit régler le choix de l'Empereur. Sans cela, n'est-il point en France, même, de familles dignes de fournir au trône l'épouse souveraine ? A l'heure où il est le maître du destin de dix monarchies, la question ne se pose point pour Napoléon. Il aspire plus haut qu'à une médiocre union. Celle de la veuve Beauharnais a donné des fruits trop amers. Il se sent donc instinctivement, et par une tare de son génie miraculeux, porté vers les noblesses de haute lignée, les noblesses dynastiques étrangères, puisque, cette alliance, ainsi que le dit Méneval, doit calmer l'« inquiétude des puissances » effrayées par la propagande révolutionnaire, et qu'elle sera le « gage d'une paix durable (2) ».

(1) Cf. ce tableau dans HENRI WELSCHINGER, *Le Divorce de Napoléon* ; Paris, 1889, in-12, pp. 270, 271.

(2) BARON DE MÉNEVAL, ancien secrétaire particulier de Napoléon, premier Consul et empereur, ancien secrétaire des commandements de l'impératrice régente, *Napoléon et Marie-Louise*; *Souvenirs historiques*; Bruxelles, 1845, in-18, t. II, pp. 55, 56. — Claude-François Méneval, secrétaire du portefeuille, fut créé baron de l'Empire le 13 août 1810. Cf. ÉMILE CAMPARDON, *Liste des membres de la noblesse impériale dressée d'après les registres des lettres patentes conservées aux Archives nationales*; Paris, 1889, in-8, p. 128. — Méneval mourut à Paris le 20 avril 1850. Son livre a été traduit en allemand par M. Frédéric M. Kircheisen, sous le titre : *Napoleon und Marie-Louise*; *geschischliche erinnerungen des barons Meneval, sekretär Napoleons und des Kaiserin Regentin*; Berlin und Leipzig, 1906, in-8.

Napoléon, en cet instant, semble donc oublier qu'il est, vivant et puissant, cette propagande même, qu'Empereur sacré par le Pape, il ne demeure pas moins l'Empereur de la Révolution rentrée dans ses voies naturelles, canalisée, disciplinée. Il va, pendant quatre ans, tenter l'expérience, la redoutable et funeste expérience de la noblesse.

Trop tard — et ce sera 1814, et ce sera 1815 — il reviendra à ce peuple dont il est sorti, aux couches révolutionnaires dont il tient sa puissance et dont il est l'expression. Pour le présent, il va à ces familles, qu'il trouve de « belle race », ainsi qu'il le dit à Larrey, et qui se sont montrées souvent si lamentablement plates devant lui (1). « Il se laissa glisser à cette illusion fatale, que, par la puissance, on peut suppléer à l'inégalité de la naissance (2). » Mieux encore, cette illusion, il la veut tangible, imposée, acceptée, naturelle pour tous. Depuis le sacre, il n'est plus d'étonnements pour la France.

(1) En voici un exemple, tiré des mémoires encore inédits de Mme de Ménerville : « La duchesse de Villeroy avoit prodigieusement d'esprit, de gaieté, de trait dans la conversation. Mais elle étoit bien vieille, asservie à une femme de chambre qui la dominoit, et souvent très ridicule dans son admiration pour Bonaparte. Elle en avoit peur. Il lui avoit rendu 10.000 livres de rente ; elle vouloit qu'il crut qu'elle lui en étoit reconnoissante ; elle écrivit à Joséphine que si elle étoit plus jeune, elle iroit lui présenter ses hommages. Ma mère ne pouvoit pas supporter ce langage dans une femme de l'âge et du rang de Mme de Villeroy... » P. Caron, *La Société versaillaise sous le premier Empire*; *fragment de Mémoires inédits*; Versailles, 1903, in-8, p. 5.

(2) Burgrave Hannibal zu Dohna, général major en retraite de l'armée prussienne, *Napoléon au printemps de* 1807; *un tableau historique*; traduit de l'allemand par Georges Donare; Nice, 1908, in-8, p. 40.

Puisque le mariage doit constituer en même temps une alliance politique, c'est vers celle-là qui lui semble la meilleure pour l'Empire qu'il se tourne. A vrai dire, il n'en est que deux pour son choix : celle de la Russie et celle de l'Autriche. C'est pour la première qu'opinent les conseils extraordinaires qu'il a réuni pour en discuter (1). Les raisons de cette unanimité sont certainement diverses et contradictoires. Pour l'Empereur, l'alliance avec la Russie constituait assurément l'équilibre de sa puissance. A l'Occident, lui ; à l'Orient, le tzar ; entre eux, l'Europe, quasi-vasale de leur double souveraineté. Pour les ministres, Cambacérès entre autres, le mariage russe paraissait un gage de paix prudente. « Nous aurons inévitablement la guerre, disait-il, avec le souverain dont nous n'aurons pas épousé la fille ou la sœur, et la guerre avec l'Autriche m'effrayerait moins qu'avec la Russie (2). » Dans ces paroles, la part de devination égalait la part de justesse pratique. « Un système d'alliance, écrit M. Frédéric Masson, si resserré qu'on l'imagine par les liens de famille, est mort-né s'il n'a pas pour base les intérêts propres et permanents des nations associées (3). » Dans le principe de la politique napoléonienne, l'intérêt de la Russie était évident et n'échappait point à l'œil de l'Empereur. Et, approuvé dans son dessein, par les lucides intelligences de ses conseils extraordi-

(1) COMTE MOLLIEN, *Mémoires d'un ministre du trésor public (1780-1815)* ; Paris, 1845, in-8, t. III, p. 121.

(2) ARMAND DE PONTMARTIN, [Étude critique sur] *Napoléon et ses détracteurs, par le prince Napoléon* ; *Le Correspondant*, 10 octobre 1887, p. 49.

(3) FRÉDÉRIC MASSON, *Le Royaume d'Italie* ; *Revue de Paris*, 15 juin 1899, p. 741.

naires, il donna ordre, à Caulaincourt, son ambassadeur à Pétersbourg, de commencer la « causerie ».

On y attendait, au surplus, des ouvertures. A Erfurth, Alexandre n'avait-il pas parlé en ce sens à Napoléon (1)? De cette alliance n'y avait-on pas discuté les préliminaires? La condition tacite du tzar n'avait-elle pas été, autant qu'on peut le deviner à travers les réticences et les cences et les contradictions, la renonciation de Napoléon aux affaires de Pologne? On peut le croire, à la réponse

Le duc de Vicence,
négociateur du mariage russe.

(1) « Des propos de divorce étaient revenus à Erfurth, aux oreilles de l'Empereur Alexandre, qu doit en avoir parlé à l'empereur, et lui avoir dit que la princesse Anne,

de l'Empereur, le 3 août 1809, à la députation de Galicie : « Vous sentez que le rétablissement de Pologne dans ce moment-ci est impossible pour la France... Je ne veux pas faire la guerre à la Russie (1). » Les jalons ainsi posés, la besogne était simplifiée à Caulaincourt.

La marche à suivre lui fut nettement et sommairement indiquée. « Dans toutes vos combinaisons, partez du principe que ce sont des enfants qu'on veut », lui écrivait Champagny, le 13 décembre 1809 (2), au moment où la nouvelle du mariage de Napoléon avec une princesse russe commençait à filtrer dans le public (3). C'était là la confirmation des instructions données, moins d'un mois auparavant, le 22 novembre : « Il vous restera à nous faire connaître les qualités de la jeune princesse, et surtout l'époque où elle peut être mère, car dans les calculs actuels, six mois de différence sont un objet (4). » Ainsi, par les dépêches de Champagny, se confirment les causes premières du divorce impérial.

sa sœur, était à sa disposition. » Champagny à Caulaincourt; Paris, 22 novembre 1809. — Pierre Bertrand, *Projet de mariage de Napoléon Ier avec la grande-duchesse Anne de Russie*; *Correspondance secrète et inédite de Champagny et de Caulaincourt*; *Le Correspondant*, 10 juin 1890, p. 848.

(1) Skalkowski, *Pour l'honneur du nom polonais*; Léopold, 1908, pp. 431 à 436. — *Supplément à la correspondance de Napoléon Ier*; *l'Empereur et la Pologne*; Paris, 1908, in-18, p. 27.

(2) Pierre Bertrand, *Projet de mariage de Napoléon Ier avec la grande-duchesse Anne de Russie...*; p. 850.

(3) Cf. une curieuse lettre de l'abbé de Montesquiou, dans la brochure du duc de Fezensac, *Le Divorce de Napoléon et l'abbé de Montesquiou*; Auch, 1895, in-8, p. 6.

(4) Pierre Bertrand, *Projet de mariage de Napoléon Ier avec la grande-duchesse Anne de Russie...*; p. 849.

Caulaincourt exécuta à la lettre ces instructions et procéda à une enquête attentive sur la future fiancée. De la grande-duchesse Anne, le prince de Schwarzenberg (1) faisait le portrait le plus flatteur. « Elle n'a pas quinze ans, disait-il, n'est point formée et est encore très petite, mais elle annonce devoir être un jour jolie... la forme de son visage n'a rien de l'air kalmouk de la famille (2). » Les renseignements de Caulaincourt, naturellement, sont plus précis et abondants. Le 5 janvier 1810, il écrit à Champagny une longue dépêche où il dit de la grande duchesse :

V. E. sait par l'Almanach de la cour que Mme la grande-duchesse Anne n'entre dans sa seizième année que demain, 7 janvier. C'est exact. Elle est grande pour son âge, et plus précoce qu'on ne l'est ordinairement ici ; car, au dire des gens qui vont à la cour de sa mère, elle est formée depuis cinq mois ; sa taille, sa poitrine, tout l'annonce aussi. Elle est grande pour son âge, elle a de beaux yeux, une physionomie douce, un extérieur prévenant et agréable, sans être belle, et un regard plein de bonté. Son caractère est calme, on la dit fort douce, on vante plus sa bonté que son esprit. Elle diffère entièrement, sous ce rapport, de sa sœur, qui passait pour impérieuse et décidée (3). Comme

(1) Charles-Philippe, prince de Schwarzenberg, né en 1771, mort en 1820, feld-maréchal autrichien, plus tard généralissime des armées coalisées, en 1814, revint à la diplomatie après la campagne de Wagram. Ambassadeur à Pétersbourg, il ne quitta son poste que pour venir négocier à Paris le mariage de Marie-Louise.

(2) Cité par HENRI WELSCHINGER, *Le Divorce de Napoléon...* ; p. 73.

(3) La grande-duchesse Catherine épousa un prince Georges de Holstein-Oldenbourg, passé au service de la Russie. « Sa personne offrait peu d'agrément. Le prince

toutes les grandes-duchesses, elle est bien élevée, instruite, elle a déjà le maintien d'une princesse et le ton et l'aplomb nécessaire pour tenir sa cour (1).

Ces détails s'étaient, vraisemblablement, fait trop longtemps attendre, car, parallèlement à Caulaincourt, Savary, cet « admirable chef de gendarmerie (2) » menait une enquête trop peu discrète à Paris. Venu aux renseignements chez Labinski, le consul général de Russie, à Paris (3), il avait laissé deviner son jeu. Le consul en écrivit à Pétersbourg. « L'Empereur, mande Caulaincourt à Champagny, le 15 janvier 1810, l'Empereur m'a dit que M. le duc de Rovigo avait été faire une visite à Labinski, chez qui, ajoute-t-on, il n'allait jamais, qu'il lui avait parlé de la grande-duchesse et lui avait demandé son âge et des renseignements sur elle, sur sa tournure. Tout cela a choqué le consul qui, embarrassé pour répondre, m'a-t-on ajouté, a couru chez l'ambassadeur pour tout lui conter (4). » Entre temps,

est laid, chétif, couvert de boutons, écrivait Caulaincourt, il articule avec peine. » En comparaison de la princesse accomplie qu'on lui destinait, « les demoiselles de Pétersbourg ne le trouvaient pas assez aimable ». ALBERT VANDAL, *Négociations avec la Russie relatives au second mariage de Napoléon*; Paris, 1890, in-8, p. 10.

(1) PIERRE BERTRAND, *Projet de mariage de Napoléon Ier* *avec la grande-duchesse Anne de Russie...* ; p. 853.

(2) PRINCE NAPOLÉON, *Napoléon et ses détracteurs*; Paris, 1887, in-8, p. 234.

(3) C'est ce même Labinski qui devait servir d'intermédiaire pour les prêts d'argent demandés par Talleyrand à Alexandre, tels les 150.000 sollicités le 15 septembre 1810. Cf. la lettre de Talleyrand au tzar, dans *Feuilles d'histoire du XVIIe au XXe siècle*, avril 1910, pp. 341, 342, 343.

(4) PIERRE BERTRAND, *Projet de mariage de Napoléon Ier* *avec la grande-duchesse Anne de Russie...*; p. 856.

cependant, Caulaincourt avait envoyé des détails plus précis. Ils étaient de nature à satisfaire l'Empe-

L'arc de triomple élevé à la barrière de l'Étoile pour l'entrée de LL. MM. à Paris, le 2 avril 1810.

reur dans ses espérances de postérité. C'est le 5 janvier 1810, que l'ambassadeur écrivait :

Une réflexion générale, c'est que le sang qui coule dans les veines de la famille impériale est beaucoup plus précoce que celui des Russes. A en juger par la chronique de la cour, la nature s'y développe de bonne heure. Les fils, tiennent en général, de leur mère et les filles de l'empereur Paul. Quant à la constitution, les princesses ont l'air, ainsi que le tempérament, sec ; Mme la grande-duchesse Anne fait exception à cette règle ; elle tient, comme ses frères, de sa mère, tout annonce qu'elle en aura le port et les formes. On sait que l'impératrice est encore maintenant, malgré ses cinquante ans, un moule à enfants (1).

Enfin, le 15 janvier, Caulaincourt confirme ces détails et ajoute : « On convient que Mme la grande-duchesse est nubile, qu'il y en a eu des marques prononcées, quoique légères (2) ». Mais, de là même viennent les difficultés dont nous aurons à parler. En attendant, Champagny répond, le 5 février : « S. M. a été frappée d'apprendre que la nubilité de la jeune princesse n'avait encore été annoncée que par des marques légères. Elle sait qu'entre ce moment et celui où une jeune personne peut devenir mère, plusieurs années peuvent s'écouler, et ainsi elle a à craindre d'être peut-être trois ans sans espérance d'avoir des enfants (3). » Pétersbourg s'était, précédemment, demandé : « L'empereur Napoléon peut-il avoir des enfants ? » C'est par ces craintes que répondait le futur mari.

L'affaire, cependant, traînait en longueur. Un obstacle inattendu surgissait pour en empêcher la conclusion. L'Impératrice douairière de Russie, née Marie de Wurtemberg, opposait, non un veto formel, mais la résistance de l'inertie, à l'achèvement des pourparlers. C'était d'abord la question de religion. Caulaincourt la trancha en affirmant que Na-

<hr>

(1) PIERRE BERTRAND, *Projet de mariage de Napoléon Ier avec la grande-duchesse Anne de Russie...*; p. 853.

(2) PIERRE BERTRAND, *Projet de mariage de Napoléon Ier avec la grande-duchesse Anne de Russie...* ; p. 855.

(3) PIERRE BERTRAND, *Projet de mariage de Napoléon Ier avec la grande-duchesse Anne de Russie...*; p. 861.

poléon autoriserait à Paris, aux Tuileries, l'installation d'une chapelle orthodoxe et desservie par un pope (1). Ce fut ensuite l'affaire de l'ukase de Paul I⁰ʳ. Par cet ukase, l'empereur assassiné remettait à l'impératrice douairière la libre et entière disposition de l'établissement de ses filles. Quoique convenant que les idées de l'impératrice n'étaient pas toujours d'accord avec ses vœux, ni avec la politique, ni même avec la raison, Alexandre n'osait s'élever contre cette prérogative de sa mère (2). Il réclamait des délais, « dix jours au moins ». Caulaincourt, néanmoins, demeurait optimiste. « Les préjugés lui lient les mains, disait-il, mais mille choses portent à croire que l'impératrice partagera son opinion (3). » Et de nouveaux délais étaient réclamés, qui durent, vraisemblablement, exaspérer Napoléon et rendent plausible son apostrophe à l'ambassadeur : « Monsieur le Russe, l'empereur Alexandre est un enchanteur qui vous a brouillé la cervelle (4). »

(1) « Sur cela, me répondit l'empereur, il faudrait prendre un engagement par écrit pour qu'elle eût son prêtre et sa chapelle ; le prendrez-vous ? — Je répondis affirmativement. » Caulaincourt à Champagny ; Pétersbourg, 5 janvier 1810. — PIERRE BERTRAND, *Projet de mariage de Napoléon I⁰ʳ avec la grande-duchesse Anne de Russie...* ; p. 852.

(2) Caulaincourt à Champagny ; Pétersbourg, 5 janvier 1810. — PIERRE BERTRAND, *Projet de mariage de Napoléon I⁰ʳ avec la grande-duchesse Anne de Russie...* ; p. 851.

(3) Caulaincourt à Champagny ; Pétersbourg, 6 janvier 1810. — Dans cette lettre, Caulaincourt assure « que l'acte qui donne la disposition des enfants à sa mère [d'Alexandre] a été déposé lors du couronnement de l'empereur Paul devant l'autel de la cathédrale de Moscou. » — PIERRE BERTRAND, *Projet de mariage de Napoléon I⁰ʳ avec la grande-duchesse Anne de Russie...* ; p. 851.

(4) *Souvenirs du duc de Vicence*, recueillis et publiés par Charlotte de Sor ; Paris, 1837, in-8, t. I, p. 103. — Charlotte

L'illusion de Caulaincourt, au sujet des bonnes dispositions de l'impératrice, semble avoir duré jusqu'à la fin de janvier. Le 21, il écrivait encore à Champagny : « L'impératrice ne met aucune opposition réelle, mais en même temps, et par une suite naturelle de son caractère, elle ne sort pas de son indécision (1). » Les discussions autour de la nubilité de la princesse eussent dû l'éclairer, cependant. Le 15 janvier il mentionnait les objections de l'impératrice relativement à l'âge de la grande-duchesse. A l'entendre, n'était-ce pas à un satyre qu'elle allait livrer sa fille ? « On cite les deux [filles] aînées : la Palatine mariée à seize ans, qui est morte, dit-on, pour

de Sor est le pseudonyme de la comtesse d'Eillaux. Ces *Souvenirs* furent annoncés dans ces termes, par le *Journal des Débats* du mercredi 14 juin 1837 : « Pour paraître le 20, chez Alphonse Levavasseur et Cie, place de la Bourse, 8 : *Souvenirs du duc de Vicence* (Caulaincourt) recueillis et publiés par Mme Charlotte de Sor, 2 vol. in-8, 15 francs. *Nota* : En se faisant inscrire on recevra l'ouvrage avant sa mise en vente. » Le lendemain, le même journal publiait cette lettre :

Au Rédacteur,

Paris, le 14 juin 1837.

« On lit dans les annonces du *Journal des Débats* de ce jour, l'annonce suivante : *Souvenirs du duc de Vicence*, publiés par Mme Charlotte de Sor.

« La famille du duc de Vicence croit devoir déclarer qu'elle est absolument étrangère à cette publication, et que son auteur, les circonstances qui ont donné lieu à son ouvrage, où les documents dont il s'est servi, lui sont également inconnus.

COMTE OLIVIER DE CAULAINCOURT,
en mon nom, et au nom de mon frère le duc de Vicence
(absent).

LE COMTE DE SAINT-AIGNAN,   LE MARQUIS DE MORNAY,
LE COMTE DE MORNAY.

(1) PIERRE BERTRAND, *Projet de mariage de Napoléon Ier avec la grande-duchesse Anne de Russie...*; p. 856.

l'avoir été trop jeune ; la princesse de Mecklembourg aussi (1). » Le 5 février, l'ambassadeur revient sur cette délicate et quelque peu outrageante question :

L'âge est le seul obstacle que l'impératrice mère trouve au mariage. L'exemple malheureux de ses deux filles aînées fait qu'elle ne pourrait y consentir que dans deux ans. Mme la grande-duchesse Anne ne pourrait, comme ses sœurs Marie et Catherine, se marier avant dix-huit ans. L'impératrice est flattée de cette idée, m'a dit encore l'empereur, mais aucune raison n'a pu la déterminer à passer sur la crainte d'exposer la vie de sa fille en la mariant plus tôt (2).

On ne se résignait donc pas à livrer cette pitoyable victime à « l'ogre corse ». On craignait pour elle le sort que firent subir à ses deux sœurs les lourds Allemands, brutaux et acharnés, auxquels on les livra. A tout cela, au surplus, on mêlait la question des enfants. De la paternité possible de Napoléon, on doutait, à Pétersbourg. Alexandre, seul, protestait du contraire (3). « Si l'empereur Napoléon, disait-on, dans les milieux de la cour, n'a point d'enfants, comme cela est probable, puisqu'il n'en a pas eu même avec ses maîtresses, ne prendra-t-il pas ce prétexte pour répudier cette princesse (4) ? » Ce di-

(1) PIERRE BERTRAND, *Projet de mariage de Napoléon Ier avec la grande-duchesse Anne de Russie...*; p. 855.
(2) PIERRE BERTRAND, *Projet de mariage de Napoléon Ier avec la grande-duchesse Anne de Russie...*; p. 862.
(3) Caulaincourt à Champagny ; Pétersbourg, 15 janvier 1810. — PIERRE BERTRAND, *Projet de mariage de Napoléon Ier avec la grande-duchesse Anne de Russie...*; p. 855.
(4) Caulaincourt à Champagny ; Pétersbourg, 18 février 1810. — PIERRE BERTRAND, *Projet de mariage de Napoléon Ier avec la grande-duchesse Anne de Russie...*; p. 868.

sant, les milieux bien informés de Pétersbourg, bavardent sottement, car, depuis le 13 décembre 1806, Napoléon est père d'un fils, celui qui sera le comte Léon, et dans trois mois, le 4 mai 1810, la comtesse Walewska lui donnera un second fils (1). A la vérité,

Napoléon et Marie-Louise d'après une médaille frappée en 1810.

ce ne sont là que des manœuvres pour retarder et reculer la réponse définitive qu'attend l'Empereur, qu'il va exiger. « De tels détails paraissent plus déplacés qu'un refus, » fait écrire, le 8 février, Napoléon par Champagny. Et, dans ce qui suit, on reconnaît son coup de griffe. Ces atermoiements, ces demandes de délais, l'ajournement, enfin, tout cela l'a blessé au vif. « L'ajournement, dit-il, a paru pire qu'un refus. Avait-il pour but de faire penser que la France mettait à cette alliance un prix extraordinaire (2) ? » Lui, qui s'est conduit, dans cette affaire, « avec sa circonspection ordinaire (3) », y a, avant tout, donné place à son amitié

(1) Sur ces deux fils, cf. notre volume, *Napoléon adultère*, Paris, s. d. [1909], in-18; pp. 159, 188.

(2) BARON DE MÉNEVAL, *Napoléon et Marie-Louise; Souvenirs historiques...*; t. II, p. 57.

(3) Champagny à Caulaincourt; Paris, 8 février 1810. —

pour Alexandre, trouve qu'il n'a pas été payé de retour. Au surplus, il suffit, il lui serait dégradant d'insister. C'est vers l'autre alliance qu'il se tourne.

On ne lui demande rien de plus. C'est la solution désirée par le ministre Roumantzof (1), imposée par l'impératrice douairière. C'est elle, elle surtout, qui n'a point voulu de ce mariage, qui a repoussé cette alliance. Cette Allemande tenace, forte de toute sa haine anti-française, a tenu tête à l'Empereur et a remporté sur sa confiance cette hypocrite victoire. « Ce qu'elle veut pour ses filles, ce n'est point un despote jacobin, si puissant qu'il soit, mais des princes, des princes vrais, qui aient du sang bleu aux veines et qui descendent des races de dynastes (2). » Et ce qu'elle a voulu, elle l'a obtenu, et, par sa résistance, elle a dérobé à l'Empire sa seule alliance naturelle (3).

*
* *

L'Autriche n'avait point attendu la rupture des négociations du mariage russe, pour faire, habile-

---

PIERRE BERTRAND, *Projet de mariage de Napoléon Ier avec la grande-duchesse Anne de Russie...* ; p. 865.

(1) Roumantzof eut, le 30 décembre 1809, une conversation confidentielle avec Caulaincourt, au cours de laquelle il lui dit : « Un mariage est pour moi une pierre dans le chemin. Feuilletez l'histoire, vous verrez qu'ils ont toujours refroidi plus que resserré l'alliance. » Caulaincourt à Champagny ; Pétersbourg, 5 janvier 1810. — PIERRE BERTRAND, *Projet de mariage de Napoléon Ier avec la grande-duchesse Anne de Russie...* ; p. 851.

(2) FRÉDÉRIC MASSON, *Napoléon et son fils* ; Paris, 1908, in-8, p. 28.

(3) « Sans doute la volonté du souverain régnant formait la loi suprême ; Alexandre pourrait briser toute opposition,

ment, des propositions. A en croire Champagny, les premières ouvertures de l'ambassadeur Schwarzenberg n'auraient été faites que dans la matinée du 7 février (1). A vrai dire, les préliminaires dataient de plus loin. Le ballon d'essai, si on peut dire, avait été lancé par le premier secrétaire de l'ambassade autrichienne, M. de Floret. Il affirmait que si Napoléon s'adressait, pour son mariage, à l'empereur François, qu'il n'aurait point à craindre de refus. Le propos fut aussitôt répété au duc de Bassano (2). On en fit son profit en haut lieu. Dans la nuit du 6 au 7 février, l'Empereur appela Louis-Eugène de Beauharnais, le cardinal Fesch, les grands dignitaires, les ministres, les présidents du Sénat et du Corps législatif, en conseil extraordinaire. Il y fit lire la correspondance de Caulaincourt, exposer les propositions autrichiennes et voter sur la décision à prendre. « Le conseil a voté presque à l'unanimité pour que l'Empereur épousât Mme l'archiduchesse d'Autriche (3). » Le motif déterminant fut que, depuis trois ans Marie-Louise était nubile. Ainsi toutes les craintes sur la fécondité de la future impératrice

---

mais l'idée de parler en maître à sa mère lui répugnait, et s'il se réduisait à n'employer que la persuasion et la douceur, on avait à craindre que toutes ses instances n'échouassent devant l'entêtement d'une femme impérieuse et tenace... »
ALBERT VANDAL, *Négociations avec la Russie relatives au second mariage de Napoléon...; p. 6.* — On voit que la diplomatie d'Alexandre ne servit de rien en l'occurrence.

(1) PIERRE BERTRAND, *Projet de mariage de Napoléon Ier avec la grande-duchesse Anne de Russie...; p. 875.*

(2) HENRI WELSCHINGER, *Le Divorce de Napoléon...; p.* **66.**

(3) Champagny à Caulaincourt; Paris. 8 février 1810. — PIERRE BERTRAND, *Projet de mariage de Napoléon Ier avec la grande-duchesse Anne de Russie...; p. 864.*

se trouvèrent réglées. « La réputation des archiduchesses à cet égard était passée en proverbe (1) ». Le 23 février, Napoléon adressait à François II la demande officielle en mariage, et le lendemain Berthier, prince de Neuchâtel et de Wagram, partait épouser à Vienne la fille du vaincu d'hier.

La promptitude de ces arrangements ne laissa pas que de surprendre. « Ils s'étaient faits en un tour de main », écrit Mac Donald encore surpris (2). A Pétersbourg, elle causa une colère mêlée de stupeur. « Ce mariage, dit Caulaincourt dans une dépêche à Talleyrand, a fait ici une drôle de révolution. Les plus grognons, les plus opposés au système, jettent la pierre à l'impératrice mère... Vous ne pouvez vous faire une idée du déchaînement qu'il y a pour cela contre l'impératrice, même de la part de ses affidés (3). » Un mécontentement, d'un ordre différent, pénétrait la population française. Le mariage y fut mal accueilli : « La majorité de la population voyait avec inquiétude et méfiance recommencer le règne d'une Autrichienne (4). » L'armée, qui considérait en le nouveau mariage le résultat de l'armistice de Znaïm (5), grognait de même. « Si l'Em-

(1) L. DE LANZAC, *Napoléon II, d'après une prochaine publication*; *Le Correspondant*, 25 novembre 1903, p. 677.

(2) *Souvenirs du maréchal Macdonald, duc de Tarente*, avec une introduction par M. CAMILLE ROUSSET, de l'Académie française; Paris, 1892, in-8, p. 174.

(3) *Archives du Ministère des Affaires étrangères*; *Correspondance de Russie*, f. 150. — HENRI WELSCHINGER, *Le Divorce de Napoléon...*; p. 189.

(4) DÉSIRÉ LACROIX, *Roi de Rome et duc de Reischstadt (1811-1832)*; Paris, s. d., in-18, p. 22.

(5) ELZÉAR BLAZE, ancien officier de la grande Armée, *La Vie militaire sous le premier Empire*; Paris, s. d. in-18,

pereur était content de nous, nous n'étions pas contents de lui, » dit avec sa joviale naïveté le brave Coignet (1). Mais, le déplaisir montait plus haut encore. Chez certains, il s'y mêlait quelque inquiétude, et cet état d'esprit se manifesta clairement par la non-unanimité du vote au sujet du mariage autrichien, dans le conseil extraordinaire du 7 février.

C'est que ce mariage paraissait lourd de menaces aux régicides de 1793, devenu fonctionnaires ou dignitaires impériaux. Cambacérès et Fouché se devinaient particulièrement menacés. Le premier, ayant, par mégarde, donné un bal le 21 janvier, fut prié d'aller admirer les beautés de Rome (2). L'inquiétude d'une possible vengeance autrichienne avait gagné jusqu'aux départements. « D'Aix-la-Chapelle le préfet de la Roër demandait s'il était vrai que l'Empereur éloignerait de sa personne, de la capitale et des emplois publics, les conventionnels et ceux dont la cour de Louis XVI avait eu à se plaindre. C'était, assurait-on, un article secret du contrat de mariage(3). » Terreurs inutiles ! En 1810, l'Autriche ne songeait pas plus qu'en 1793 à venger l'exécution de Marie-Antoinette. C'eût été, au surplus, une singulière prétention. L'Empereur, à la vérité, n'y avait pensé qu'un seul instant et avait passé outre (4).

pp. 208, 209. — L'édition que nous citons ici est une réimpression moderne de ce livre paru en 1837, chez Moutardier, 2 vol. in-8.

(1) *Les Cahiers du capitaine Coignet* (1799-1815), publiés d'après le manuscrit original par LORÉDAN LARCHEY ; Paris, 1909, in-18, p. 188.

(2) EUGÈNE WELVERT, *Lendemains révolutionnaires ; les régicides* ; Paris, s. d., in-8, p. xvi, intr.

(3) EUGÈNE WELVERT, *Lendemains révolutionnaires...* ; p. xvi.

(4) Dans un rapport à Champagny, le comte de Laborde

N'avait-il pas employé la plupart des hommes de la
Terreur ? Il avait fait Cambacérès, prince (1). Il
avait doté Fouché d'un duché. Il ne songeait à dis-

« Marie-Louise, amenée d'Autriche au Corse. »
(*D'après une caricature anglaise de 1810.*)

gracier ni l'un ni l'autre, encore que depuis sa décision d'épouser une archiduchesse, il fut pris d'une
brusque pitié pour le malheur des Bourbons. A la
veille d'enter la racine corse sur la souche autri-

écrivait : « Le prince de Schwarzemberg ajouta une chose
assez singulière. Il prétendait avoir appris dernièrement d'un
grand personnage qu'il n'a pas voulu me nommer, que
l'Empereur, parlant de son établissement futur, avait dit
qu'il y aurait bien quelque avantage à songer à une princesse autrichienne, mais que la moitié des gens en place
pourraient en concevoir des inquiétudes qui ne seraient pas
sans inconvénients. » HENRI WELSCHINGER, *Le Divorce de
Napoléon...*; pp. 79, 80.
(1) Voici, à propos de Cambacérès, une anecdote peu
connue : « Ce fut Chénier qui remplaça Chateaubriand à
l'Académie, et M. de Ségur qui répondit à son discours, en
tançant un peu les hommes de la Révolution. L'Empereur

chienne, de s'allier aux Capétiens et aux Valois, il se sentait envahi d'une singulière mansuétude pour cette race qu'il combattit en ses jeunes années, et sur laquelle il remporta ses premiers lauriers. Marie-Antoinette lui parut « une femme charmante (1) ». Plus tard, à Dresde, il plaignit Louis XVI, « son pauvre oncle (2) ». En juin 1810, il fit interdire la tragédie de Raynouard, *les États de Blois*, à cause du rôle du duc de Guise, un parent de l'impératrice, dit-il, un « prince de la maison d'Autriche avec qui nous sommes en amitié (3) ». Ce ne fut que sur le tard, à l'heure de ses désastres qu'il parut désabusé, conservant cependant encore une pointe de commisération. « Les Bourbons, pauvres diables ! » disait-il (4). Pour le présent, il faisait exhumer le cé-

fut mécontent de cette sortie ; il le témoigna le soir même à son cercle, en disant à M. de Ségur : « Il ne faut pas remuer ces souvenirs. Imitez-moi, j'oublie. J'emploie ces hommes parce qu'ils ont du mérite. Voyez M. de Cambacérès (il le désigna du doigt) ; je suis sûr qu'à chaque instant de sa vie, il regrette sa fatale *condescendance*. » CHARLES MAURICE, *Histoire anecdotique du théâtre, de la littérature et de diverses impressions contemporaines, tirée du coffre d'un journaliste, avec sa vie à tort et à travers* ; Paris, 1856, in-8, t. I p. 150.

(1) *Journal anecdotique de Mme Campan ou souvenirs recueillis dans ses entretiens*, par M. MAIGNE, médecin aux hôpitaux de Nantes, *suivis d'une correspondance inédite de Mme Campan avec son fils* ; Paris, 1824, in-8, p. 7.

(2) ALBERT VANDAL, *Napoléon à Dresde ; Revue de Paris*, 15 janvier 1896, p. 295.

(3) *Les États de Blois* ne furent joués que sous la Restauration, le 30 mai 1814. La chute fut complète. La pièce n'eut que 8 représentations. — HENRI WELSCHINGER, *La Censure sous le premier Empire, avec documents inédits* ; Paris, 1882, in-8, p. 243.

(4) *Journal du colonel sir Neil Campbell*, dans AMÉDÉE PICHOT, *Napoléon à l'île d'Elbe ; Chronique des événements de*

rémonial en honneur à leurs mariages. Sur celui de
Marie-Antoinette il faisait régler celui de l'Empereur des Français avec une archiduchesse d'Autriche. Il y mêlait cependant l'élément des temps
nouveaux disciplinés par lui, et ce fut pourquoi
Marie-Louise, petite-nièce de Marie-Antoinette, joua,
à son arrivée à Paris, sa première partie de whist
avec Fouché et Cambacérès, lesquels, tous deux,
avaient, dans les orages de fièvre et de fureur de la
Convention nationale, voté la mort du « dernier
tyran des Français ».

Le dépit de Pétersbourg trouva un écho à Vienne,
dans les salons anti-français. Les émigrés de 1789
avaient fait là souche. De leurs vieilles haines de-
meurées vivaces, ils n'avaient rien abdiqué. Bonaparte était l'usurpateur, et son mariage « semblait
mettre le sceau à la révolution et à l'usurpation (1) ».
Ce n'était, dans ces pétaudières, qu'un cri contre le
« monstre ». Personne qui ne fut d'accord, là, sur
« l'inconvenance et la lâcheté de l'alliance qui mettait au pouvoir de l'infâme usurpateur la première
princesse de l'Europe (2) ». Les dames en eurent des
syncopes et des attaques de nerfs (3). Quelques-unes
d'entre elles prouvaient « par des faits prétendus
incontestables que le monstre était poltron et que

1814 *et* 1815, *d'après le journal du colonel sir Neil Campbell, le
journal d'un détenu et autres documents inédits ou peu connus,
pour servir à l'histoire du premier Empire et de la Restauration*; Paris, 1875, in-8, p. 50.

(1) *Souvenirs de la baronne du Montet* (1785-1866); Paris,
1904, in-8, p. 15.

(2) *Mémoires de la comtesse Potocka* (1794-1820); publiés
par Casimir Stryienski; Paris, 1897, in-8, p. 183.

(3) *Mémoires de la comtesse Potocka...*; p. 184.

bientôt il deviendrait imbécile, vu qu'il tombait du mal caduc (1) ».

Peltier, le stupide Peltier, directeur de l'*Ambigu* (2), petite feuille royaliste de Londres, avait fait de la chose un quatrain :

> Savez-vous pourquoi l'archiduc (3)
> Du grand Napoléon doit épouser la femme?
> C'est pour accoutumer la jeune et noble dame
> Aux attaques du mal caduc (4).

Et, de feuille en feuille, c'était, de sa part, mille détails ridicules sur « l'Iphigénie autrichienne », la « seconde madame Bonaparte », la « rose du Danube », appelée à remplacer aux Tuileries la « marjolaine de la Malmaison ». Avec beaucoup de grâce, elle avait placé sur son sein le portrait de son « ogre », elle lisait avec attention les épîtres de son « vertgalant », mais en secret elle versait les larmes les plus amères.

(1) *Mémoires de la comtesse Potocka...*; p. 191.

(2) Sur la vie menée par Peltier et sa femme, à Londres, on trouvera quelques détails scandaleux dans l'ouvrage de Méhée de la Touche, *Alliance des jacobins de France avec le ministère anglais; les premiers représentés par le citoyen Méhée, et le ministère anglais par MM. Hamond, Yorke et les lords Pelham et Hawkesbury; suivi des stratagèmes de François Drake, sa correspondance, ses plans de campagnes, etc.* A Paris, de l'imprimerie de la République, germinal an XII [1803], in-8.

(3) L'archiduc Charles, qui épousa Marie-Louise, au nom de l'Empereur.

(4) Ce quatrain parut dans *L'Ambigu, ou variétés littéraires et politiques; recueil périodique publié trois fois par mois.* Il est cité par M. Lefèvre Saint-Ogan dans sa remarquable étude sur Peltier, *L'Envers de l'Épopée*, publiée dans la *Nouvelle Revue*, 1er mars 1910, p. 55.

De tant de bonheur, les clans royalistes de Vienne déclaraient que « Napoléon allait devenir fou de joie (1) » car « le ciel ne permettait un tel scandale que pour foudroyer de plus haut le moderne Nabuchodonosor (2) ». Et quel mépris indigné contre Berthier, « ce soldat parvenu, ce prince de la veille (3) ! » Mais la police ayant mis le nez dans ces conciliabules, il fallut se taire et prendre, en silence, son parti de cette « brillante mésalliance (4) ».

Seul, le peuple de Vienne montrait quelque joie, sincère celle-là. Les blessures de la campagne de 1809 lui saignaient encore douloureusement au flanc. Par cette alliance inespérée, inattendue, il escomptait quelque adoucissement aux conditions draconiennes du traité de Vienne. L'indemnité de guerre de 85 millions demeurait à payer à la France. Les remparts de Vienne démolis, jetés bas par la mine, attestaient de la terrible défaite. Le vainqueur avait arraché à l'Autriche les plus belles de ses provinces :

(1) Pour M. de Pradt, cette folie était évidente, reconnue incontestable. Voici au nom de quelles belles raisons : « Napoléon était fou, non pas de cette espèce de dérangement qu'affecte les facultés mentales, mais de ce dérangement d'idées qui provient de la bouffisure et de l'exagération, par laquelle on outre tout, par laquelle on commande toujours sans calculer jamais, par laquelle on dépense toujours sans compter jamais ; par laquelle, enfin, à force d'avoir vaincu des obstacles on finit par croire qu'on les vaincra toujours ou plutôt qu'il n'y aura plus d'obstacles. » *Histoire de l'ambassade dans le grand-duché de Varsovie en 1812*, par M. DE PRADT, archevêque de Malines, alors ambassadeur à Varsovie ; quatrième édit. ; Paris, 1815, in-8, p. XIV.
(2) *Mémoires de la comtesse Potocka...* ; p. 184.
(3) *Mémoirès de la comtesse Potocka...* ; p. 183.
(4) *Mémoires de la comtesse Potocka...* ; p. 184.

le pays de Salzbourg, Berchtesgaden, la Haute-Autriche, Goritz, la Carniole, la Haute-Carinthie, Trieste, Fiume, des lambeaux de Bohême et de Galicie, libéralement distribués par Napoléon entre la Bavière, à l'Italie, à la Saxe. C'était le baume à toutes ces plaies vives et brûlantes qu'on espérait, de celui qui allait apporter, en dot à sa fiancée, l'assurance que sa patrie était garantie de toute nouvelle dépossession de territoire (1).

Au-dessus de toutes ces contingences, un seul triomphait avec superbe : M. de Metternich. « Il est ivre de joie, disait Gentz, son homme à tout écrire ; voyant à quel point la grande nouvelle réussit, il ne craint pas d'attribuer à son art et à son mérite, la totalité de cet événement (2). » C'était d'une autre joie qu'il devait demeurer grisé pour le reste de sa vie, quatre ans plus tard !

Mais une promptitude égale à celle des pourparlers régla les cérémonies du mariage par procuration. Comme le premier après l'Empereur, Berthier, l'ancien espion de Joséphine (3), assuma la délicate tâche de ramener l'Impératrice en France (4). Le

(1) Étienne Lamy, *Un témoin du premier Empire* ; *Le Correspondant*, 10 mars 1895.

(2) Henri Welchinger, *Le Divorce de Napoléon...* ; pp. 148, 149.

(3) Cf. Notre volume, *Joséphine infidèle* ; Paris. s. d. [1910]; in-18, pp. 214 et suiv.

(4) « Alexandre Berthier était, de tous les grands dignitaires de l'Empire, celui qui réunissait le plus de titres à ce suprême honneur, justifié encore par l'amitié que lui portait Napoléon. » Baron J. Antomarchi, *Le Mariage par procuration de Napoléon avec Marie-Louise, d'après les lettres inédites au maréchal Berthier* ; *Revue Hebdomadaire*, 15 octobre 1898, p. 382. — Voyez, dans *Le Carnet historique et littéraire* de janvier 1900, la correspondance de Berthier relative à cette mission, publiée par M. Albert Vandal.

CHAPELLE.

TRIBUNES BASSES.

LE Grand-Maître des cérémonies, conformément aux ordres de S. M. L'EMPEREUR et ROI, a l'honneur de vous prévenir que la cérémonie du Mariage de S. M. avec S. A. I. et R. l'Archi-duchesse MARIE-LOUISE, sera célébré dans le grand salon du Louvre.

Ce Billet est personnel : on est invité à le représenter ouvert en entrant.

On entrera par la porte du Musée de sculpture, place du Louvre.

La porte sera ouverte à neuf heures, et fermée à midi.

Carte d'entrée pour la cérémonie du mariage de l'Empereur
(Musée Carnavalet.)

24 février 1810, il quitta Paris avec une suite brillante : M. le comte de Laborde, secrétaire d'ambassade ; le colonel aide de camp comte de Girardin, premier cavalier d'ambassade ; le colonel aide de camp comte de Lagrange ; le colonel aide de camp Edmond de Périgord ; le chef d'escadron aide de camp baron de Sopransi ; le chevalier de Lespérut, gouverneur de Neufchâtel, maître des cérémonies ; le chevalier Le Duc, secrétaire des commandements du prince de Wagram ; tous ou presque tous porteurs de beaux noms d'ancien régime, des grands noms de l'ancienne France. Mais, dès le départ, un incident manque de tout retarder. De hardis filous tentent de voler la caisse des bijoux, envoyés par Napoléon à sa fiancée, ladite caisse placée sur le carrosse du trésorier Peyrusse. Le coup manque par hasard, le carrosse de Peyrusse ayant heurté une voiture de vidange dans la rue de la Jussienne (1). Sans autre aventure, la mission touche aux frontières autrichiennes, où Berthier est reçu par le prince Paul-Antoine Esterhazy de Galantha, le même qui mourut en 1866, après avoir été ambassadeur à Dresde et à Londres.

A Vienne, Berthier entré par un pont jeté sur les glacis démantelés et les remparts ruinés, alla gîter à la chancellerie du Palais. Des honneurs princiers l'attendaient. Il les étale avec complaisance dans ses dépêches. On l'y voit revenir à plusieurs reprises, sur le fait qu'il semble trouver de la plus haute importance : il a parlé à François II chapeau en tête,

____

(1) Cf. sur cet incident AMÉDÉE PICHOT, *Napoléon à l'île d'Elbe...* ; pp. 264 et suiv.

ne se découvrant qu'au nom des deux empereurs. Le 9 mars, il signa le contrat. La signature apposée, un officier entra, porteur d'une cassette : c'étaient les 5oo.ooo francs, en ducats d'or, de la dot de Marie-Louise (1). Berthier en donna le reçu. Le lendemain eut lieu le mariage par procuration, ce mariage que l'armée croyait devoir être poussé, par Berthier, jusqu'à sa complète consommation (2). L'archevêque de Vienne avait accordé, après des démarches quelque peu irritantes, la dispense souveraine des trois publications légales nécessaires pour la validité du mariage civil (3). Ce fut l'archiduc Charles, le vaincu de Wagram, qui épousa l'archiduchesse au nom de son vainqueur. Le soir, Vienne brilla de ses mille lumières triomphales dans le vent nocturne.

Ex unione pax, opes, tranquillitas populorum !
De cette union naîtront la paix, la richesse
Et la tranquillité des peuples !

proclamait le jeu savant des lampions. Ce fut presque

(1) « Napoléon ne profita jamais de cet argent. Versé dans le trésor français, il ne lui fut pas rendu après ses deux abdications et il le constate dans son testament. » Baron J. ANTOMARCHI, *Le Mariage par procuration de Napoléon avec Marie-Louise...* ; *Revue Hebdomadaire*, 22 octobre 1898, p. 468.

(2) « On nous dit que le prince Berthier partait pour Vienne porter le portrait de notre empereur à la princesse pour demander sa main, et qu'il devait se marier avec cette princesse avant de l'amener, et qu'il devait coucher avec elle avant de la présenter à son souverain. N'en sachant pas plus long, je me disais : « Il est bien heureux de coucher le premier. Je voudrais être à sa place. » *Les Cahiers du capitaine Coignet...* ; pp. 188, 189.

(3) Attestation signée d'Otto, ambassadeur de France, à Vienne, sur une copie conforme de la déclaration de l'ar-

avec leurs feux éteints et déclinants que la consolante et trompeuse illusion s'en effaça.

Le 13 mars, on plia bagages. Berthier avait mené « cette conquête de la façon dont son maître menait celle des empires (1). L'Impératrice avec son cortège alla coucher à Saint-Polten. Le 14, elle gîtait à Ems. Le lendemain l'étape la menait à Reid.

Comme à sa sortie de Vienne, par la porte du Burg, c'était toujours le fracas des artilleries joyeuses, la volée de cloches en fête, les acclamations triomphales. Elle, cependant, les yeux plus rouges des larmes versées chaque nuit, sentait, à tout nouveau relai, se déchirer en elle son autrefois de paix indifférente. De Braunau, où se devait faire sa remise à sa suite française, elle écrivait à son père une lettre lamentable et éplorée. « Ah ! Dieu, gémissait-elle, comme je regrette les bons moments que j'ai passés auprès de vous ! Maintenant, seulement je les apprécie. Je vous affirme, mon cher papa, que je suis triste et inconsolable (2). » Et, victime résignée, Iphigénie teutonne, elle s'abandonnait à ses horrifiques destins. Claquant des dents, elle devinait au delà des villes à franchir, dans l'éloignement des pacifiques horizons de France, l'*Ogre* et le *Corsicain*, à qui on la sacrifiait. Les préliminaires du sacrifice lui étaient

chevêque ; Vienne, 17 mars 1810, 2 p. 1/2 fol.. — *Catalogue d'une précieuse collection de lettres autographes...dont la vente aura lieu le mardi* 11 *mai* 1909 ; Paris, 1909, in-8, n° 133, p. 32 ; pièce vendue 80 francs.

(1) *Le Portefeuille, revue diplomatique* ; dimanche, 2 janvier 1848, p. 14.

(2) Cf. la lettre in extenso dans J. A. FREIHERN VON HELFERT, *Erzaerzogin von Œsterreich, Kaiserin der Franzosen* ; Vienne, 1873, in-8.

légers. On admirait son vaste et juvénile appétit.
Le 22 mars, le Rhin franchi, elle entrait à Stras-

Décoration de l'entrée du ministère des Relations extérieures,
lors des fêtes du mariage autrichien.

bourg (1). Rues pavoisées de branchages, fenêtres
ornées de fleurs, oriflammes aux pignons aigus des
toits, la ville était pareille en ce jour à celui d'autre-

(1) Ce fut à Strasbourg que la maréchale Lannes, nommée
dame d'honneur de Marie-Louise, la quitta dans ces circonstances racontées par Marbot : « En passant à Strasbourg, elle voulut voir le corps de son mari déposé dans
une église de cette ville : spectacle au-dessus de ses forces,
car, dès qu'on ouvrit la bière, la maréchale fut saisie
d'une violente attaque de nerfs qui mit sa vie en danger pendant plusieurs jours. » *Mémoires du général baron de Marbot* ;
Paris, 1891, in-8, t. II, pp. 225, 226. — On trouvera une
Ode à l'occasion des honneurs funèbres rendus au maréchal

fois où la dauphine Marie-Antoinette y fit son entrée. Pour la seconde fois, le destin de la France s'en venait d'Autriche, les mains lourdes des radieuses palmes de l'espérance populaire. Une fois encore, les images heureuses des pacifiques avenirs faisaient escorte au cortège. Les mêmes cloches chantaient dans les tours ; le même écho tonnait de l'aboi des canons joyeux. Par la même route, l'Impératrice gagna, comme sa grand'tante, la décapitée de Vendémiaire, le rendez-vous fixé à l'amoureuse rencontre. Partie le 24 mars, elle se dirigea vers Saverne, Lunéville, Nancy, Vitry-le-François et Soissons. A quelques lieues de là, l'Empereur attendait.

Les nouveaux destins de l'Empire commençaient (1).

duc de Montebello, par le chevalier Fourcy dans le *Mercure de France*, n° CCCCLXVIII, samedi 7 juillet 1810, pp. 6, 7, 8. Le même numéro contient une cantate d'Arnault pour les fêtes du mariage impérial à l'Hôtel de Ville.

(1) Les frais de la mission de Berthier à Vienne s'élevèrent à 395.512 francs, ainsi répartis :

Frais de voyage du prince et des officiers . . .	172.612 fr.
Dons faits aux gens de la maison de l'Empereur François	62.600 fr.
Aux malades et blessés de Vienne	57.000 fr.
Dons, gratifications, aumônes faites par Marie-Louise pendant le voyage	103.300 fr.
	395.512 fr.

Cf. Alph. Maze-Sensier, *Les Fournisseurs de Napoléon et des deux Impératrices, d'après des documents inédits*; Paris, 1893, in-8, pp. 327, 328.

II

LE « VENTRE » AUTRICHIEN

Cette épouse qu'il ignore, qu'a-t-elle pour plaire à
Napoléon, dans l'instant où, avec une fièvre juvénile, il escalade le marche-pied de la berline qui
l'amène à Compiègne ? Le ravira-t-elle par les grâces
de l'esprit et les charmes de la joliesse ? En quoi
touchera-t-elle particulièrement le cœur de l'Empereur ? S'adaptera-t-elle, sans le heurter de mille
petits chocs involontaires, à la vie française ? A
Napoléon est-ce la femme qu'il faut, et pour le grand
Empire, enfin, est-elle l'Impératrice qui convient ?

C'est d'une nichée de treize enfants que sort
Marie-Louise. Deux ans de mariage ont suffi pour
achever la première femme de François II, la princesse de Wurtemberg. Le 15 août 1790, l'Empereur
d'Autriche a épousé une princesse de Sicile, Marie-
Thérèse, et c'est de cette union que sont nés Marie-
Louise ; l'archiduchesse Leopoldine, devenue impératrice du Brésil ; l'archiduc Ferdinand, monté au
trône d'Autriche ; l'archiduchesse Marie-Clémentine,

femme de Léopold de Salerne ; l'archiduchesse
Caroline, mariée à Frédéric de Saxe ; l'archiduc
François-Charles, père de l'empereur actuel ; l'archiduchesse Marianne, morte folle, toute une progéniture promise à des trônes souverains ou à des
principautés besoigneuses et médiocres. La deuxième
épouse est morte à la peine. François II l'a aussitôt
remplacée par sa cousine Marie-Louise-Béatrix
d'Este, « princesse d'une belle figure », dit Berthier (1), qui, à son tour, dans la fleur fanée de ses
vingt-six ans, s'éteignit « faute d'air », le 17 avril
1816 (2). Le lit impérial ne demeure point vide de
longtemps. La même année y vient coucher la seconde fille du roi Maximilien de Bavière, divorcée
d'avec le roi de Wurtemberg. Le mari de ces quatre
femmes, est le père de Marie-Louise. Quoi d'étrange à
ce que, Napoléon déporté, elle ait montré un goût
aussi furieux pour le plaisir d'amour ?

L'éducation des archiduchesses tente, cependant,
de les écarter de ces aimables sentiers. Un rigorisme
extrême préside à cette éducation, imposée par
Marie-Thérèse, laquelle avait été jusqu'à culotter
de velours les danseuses de ses théâtres (3). A la
cour, ces précautions étaient plus maladroites. On
y coupait dans les pages des livres, les mots dangereux ; on exilait des basses-cours les coqs, et, des
volières pleines de chants, les oiselets mâles trop

(1) Berthier à l'Empereur; Vienne, 7 mars 1810. — Baron
J. ANTOMARCHI, *Le Mariage par procuration de Napoléon avec
Marie-Louise...* ; *Revue hebdomadaire*, 15 octobre 1898,
p. 389.
(2) *Mémoires de la comtesse Potocka...* ; p. 304.
(3) *Souvenirs de la baronne du Montet...*; p. 31.

CALENDRIER IMPÉRIAL

POUR L'ANNÉE MIL HUIT CENT ONZE

Le mariage impérial, d'après le frontispice d'un almanach de 1811.

audacieux (1). En revanche les archiduchesses apprenaient le latin, mais ce latin-là ne bravait pas la « pruderie niaise, l'ignorance puérile, la contrefaçon sans grâce et sans parfum de la chasteté, de l'innocence et de la vertu (2) » de règle à Vienne (3).

Dès lors que livre-t-on à l'Empereur ? Une créature qui ignore tout de la vie, qui ne soupçonne aucun de ses devoirs et ne se peut targuer que de sa santé et sa fraîcheur, la santé et la fraîcheur de ses dix-neuf ans.

Saine, elle l'est incontestablement. Et ne doit-elle point l'être pour qui n'épouse en elle que le Ventre qui donnera à l'Empire son héritier ? « Il est impossible de trouver, même parmi la classe commune, une jeune personne plus saine et qui ait toujours joui d'une meilleure santé », écrit le comte de Laborde au duc de Bassano, de Vienne, le 9 mars 1810. Et de préciser : « Elle n'a jamais eu un bouton et je suis convaincu que ses enfants seront forts et frais comme elle (4). » De la véracité de cette conviction, les bâtards de Neipperg purent attester par la suite.

(1) Baron DE MÉNEVAL, *Napoléon et Marie-Louise; souvenirs historiques...*; t. II, pp. 64,65.

(2) *Le Portefeuille, revue diplomatique*; dimanche 2 janvier 1848, p. 14.

(3) « Pour les mœurs, un mystère soigneusement épaissi : l'archiduchesse doit ignorer que dans la nature existent des êtres de sexes différents. Avec des précautions dont s'avisent seuls les casuistes de la grande école espagnole, on s'est ingénié, pour ménager son innocence, à de tels raffinements pudibonds qu'ils en deviennent presque obscènes. » FRÉDÉRIC MASSON, *Napoléon et les Femmes ; l'Amour*; Paris, 1909, in-8, p. 250.

(4) HENRI WELSCHINGER, *Le Divorce de Napoléon...*; pp. 308, 309.

Quant à la beauté de la jeune Impératrice, c'est là un point plus difficile à élucider. A en croire Lamartine, c'était la Vénus du Danube. Et d'en sculpter avec ferveur, tendresse et naïveté, l'harmonieuse statue. « C'était une belle fille du Tyrol, les yeux bleus, les cheveux blonds, le visage nuancé de la blancheur de ses neiges et des roses de ses vallées, la taille souple et svelte, l'attitude affaissée et langoureuse de ces Germaines qui semblent avoir besoin de s'appuyer sur le cœur d'un homme, le regard plein de rêves et d'horizons intérieurs, voilés, sous le léger brouillard des yeux. » Et, par petites touches attendries, il complète le portrait, louange « sa poitrine pleine de soupirs et de fécondité (1). ses bras longs, blancs, admirablement sculptés et retombant avec une gracieuse langueur comme lassés du fardeau de sa destinée ; le cou naturellement penché sur l'épaule ». Enfin, c'était « la statue de la Mélancolie du Nord, dépaysée dans le tumulte d'un camp français (2) ». A la vérité, ce n'est là que du roman, et du moins bon. Tous les témoignages contemporains y contredisent, et si l'un d'eux, Coignet, par exemple, déclare, sans plus : « C'était une belle Sultane ! » c'est qu'il la voit avec les yeux de son humilité pleine de tendre envie, que soldat de l'Empereur, elle est, pour lui, la femme de l'Empereur (3). Les témoignages, même les plus favorables, se nuan-

(1) « Cette femme point belle, mal construite, à poitrine de nourrice... » FRÉDÉRIC MASSON, *Napoléon et son fils...*; p. 43.

(2) Cité par HENRI WELSCHINGER, *Le Roi de Rome* (1811-1832) ; Paris, 1897, in-8, p. 41.

(3) *Les Cahiers du capitaine Coignet...*; p. 191.

cent de restrictions involontaires. Ainsi celui de la
générale Durand : « Une taille majestueuse, une
démarche noble, beaucoup de fraîcheur, des cheveux blonds qui n'avaient rien de fade, des yeux
bleus mais animés... un peu trop d'embonpoint,
peut-être (1). »

Dans tout cela, où la grâce, où la beauté ? L'image
qui s'évoque de ces lignes est l'insignifiance même.
Le mot juste est trouvé par Madame Mère dans ses
souvenirs dictés à Rome, en 1835 : « Marie-Louise
était insipide à voir de près (2). » Pareil encore le
témoignage de la comtesse Potocka, admise aux
Tuileries un jour de présentation : « Le goût avec
lequel elle était mise l'avait un peu désenlaidie,
mais l'expression de sa figure restait la même. Pas
un sourire bienveillant, pas un regard curieux qui

(1) *Mémoires sur Napoléon, l'impératrice Marie-Louise et la
cour des Tuileries, avec des notes critiques faites par le prisonnier de Sainte-Hélène*, par Mme veuve du général Durand, première dame de l'impératrice Marie-Louise de 1810
à 1814; Paris, 1828, in-8, p. 27. — C'est ce même texte qui a
servi au portrait de Marie-Louise qui figure dans la *Vie
anecdotique de Charles-François-Joseph Napoléon, duc de
Reichstadt*, par J. P. L...; Paris, s. d. [1832], in-12. Cette *Vie
anecdotique* n'est d'ailleurs que le plagiat pur et simple de
l'étude de Rabbe, rééditée en tête de l'*Histoire populaire et
complète de Napoléon II, duc de Reichstadt*; *publiée d'après des
documents authentiques*; Paris, 1832, in-12. — Les Mémoires
de la générale Durand, augmentés d'anecdotes scanda-
leuses et diffamatoires, avaient d'abord paru à Londres,
chez Colburn, en 1818, sous le titre : *Anecdotes sur la cour
et l'intérieur de la famille de Napoléon Bonaparte*. Cette édition fut désavouée dans la réimpression de 1828, cf. p. 10 et
suiv.

(2) Baron LARREY, de l'Institut de France, *Madame Mère
(Napoleonis Mater)*; *essai historique*; Paris, 1892, in-8, t. II,
p. 532.

vinssent animer ce visage de bois. » Et, quelques pages plus loin, la comtesse s'étonnera derechef de l'insignifiance et de l'impassibilité de la « froide et immobile figure » de l'Impératrice (1). Enfin, pour trancher définitivement la question, il y a mieux encore : c'est la lettre adressée par Berthier à l'Empereur, de Münich, le 17 mars 1810, pendant le retour de la mission qui ramène Marie-Louise. Berthier, on le conçoit, est plutôt suspect de flatterie en une matière aussi délicate. Aussi de quelle importance ne sont point ses dires quand on devine sa gêne intérieure ? « Quoiqu'on ne puisse pas la considérer comme une jolie femme, écrit-il à Napoléon, elle a tout ce qu'il faut pour faire le bonheur de Votre Majesté (2). » Ce « tout ce qu'il faut », n'est-ce point la santé, la soumission, la réserve ? La beauté, c'est du superflu. Mais, quoi ? L'Empereur n'a-t-il point cherché uniquement un « Ventre » ? Le voici. Berthier a raison : Marie-Louise a « tout ce qu'il faut (3) ».

Ce qu'elle n'a point, c'est l'admiration qu'impose le héros à ses ennemis, même les plus irréductibles. L'aimer, c'est autre chose, mais l'admirer ! N'est-ce point un sentiment tout féminin, compréhensible à tous les titres ? Marie-Louise, elle, y demeure rebelle,

---

(1) *Mémoires de la comtesse Potocka...*; pp. 207, 219.

(2) Baron J. ANTOMARCHI, *Le Mariage par procuration de Napoléon avec Marie-Louise...*; *Revue hebdomadaire*, 29 octobre 1898, p. 619.

(3) Dans un portrait physique et moral tracé de Marie-Louise, pour l'Empereur, par Pelenc, à la date du 1ᵉʳ février 1810, on trouve cette phrase : « On n'a guère parlé de son esprit, ni en bien ni en mal... » *Archives nationales*, secrétairie d'État, série A F IV, carton 1675. — ALBERT VANDAL, *Négociations avec la Russie, relatives au second mariage de Napoléon...*; p. 45.

et ce jusqu'à la veille de son mariage. Si on n'en trouve
point les preuves testimoniales ou écrites, plus tard,
c'est que sa situation lui commande la réserve, la
condamne au silence, sentiment trop évident pour
n'être point compris par son intelligence un peu
lourde, paresseuse et fort bornée. D'ailleurs ces sentiments de haine contre le « Corsicain », ainsi qu'elle
l'appelle, cette atmosphère de dédain méprisant à
son égard où elle a vécu, tout cela elle ne le nie
point. « Cette princesse, dit Méneval, m'a fait l'honneur de me raconter qu'elle avait grandi, sinon dans
la haine, du moins dans des sentiments peu favorables
à l'homme qui avait mis plusieurs fois la maison de
Habsbourg à deux doigts de sa perte (1). » De ces « sentiments peu favorables », euphémisme délicat, les jeux
de l'archiduchesse pouvaient témoigner. Avec ses
frères et ses sœurs, elle rangeait en ligne de files de
petits soldats. A la tête on mettait la plus affreuse et
la plus rébarbative des petites statuettes de bois.
« Ils la lardaient de coups d'épingles, et l'accablaient
d'outrages, se vengeant ainsi sur ce chef inoffensif
des tourments que faisait éprouver à leur famille le
chef redouté contre lequel les efforts des armées
autrichiennes et les foudres du cabinet de Vienne
étaient impuissants (2). » Par ces petits jeux symbo-
liques et ces « sentiments peu favorables », débu-
tèrent les relations de Napoléon et de Marie-Louise.

Mais c'est surtout à travers la correspondance privée et intime de Marie-Louise qu'il faut chercher les

(1) Baron DE MÉNEVAL, *Napoléon et Marie-Louise*; *Souvenirs
historiques*...; t. II, 66.
(2) Baron DE MÉNEVAL, *Napoléon et Marie-Louise*; *Souvenirs historiques*...; t. II, p. 66.

nuances de son sentiment sur l'Empereur. Point de
document plus significatif, plus propre à faire comprendre, pourquoi et comment, aux premières heures
de l'invasion étrangère, l'Impératrice se hâta de dé-
serter son trône et son foyer. Voici, par exemple, de
quelle façon sa mère lui révélait l'histoire. La lettre
est de 1803, et Marie-Louise a douze ans :

Maman m'a fait écrire le titre d'un livre qu'elle veut
faire venir de France et qu'elle croit être pour nous.
C'est le *Plutarque de la jeunesse* par le même Blanchard
qui a fait ces deux ouvrages que nous avons déjà lu,
c'est la vie des hommes illustres depuis Homère jusqu'à Bonaparte, ce nom ternit son ouvrage et j'aurois
mieux aimé qu'il ait terminé par François II, qui a
aussi fait des actions remarquables en rétablissant le
Theresianum, etc., etc., tandis que l'autre n'a commis
que des injustices, en ôtant à quelques-uns leur pays.
Maman m'a raconté une drôle de chose à présent, que
Monsieur Bonaparte s'est sauvé quand toute l'armée
a étée *(sic)* ruinée, avec seulement 2,3 personnes et qu'il
s'est fait Turc, c'est-à-dire qu'il leur a dit moi je ne suis
pas votre ennemi, je suis un musulman, je reconnois
pour prophète le grand Mahomet et puis en revenant
en France il a fait le catholique, l'étant véritablement,
alors seulement il a été élevé à la dignité de Consul (1).

C'est de cette manière saugrenue que la famille
impériale d'Autriche entend enseigner les événements contemporains à ses enfants. Que pour ceux
d'entre eux, encore en bas âge, Napoléon serve de

(1) Luxembourg, 8 septembre 1803. — *Correspondance de
Marie-Louise (1799-1847); lettres intimes et inédites à la com-
tesse de Colloredo et à Mlle de Poulet, depuis 1810 comtesse de
Crenneville*; Vienne, 1887, in-8, p. 42.

croquemitaine et d'épouvantail, soit, la ruse est compréhensible, excusable, explicable, mais, pour ceux des enfants touchant à la raison ? Marie-Louise grandit : le conte de l'Ogre s'amplifie. En 1805, elle est convaincue que le « Corsicain » rosse ses ministres comme un portefaix et leur distribue libéralement des soufflets; Talleyrand excepté (1). A dix-huit ans, elle est persuadée qu'il tue de sa propre main ses généraux. Il en a laissé deux sur le terrain, à Essling (2). D'ailleurs, c'est un épouvantable phénomène suscité par la nature pour achever la destruction de la terre. Le coup de tonnerre de Wagram vient de retentir, ce qui fait croire à l'archiduchesse « que nous approchons de la fin du monde et que celui qui nous opprime est l'Antichrist (3) ». Elle lui doit donc une colère quelque peu épouvantée, un mépris craintif. Mais voici qu'on annonce, après l'armistice de Znaïm, la visite probable de Napoléon : « Je vous assure que de voir cette personne me sauroit un supplice pire que tous les martyres (4) ». C'est une obsession : partout ce nom qui ternit et dégrade tout. Elle reçoit un duo pour piano-forte dédié à Mme Bonaparte : « Malgré cette dédicace je ne puis que trouver la composition charmante (5). »

(1) Lettre à Mlle de Poutet; 9 octobre 1805. — *Correspondance de Marie-Louise...*; p. 59.

(2) Lettre à la comtesse de Collorede; 29 mai 1809. — *Correspondance de Marie-Louise...*; p. 84.

(3) Lettre à la comtesse de Colloredo; 8 juillet 1809. — *Correspondance de Marie-Louise...*; p. 96.

(4) Lettre à la comtesse de Colloredo; 30 juillet 1809. — *Correspondance de Marie-Louise...*; p. 103.

(5) Lettre à la comtesse de Colloredo; 24 octobre 1809. — *Correspondance de Marie-Louise...*; p. 124.

Enfin, voici la crise où elle va jouer un des premiers rôles. L'Empereur a divorcé. Quelle princesse épousera-t-il ?

Napoléon reçoit Marie-Louise à Compiègne.
(*D'après une gravure populaire.*)

Quelle qu'elle soit, toute la commisération de Marie-Louise lui est anticipativement acquise :

Bude est comme Vienne, écrit-elle le 10 janvier 1810, à son amie la comtesse de Colloredo, et l'on ne parle que du divorce de Napoléon. Je laisse parler tout le monde et ne m'en inquiète pas du tout, je plains seulement la pauvre princesse qu'il choisira, car je suis sûre que ce ne sera pas moi qui deviendrai la victime de la politique. Les nouvellistes de Bude nomment la fille du prince Maximilien de Saxe et la princesse de Parme (1).

Cependant toute réflexion faite, « l'Antichrist » ne serait-il point capable de lui jouer le mauvais tour de demander sa main ? D'abord hésitante, elle se rassure vite. Il n'osera jamais.

Napoléon a trop peur d'un refus et trop envie de nous faire encore du mal pour faire une pareille demande, et papa est trop bon pour me contraindre sur un point d'une telle importance (2).

Une semaine s'écoule, elle commence à être moins rassurée. Les négociations avec la Russie traînent en longueur; les propositions de l'Autriche commencent à filtrer dans les cercles de la cour. On a prononcé son nom : sera-t-elle la victime du sacrifice ? Tremblante, elle en écrit à Mlle de Poutet, le 23 janvier :

Je sais que l'on me marie déjà à Vienne avec le grand Napoléon, j'espère que cela en restera au discours et vous suis bien obligée, chère Victoire, de votre beau souhait à ce sujet; je forme des contre-vœux afin qu'il ne s'exécute pas et si cela devoit se faire, je crois que je serois la seule que cela ne réjouiroit pas (3).

Mais en même temps elle se résigne, et c'est d'un

____

(1) *Correspondance de Marie-Louise...*; p. 143.
(2) Lettre à Mlle de Poutet; 10 janvier 1810. — *Correspondance de Marie-Louise...*; p. 141.
(3) *Correspondance de Marie-Louise...*; p. 145.

ton plaintif qu'elle écrit, le même jour, son acte d'abdication à Mme de Colloredo :

Depuis le divorce de Napoléon, j'ouvre chaque gazette de Francfort dans l'idée d'y trouver la nomination de la nouvelle épouse et j'avoue que ce retard me cause des inquiétudes involontaires, je remet (*sic*) mon sort entre les mains de la divine Providence, elle seule sait ce qui peut nous rendre heureux. Mais si le malheur vouloit, je suis prête à sacrifier mon bonheur particulier au bien de l'état, persuadée que l'on ne trouve la vraie félicité que dans l'accomplissement de ses devoirs même au préjudice de ses inclinations, je ne peux plus y penser, mais s'il le faut, ma résolution est prise, quoique ce seroit un double et bien pénible sacrifice (1); priez pour que cela ne soit pas (2).

Elle s'immole donc sur l'autel de la patrie. C'est tout ce qu'on lui demande. « Nos princesses, disait Metternich, sont peu habituées à choisir leurs époux d'après les affections du cœur, et le respect que porte à la volonté d'un père une enfant aussi bonne et aussi bien élevée que l'archiduchesse, me fait espérer de ne pas rencontrer d'obstacle auprès d'elle (3). » Inutiles craintes ! Méneval a raison, en écrivant : « L'archiduchesse Marie-Louise, aux premières paroles qui lui furent portées de son union

(1) A lire attentivement cette dernière phrase, ne paraît-il pas que Marie-Louise y fait l'aveu d'une intrigue sentimentale ? On conçoit bien que le point est impossible à élucider et ne le pourrait être que par des témoignages autrichiens, qu'il ne faut point espérer voir un jour versés au dossier de l'histoire.

(2) *Correspondance de Marie-Louise...* ; pp. 81, 82.

(3) Henri Welschinger, *Le Divorce de Napoléon...*; p. 153.

projetée avec Napoléon, se regarda presque comme une victime dévouée au Minotaure (1) ». Et, sur ce point, ne se trouvait-elle pas, par avance, en accord avec l'Empereur, déclarant : « Est-ce que les princesses doivent aimer ? Ce ne sont que des marchandises politiques (2). » Mais c'est qu'alors était résolue l'expérience du mariage autrichien, et que plus nettement, définitivement, avec sa lucide raison, il jugeait, dans l'enfer de Sainte-Hélène, les fautes de 1809 et de 1810. Ce fut précisément de ce sacrifice que Napoléon entendait ne pas bénéficier auprès de Marie-Louise. Dans la lettre du 23 février 1810, où il demande à l'archiduchesse sa main, il écrit expressément : « En nous adressant à l'Empereur, votre père, pour le prier de nous confier le bonheur de Votre Altesse impériale, pouvons-nous espérer qu'elle agréera les sentiments qui nous portent à cette démarche ? Pouvons-nous nous flatter qu'elle ne sera pas déterminée uniquement par le devoir de l'obéissance à ses parents ? » C'était tout ignorer de Marie-Louise que de lui demander de l'amour pour le « Corsicain ». Enfin, Berthier lui-même, lors de la demande officielle, dit : « C'est surtout de votre cœur, madame, que l'Empereur, mon maître, veut vous obtenir (3). » L'illusion se prolongeait. Elle devait durer pendant un peu moins de quatre ans et

---

(1) Baron DE MÉNEVAL, *Napoléon et Marie-Louise ; Souvenirs historiques...*; t. II, p. 65.

(2) *Feuilles d'histoire du XVIIe au XXe siècle*; 1er avril 1910, p. 380.

(3) Baron J. ANTOMARCHI, *Le Mariage par procuration de Napoléon avec Marie-Louise...*; *Revue hebdomadaire*, 15 octobre 1898, p. 400.

ne blesser l'Empereur de son trait cruel qu'aux jours du double malheur, du désastre et de l'exil.

En peu de lignes ce chapitre se résume : Marie-Louise a consenti au mariage, parce que c'est la volonté de son père. Elle a conscience d'être une victime livrée au vainqueur de sa patrie. Elle ne l'aime point. Dès sa jeunesse on le lui a représenté comme un fourbe, un pleutre, un assassin, un usurpateur. Ce sont ces sentiments-là qu'elle apporte à son époux. Telle que, il l'accueille joyeusement : c'est une Habsbourg, une dynaste, le « Ventre » digne d'engendrer l'héritier de l'Empire français. Le reste importe peu. Elle est de médiocre figure : il la trouve belle. C'est « une pauvre nature », et sans contredit, « un abîme de nullité (1) », il ne lui demande qu'un Fils, Son Fils. Et puis elle est jeune ; on l'adaptera à la vie française ; elle aura pour dames les compagnes des plus nobles guerriers, la fleur de la noblesse guerrière d'Empire, et, au surplus, n'est-il point là, lui, l'Époux, l'Amoureux, l'Amant, l'Empereur ? Il suffit qu'elle vienne. L'avenir est à lui. Il peut frapper les temps à venir de son imprescriptible et impérissable effigie.

____

(1) ARVÈDE BARINE, *L'Impératrice Marie-Louise, d'après ses lettres intimes*; *Revue Bleue*, 8 octobre 1887, p. 451.

Guirlande d'amours, par Prudhon.

III

LA VICTIME DU « CORSICAIN »

Avec une fièvre impatiente, l'Empereur presse la marche du cortège qui lui amène l'Autrichienne. Il a hâte de la voir, de serrer contre lui ce bonheur vivant, ce rêve réalisé de sa grandeur au faîte.

Dès le 23 mars, cinq jours avant l'arrivée de Marie-Louise, on sait qu'il ira, incognito, à la rencontre de la nouvelle épouse (1). Dans la journée du 28, on apprend l'approche du cortège. L'Empereur aussitôt fait seller les chevaux. On court la poste à franc

(1) « On dit que Sa Majesté part incognito de Compiègne, pour aller sur la route voir l'Impératrice sans être reconnue. » Marbot à Augereau, duc de Castiglione ; Paris 23 mars [1810] *Souvenirs et Mémoires, recueil mensuel de documents autobiographiques, souvenirs, mémoires, correspondances ;* Paris, 1898, in-8, t. I, p. 100.

étrier. A Courcelles, il touche le cortège, se fait ou-
vrir la portière de la berline, et tandis que Caroline,
qui accompagnait Marie-Louise depuis Braunau,
épouvantée de cette brusque irruption « se préci-
pite par l'autre portière (1) », lui s'élance vers Marie-
Louise, la prend par la tête « et l'embrasse à plusieurs reprises (2) ».

Suivant un pamphlétaire royaliste, l'ignare Peltier,
l'Empereur n'en serait point demeuré là. Dans la voiture même, il prétendit « jouir sur-le-champ de ses
droits d'époux (3) ». Ce trait bénin est plein de vraisemblance. Celui que décoche à Napoléon, le sieur
Doris, dit de Bourges, est de même qualité. Au contraire de Peltier, il assure que l'Empereur demeura,
devant Marie-Louise, timide comme un écolier (4).
Mettez donc ces polémistes d'estaminet d'accord !
Aussi bien perdrait-on ses loisirs à disculper l'Empereur de leurs reproches saugrenus.

La berline reprend sa course vers Compiègne. On

---

(1) *Souvenirs de la baronne du Montet...*; p. 144.

(2) *Souvenirs de la baronne du Montet...*; p. 144. — « L'entrevue eut lieu de cette manière et fut appelée *Surprise de
Courcelles.* » Franç-Lecomte (de la Marne), *Histoire de Napoléon II, né roi de Rome, mort duc de Reichstadt, faisant suite
à toutes les histoires de Napoléon*; Paris, 1842, in-8, p. 8. —
Sur la valeur de ce singulier ouvrage, cf. notre volume *Le
Roi de Rome et les Femmes*; Paris, 1910; in-8, pp. 231 et
suiv.

(3) *Le Moniteur secret du tableau de la cour de Napoléon,
de son caractère et de celui de ses agens*; à Londres, de l'imprimerie de Schulze et Dean; à Paris, chez les marchands
de nouveautés; 1814, in-8, t. II, p. 31.

(4) [Doris, de Bourges], *Amours secrettes de Napoléon Buonaparte*, par l'auteur du *Précis historique* et des *Mémoires
secrets* ; seconde édition revue et corrigée; Paris, 1815, in-32,
t. II, p. 283.

l'imagine là, le lieutenant jacobin de 93, serrant contre son cœur bondissant la fille des Césars romains. Quels orages dans cette poitrine soulevée ! Quels éclairs, les éclairs du souvenir, dans ce cerveau exalté ! Et voici le soir tombé, l'ombre victorieuse au ciel crevant en déluges. Ce soir humide de mars, n'est-il point pareil à cet autre soir de mars, il y a quatorze ans déjà ? Alors, comme maintenant, il tenait serrée contre lui, dans une voiture obscure, la femme désirée, âprement désirée, enfin obtenue, tout frisson, tout parfum, tout tiédeur, la créole du Directoire, la citoyenne Joséphine de Beauharnais (1) ? Mais depuis ! Quels sommets atteints ! Quels triomphes voulus, promulgués, disciplinés par sa souveraine volonté ! Mais où la misère de ces jours anciens ? Où ces tendresses fanées et condamnées ? Où Joséphine elle-même, enfin ?

A dix heures du soir on arrive, sous la pluie, à travers une double haie de torches flambant haut, à Compiègne. Le souper est servi, l'Empereur rejoint Marie-Louise dans sa chambre. Elle s'est d'abord défendue contre la volonté suppliante de l'époux impatient. Mais l'Empereur en a appelé à Fesch : « N'est-ce pas vrai que nous sommes mariés ? » — Et le cardinal de répondre : « Oui, Sire, d'après les lois civiles. » — L'affirmation en décida. Parfumé, nu sous sa robe de chambre, Napoléon gagna en cachette l'appartement de l'Impératrice (2). L'Empe-

---

(1) Cf. notre volume *Joséphine infidèle*; Paris, s. d. [1910]; in-8, pp. 114 et suiv.

(2) *Mémoires de Constant, premier valet de chambre de l'Empereur, sur la vie privée de Napoléon Ier, sa famille et la cour*; Paris, 1835, in-8, t. IV, p. 206.

reur, suivant les protocoles, n'est-il pas censé loger cette nuit à l'Hôtel de la Chancellerie ?

« L'accroc » fait au programme ne demeura point aussi secret que l'eût désiré l'Empereur. Le lende-

Décoration de l'entrée du Jardin des Plantes, lors des fêtes du mariage autrichien.

main « on se communiquait à l'oreille les résultats probables » de la nuit (1). Les jeux de mots allèrent leur train parmi les coteries irréductibles. La semaine sainte étant commencée, on assura que Marie-Louise entrerait à Paris *en sainte*. On le croira à peine : « ce mauvais calembour eut un succès prodigieux (2) ».

Le 2 avril eut lieu l'entrée triomphale à Paris,

(1) *Mémoires de la comtesse Potocka...* ; p. 198.
(2) *Mémoires de la comtesse Potocka...* : p. 199.

pour le mariage religieux (1). Parmi le grondement des douze canons en front de bandière à l'Arc-de-Triomphe et le tonnerre de la Batterie Triomphale, la voiture du sacre franchit le porche de carton et de toile de l'Arc édifié pour la cérémonie. D'enthousiastes, il n'eut que les poètes. La foule parut surtout étonnée du spectacle (2). Aux invites des odes elle demeurera rebelle ; et c'est par pure allégorie poétique qu'Arnault chantait :

> Sur ces bords dont l'Amour t'a rendu souveraine,
> Sur ces bords fortunés, embellis par la Seine,
> Louise, abaisse tes regards (3).

(1) « Si l'entrée solennelle de LL. MM. dans la ville de Paris avait pour objet de présenter aux habitants de cette capitale, Marie-Louise, archiduchesse d'Autriche, avec tout l'appareil qui doit entourer l'épouse du plus grand souverain du monde, cette entrée brillante avait un but religieux plus respectable encore, celui de recevoir dans le sein de l'église la bénédiction nuptiale des mains de ses ministres et de se jurer aux pieds des autels la fidélité conjugale que LL. MM. ne s'étaient promise encore que dans les formes civiles. » *Fêtes à l'occasion du mariage de S. M. Napoléon, empereur des Français, roi d'Italie, avec Marie-Louise, archiduchesse d'Autriche*; *recueil de gravures au trait représentant les principales décorations d'architecture et de peinture, et les illuminations les plus remarquables auxquelles ce mariage a donné lieu, avec une description*, par M. Goulet, architecte, membre de plusieurs sociétés des arts et adjoint-maire du 6ᵉ arrondissement; Paris, 1810, in-8, pp. 16, 17.

(2) « Il n'y eut nul enthousiasme et fort peu d'acclamations. » *Mémoires de la comtesse Potocka...*; p. 200.

(3) *Cantate exécutée devant Leurs Majestés Impériales et Royales le jour de la fête donnée par la ville de Paris, au sujet de leur mariage*; *paroles de M. Arnault*; *musique de M. Méhul, membre de l'Institut*, publiée dans le *Mercure de France*, nᵒ CCCCLXVIII, samedi 7 juillet 1819, p. 3. — Cette cantate avait été demandée à Arnault, le 13 mai 1810, par le comte de Montesquieu. « Je sens, disait-il. combien il peut être

A la chapelle des Tuileries, parmi l'éclat des pourpres, la splendeur guerrière des armes et les ors du soleil, le cardinal Fesch célébra le mariage religieux (1). Aux Champs-Élysées la foule se pressait autour des jeux populaires, des destributions gratuites. Les danseurs aériens voltigeaient sur la corde. On assiégeait le Théâtre des Ombres impalpables, le spectacles de M. Olivier, les Fantoccinis de M. Dupont. Les mâts de Cocagne fléchissaient sous l'effort haleté des jouteurs. Les orchestres scandaient les « walses de la reine de Prusse », l'air des « Africains », l'ouverture en pot-pourri de Bévard. Les Savoyards en troupe jouaient de la musette. Mme Forioso, intrépidement, ascendait le fil tendu dans les airs. Un chœur de dames musiquait au Carré de la Laiterie, devant le Café des Ambassadeurs. Le soir, mille brasiers crépitèrent sous le ciel noir. Le palais et les hôtels érigèrent leurs lumineuses silhouet-

indiscret de vous le demander, mais vous savez que les succès ont quelquefois leurs inconvénients. » La lettre du comte de Montesquiou figurait au *Catalogue d'autographes Noël Charavay*, n° 380, avril 1908, pièce n° 62153, offerte à 10 francs.

(1) Coignet, de garde aux Tuileries, lors de la cérémonie, y consacre deux pages de ses cahiers. A propos des toilettes féminines, il note : « Voilà le costume des dames : des robes décolletées par derrière jusqu'au milieu du dos. Et, par devant, l'on voyait la moitié de leurs poitrines, leurs épaules découvertes, leurs bras nus. Et des colliers ! et des bracelets ! et des boucles d'oreilles ! Ce n'était que rubis, perles et diamants ! C'est là qu'il fallait voir des peaux de toutes nuances, des peaux huileuses, des peaux de mulâtresses, des peaux jaunes et des peaux de satins ; les vieilles avaient des salières pour contenir leurs provisions d'odeurs. Je puis dire que je n'avais jamais vu de si près les belles dames de Paris, la moitié à découvert. Ça n'est pas beau. » *Les Cahiers du capitaine Coignet...* ; p. 190.

tes et, à la barrière de l'Étoile, l'artificier Ruggieri tira un feu de 54.860 francs (1).

Magnifiquement, impérialement, toutes ces fêtes ont été ordonnées, tous ces plaisirs imposés et prodigués. Et c'est justice. Une nouvelle ère commence, l'ère du Grand Empire, l'ère de paix où

> Le léopard n'a plus d'asile que sur l'onde

car

> Les deux aigles unis fixent le sort du monde (2).

Maintenant aussi, puisqu'une fille d'empereurs est assise sur le trône, il convient d'établir la règle nouvelle d'un respect parfait, auguste, sacré. Mais ce respect ne doit point friser le ridicule, et l'Empereur y veille. De là une série de mesures imprévues, d'autant plus que, du règne de Joséphine, on n'en a point connu de pareilles. Le respect pour la Grande Impératrice doit être empreint du grand ton français et rejeter délibèrement l'attendrissement bêlant qu'y mêle le peuple autrichien. Un article de la *Gazette de France*, du 28 novembre 1810, donne l'occasion à

---

(1) *Archives Nationales*, Série O², carton 203. — ALPH. MAZE SENSIER, *Les Fournisseurs de Napoléon Ier et des deux Impératrices...*; p. 328. — Sur les fêtes du mariage, voyez aussi le recueil de Ch. Percier et P. F. L. Fontaine, architectes de l'Empereur, *Description des cérémonies et des fêtes qui ont eu lieu pour le mariage de S. M. l'Empereur Napoléon avec S. A. I. Mme l'archiduchesse Marie-Louise d'Autriche*; Paris, 1810, in-fol.

(2) *L'Union des deux empires ou l'auguste alliance*, comédie en un acte, en vers, suivie d'un divertissement, par Aude, représentée pour la première fois au grand théâtre de Lyon, le 6 avril 1810. — L. HENRY LECOMTE, *Napoléon et l'Empire racontés par le théâtre* (1797-1899); Paris, 1900, in-8, p. 212.

l'Empereur de promulguer sa volonté à cet égard. On a rendu compte, dans cette feuille, d'un livre assez plat consacré aux fêtes du mariage impérial (1). A titre de curiosité, le rédacteur en a extrait ce passage :

S. M. l'Impératrice avoit, à Vienne, un petit chien et un oiseau qu'elle avoit élevés elle-même et qu'elle aimoit beaucoup ; sa chambre étoit meublée d'une tapisserie simple, mais d'un bon goût. En quittant Vienne elle dit adieu à sa chambre, à son petit chien et à son oiseau, et parut affectée. D'après les ordres du prince de Neufchâtel, aussitôt après le départ de l'impératrice le petit chien, l'oiseau et la tapisserie ont été envoyés en secret à Paris, de sorte qu'en entrant dans son appartement, elle a trouvé tout cela (2).

Le même jour part du cabinet de l'Empereur, pour Fouché, la lettre péremptoire et vigoureuse que voici :

A M. Fouché, duc d'Otrante,
ministre de la police générale,

Paris, 28 novembre 1810.

Le bulletin de la *Gazette de France* est aujourd'hui plein de détails ridicules sur l'impératrice. Tancez

(1) Voici, d'après la *Gazette de France*, le titre de l'ouvrage : *Napoléon et Louise, ou le mariage du Héros* ; *lettres sur l'union de S. M. Napoléon-le-Grand, roi d'Italie, et de S. A. I. et R. Marie-Louise, archiduchesse d'Autriche* ; deux volumes, prix 4 francs pour Paris et 5 francs franco de port pour les départements.
(2) *Gazette de France*, mercredi 28 novembre 1810, n° 329, pp. 1312 et suiv. Le feuilleton est signé B. C. « Le livre que j'annonce, dit le rédacteur, est très loin d'être un poème épique, c'est une prose très simple, très famillière, très modeste, et trop souvent mauvaise. »

4.

Fresque allégorique du mariage de Napoléon e
lors de la fête offe

servant aux décorations de l'Hôtel de Ville,
à l'Impératrice.

vivement l'auteur de cet article. Il parle d'un serin, d'un petit chien, imaginés par la nigauderie allemande, mais qui sont déplacés en France. Les rédacteurs de nos journaux sont bien bêtes (1).

Que la *Gazette de France* se le tienne donc pour dit et que ses rédacteurs se hâtent d'acquérir le sens du juste milieu et du ridicule. Leur apprentissage, cette fois, dut être définitif, car dès le 16 mars précédent Fouché avait dû leur faire part de l'irritation de l'Empereur. A cette date, en effet, l'Empereur avait déjà écrit :

> *A M. Fouché, duc d'Otrante,*
> *ministre de la police générale.*

> Paris, 16 mars 1810,

La *Gazette de France* d'aujourd'hui donne des détails sur l'archiduchesse Marie-Louise qui sont indécents, d'autant plus qu'ils ne sont pas d'un style clair ; on ne sait ce qu'il (le rédacteur) veut dire (2).

Dans toutes ces instructions s'exprime clairement la volonté de l'Empereur ; nulle équivoque dans sa pensée. Que l'Empire considère l'Impératrice comme

---

(1) *Correspondance de Napoléon Ier*, t. XXI, pièce n° 17171, p. 294. — De Saint-Cloud, le 31 mai précédent, l'Empereur avait de même écrit à Fouché : « Tenez la main à ce que les journaux n'impriment aucun des discours tenus à l'Impératrice, avant que vous ne les ayez lus. Celui qui lui a été adressé à Bar-sur-Ornain n'a pas le sens commun. » *Archives Nationales*, série AF IV, carton 883. — LÉON LECESTRE, *Lettres inédites de Napoléon Ier (An VIII-1815)*; Paris, 1887, in-8, t. II, p. 20, pièce n° 596.

(2) *Archives Nationales*, série AF IV, carton 883. — LÉON LECESTRE, *Lettres inédites de Napoléon Ier...*; t. II, p. 19, pièce n° 594.

il est considéré, Lui, l'Empereur. Elle est celle dont Canova fixera, immuablement, dans le marbre l'effigie souveraine, comme il y fixa celle du Chef (1). Après l'Empereur, elle est la première ; s'il disparaît, elle sera la Régente ; elle aura trois palais et quatre millions (2) ; au surplus, quoi qu'elle dise, quoi qu'elle fasse, « elle n'en est comptable envers qui que ce soit (3) ». Ceci pour le respect extérieur. tout en apparat, en grandeur, en majesté. Avec la même minutie est réglé le respect de la vie intérieure. Ce que la France a de grands noms de noblesse guerrière ou d'ancien régime, constitue le tableau de la Maison de l'Impératrice. A la tête, comme dame d'honneur, figure la veuve de Lannes, duchesse de Montebello. La comtesse de Luçay, « douce, inoffensive, d'une grande honnêteté de mœurs et de manières (4) », « ayant le meilleur ton et l'usage du grand monde (5) », assume la charge de dame

(1) Lettre auto. sign. d'Antonio Casanova au ministre de l'Intérieur de France ; Florence, 18 septembre 1818, 2 p. in-fol. Il lui annonce qu'il va se rendre immédiatement à Paris, pour faire sur nature une esquisse de la nouvelle impératrice Marie-Louise, afin d'exécuter à Rome sa statue. — *Inventaire des autographes et documents historiques composant la collection de M. Benjamin Fillon* ; Paris, 1877, in-4, pièce n° 2144.

(2) Cf. le sénatus-consulte du 19 février 1813, publié par le baron DE MÉNEVAL, *Napoléon et Marie-Louise; Souvenirs historiques...* ; t. III, pp. 83 et suiv.

(3) L'Empereur à Savary, duc de Rovigo ; Jouarre, 2 mars 1814. — *Archives Nationales*, série AF IV; carton 906. — LÉONCE DE BROTONNE, *Nouvelle Revue*, t. LXXX, VI, 1894. — LÉON LECESTRE, *Lettres inédites de Napoléon Ier...* ; t. II, p. 316, pièce n° 1140.

(4) Baron DE MÉNEVAL, *Napoléon et Marie-Louise; Souvenirs historiques...* ; t. II, p. 106.

(5) Générale DURAND, *Mémoires sur Napoléon, l'impératrice Marie-Louise et la cour des Tuileries...*; pp. 30, 31. — Mme de

d'atour. Puis voici, comme dames du palais, une Mortemart, une Montmorency-Laval, une Talhouet, une Bouillé, une Périgord, une Vilain XIV, grandes dames de naguère, mêlées, confondues aux maréchales d'Elchingen et de Bellune, aux duchesses de Bassano, de Rovigo, titrées d'hier, réalisant ainsi la fusion des régimes espérée, voulue, imposée par l'Empereur (1). Celles-là figurent le service d'honneur ; aux tâches quotidiennes, les femmes rouges, aux robes amaranthes, chargées d'annoncer, et les femmes blanches, qui sont des femmes de chambre, et le bas personnel féminin, suffisent. Mais toutes ont une tâche, sévère, étroite, rigoureuse. Sans le savoir, elles montent autour de l'Impératrice une garde inflexible, qui écarte d'elle tout homme, fournisseur (2) ou importun, et surveille ceux qui approchent la souveraine, à quelque titre que ce soit, tailleur, comme Leroy (3), professeur de dessin, comme

Luçay était née Jeanne-Charlotte Papillon d'Auteroche. Elle était la nièce du fameux intendant des Menus-Plaisirs guillotiné avec les Fermiers Généraux. Son mari, nommé préfet du Cher, en 1800, passa en l'an X au palais du consul, comme préfet. L'Empire le fit premier préfet et comte d'Empire en 1809. Il mourut en 1836. La terre de Valençay lui appartenait. Il la céda en 1803, à Talleyrand. Mme de Luçay mourut en 1845. Voyez sur elle la brochure du comte FLEURY, *La Comtesse de Luçay* (1769-1845) ; Paris, s. d. [1903], in-8. C'est un extrait du n° de mars-avril 1903, de la *Revue des études historiques.*

(1) Voyez le tableau des dames de l'Impératrice dans l'*Almanach impérial pour l'année MDCCCXI*, p. 79.

(2) « Aucun fournisseur ne voyait et ne parlait à l'Impératrice dans son intérieur. » Générale DURAND, *Mémoires sur Napoléon, l'impératrice Marie-Louise et la cour des Tuileries...* ; p. 58.

(3) Leroy est le héros d'une aventure apocryphe, démentie par la générale Durand. A en croire certains *anas,*

mes chers amis, je joints mes prières à celles
de Madame Du Tillet pour l'affaire de la
voiture : mon domestique partira de la Hallière
vendredy matin avec ses chevaux à vuide pour
aller coucher à Laqueue. je garde ma calèche
& je désirerois que L'amie vint vendredy
coucher à la Hallière avec deux chevaux
et Leurs harnois.

je me propose de partir de la Hallière
Samedi matin de bonne heure aller vous
demander un bouillon jaser un moment
et puis m'acheminer pour coucher à la
queue d'ou le lendemain dimanche je
partirai avec mes chevaux

je vous prie, Mes chers amis de faire
prix avec L'amie pour cette course j'en
passerai pour ce que vous serés convenus

Autographe de Dubois, le médecin-accoucheur
de l'Impératrice.
(Collection Hector Fleischmann.)

Prudhon. Non que l'Empereur la soupçonne, car, dit-il, « j'honore et je respecte l'Impératrice ; mais la souveraine d'un grand empire doit être placée hors de l'atteinte d'un soupçon ». De cette déclaration n'est-ce point la paraphrase que la lettre qu'il envoie à Marie-Louise, d'un bivouac de ses dernières campagnes :

Madame et très chère amie,

J'ai reçu la lettre par laquelle vous m'avez fait connaître que vous avez reçu l'archichancelier étant au lit ; mon intention est que, dans aucune circonstance et sous aucun prétexte, vous ne receviez qui que ce soit étant au lit. Cela n'est permis que passé l'âge de trente ans.

A Haynau, le 7 juin 1813 (1).

N'est-ce point le sentiment d'une parfaite dignité, qui lui dicte cette lettre mesurée et d'un tact si sûr ? N'est-ce point parce qu'il sait la facilité des défaites féminines et que, sur ce chapitre, Joséphine l'a, à

il aurait, au cours d'un essayage, complimenté l'Impératrice sur ses belles épaules. Les dits compliments lui auraient valu l'expulsion immédiate de la cour.

(1) Baron DE MÉNEVAL, *Napoléon et Marie-Louise; Souvenirs historiques...*; t. III, p. 94.

merveille, et définitivement, instruit ? De là vient qu'il a été cru ombrageux et jaloux. « Voulant conserver, écrit Méneval, dans sa pureté primitive une innocence qui avait tant de charmes pour lui, et écarter d'elle les soupçons que la légèreté française admet si facilement, il avait établi dans la maison de l'Impératrice un ordre de service hérissé d'entraves qui auraient pu faire croire qu'il était jaloux (1). » Jaloux, non, mais prudent et avisé. Une surveillance attentive, obstinée, quasi-militaire, de tout instant, soit, mais, en revanche, que d'attentions exquises, que de prévenances nuancées de la plus amoureuse délicatesse ! Il veut plaire à sa jeune femme et donne dans la coquetterie pour y réussir. Devant que Marie-Louise soit arrivée, il se fait faire par Léger, le tailleur de Murat, « un habit de fantaisie, orné d'une broderie ». Il s'y trouva gêné et y renonce (2). Où comprend-il qu'il n'est point de plus seyante vêture pour lui que la redingote roussie sur tous les champs de bataille de l'Europe ? A la même époque on trouve dans les comptes de la Garde-robe, des factures pour des bretelles à 15 francs, des jarretières à 4 fr. 5o la paire, 144 francs de gants brodés d'or à son chiffre (3). Inutiles parures ! Qu'il paraisse ! Ce n'est point la grâce de ses vêtements, l'élégance de ses ajustements qui lui donneront ce que, seul, il peut obtenir.

Pour conquérir cette jeune femme, il consent à

(1) Baron DE MÉNEVAL, *Napoléon et Marie-Louise; Souvenirs historiques...*; t. II, p. 157.

(2) Baron DE MÉNEVAL, *Napoléon et Marie-Louise; Souvenirs historiques...*; t. II, p. 97.

(3) ALPH. MAZE-SENSIER, *Les Fournisseurs de Napoléon Ier et des deux impératrices...*; p. 37.

tout accepter de ce qu'il a, d'abord, écarté de sa vie. Il admet la longueur des repas, la flânerie des promenades, les inutiles loisirs de journées perdues. Aux caprices puérils de sa femme il courbe et soumet son « caractère de fer qui, au dire de Jomini, qui en fit l'expérience, voulait faire tout ployer devant lui (1) ». Sa soumission est exemplaire et tâche à éviter tout froissement, la peine la plus minime. Avant l'arrivée de Marie-Louise il a fait enlever, de la galerie de Diane, au Louvre, les tableaux qui rappellent les glorieuses campagnes contre l'Autriche. Mais il a laissé jouer *Britannicus*, sans prendre garde à certains vers d'une tirade de Néron :

Non que pour Octavie un reste de tendresse
M'attache à son hymen et plaigne sa jeunesse ;
Mes yeux, depuis longtemps fatigués de ses soins,
Rarement de ses pleurs daignent être témoins.
Trop heureux, si bientôt la faveur d'un divorce
Me soulageait d'un joug qu'on m'imposa par force !
Le ciel même en secret semble la condamner ;
Ses vœux, depuis quatre ans, ont beau l'importuner,
Les dieux ne montrent point que sa vertu les touche:
D'aucun gage, Narcisse, ils n'honorent sa couche ;
L'Empire vainement demande un héritier.
NARCISSE
Que tardez-vous, seigneur, à la répudier ?

Puisque des allusions fâcheuses peuvent être

(1) Lettre de Jomini à M. Thiers; 10 avril 1846. — *Le général Jomini et les Mémoires du baron de Marbot ;* Paris, 1893, in-8, p. 13. — Sur la trahison de Jomini, voyez un cinglant chapitre de M. FRÉDÉRIC MASSON, dans *Jadis* et *aujourd'hui;* 1ʳᵉ série; Paris, 1908, in-18, pp. 29-47.

Bureau de la Chambre de l'Empereur et Roi.

Palais de Saint-Cloud.

Théâtre de la Cour.

Spectacle du 1.er Octobre 1812, à huit heures du soir.

Bon pour une Personne.

A M

Les Dames doivent être parées, et les Hommes en habit habillé.

Invitation pour un spectacle de la Cour.
(*Collection Hector Fleischmann.*)

faites et arriver à l'Impératrice, on proscrira Racine (1).

On peut multiplier les exemples. Ainsi, lui qui ne consent guère à poser pour ses portraits, accorde une heure et demie à Mme Jaquotot pour une miniature qu'il désire offrir à sa femme (2). « Il avait pour elle de continuelles attentions, dit Constant ; toute sa conduite était celle d'un amant vivement épris (3). » Il le prouve un jour où Marie-Louise a des coliques. « Toute la Faculté fut en l'air. » Mme de Montebello fut vivement rappelée à l'étiquette pour n'avoir pas présenté la médecine à l'Impératrice (4). Dès lors, comment ajouter foi à certain conte de Despréaux, réédité récemment ? A l'en croire, le maître à danser Jean-Étienne Despréaux avait été appelé à Compiègne, peu après l'arrivée de l'Impératrice, pour lui donner quelques leçons de maintien. « Sa Majesté, dit-il, en marchant a pris l'habitude d'avoir la

(1) HENRI WELSCHINGER, *La Censure sous le Premier Empire, avec documents inédits;* Paris, 1882, in-8, p. 241.

(2) Lettre auto. sig. de Victoire Jaquotot, au baron de Werther ; Genève, 2 juillet 1838 ; 2 p. in-8. — Elle énumère ses diverses œuvres et donne quelques détails sur son portrait de Napoléon, qui le lui demanda secrètement en 1813. « Il voulait en faire la surprise à Marie-Louise et laisser, disait-il, une médaille vivante à la postérité. Il me donna une heure et demie de séance, en deux fois, accompagné seulement de Renault [*sic* : Regnault] de St-Jean d'Angély. » *Catalogue d'autographes Noël Charavay*, n° 354, février 1906, pièce n° 56221, offerte à 15 francs. Cette lettre a figuré depuis au *Catalogue d'une intéressante collection de lettres autographes... dont la vente aura lieu à Paris... le lundi 14 décembre* 1908 ; Paris, in-8, 1908, pièce n° 82.

(3) CONSTANT, *Mémoires sur la vie privée de Napoléon Ier...*; t. IV, p. 207.

(4) Générale DURAND, *Mémoires sur Napoléon Ier, l'impératrice Marie-Louise et la cour des Tuileries...*; pp. 86, 87.

tête baissée et de porter le ventre en avant » — « Eh bien, interrompit l'Empereur, portez, Madame, le… *contraire* en arrière. » Et ce faquin de Despréaux, d'ajouter benoîtement : « Je n'ose pas écrire le mot dont se servit Napoléon (1). » Qui donc pousserait l'ingénuité jusqu'à croire l'Empereur capable de ce déportement, et surtout devant un étranger, alors qu'extérieurement, comme intérieurement, il prodigue les preuves non dissimulées de sa tendresse ?

Ainsi, pendant le voyage de Belgique où son « regard heureux couvait de son amour » Marie-Louise (2). Ainsi encore à Dresde, en 1812, où il ne mettait « aucune discrétion dans ses rapports conjugaux », où il paraissait les faire connaître officiellement (3) ». Partout c'est le même abandon, le même empressement, qui font à merveille comprendre le mot de l'Impératrice à Metternich : « Je n'ai pas peur de Napoléon, mais je commence à croire qu'il a peur de moi (4). »

Peur ? Non. Et pourquoi ? Il n'est qu'heureux, parfaitement heureux, pris par la jeunesse naïve de sa femme, par tout ce qui est en elle de neuve fraîcheur juvénile, d'ignorance sans curiosité, par la griserie enfin de son rôle d'initiateur. Ravi, il ne cesse d'encourager les célibataires de son entourage

(1) Comte FLEURY, *Fantômes et Silhouettes;* s. d. [1902], in-8, p. 232.

(2) CHARLOTTE DE SOR, *Souvenirs du duc de Vicence…;* t. I, p. 4.

(3) *Souvenirs de la baronne du Montet…* ; p. 76.

(4) *Mémoires, documents et écrits divers laissés par le prince de Metternich,* publiés par le prince Richard de Metternich, son fils, classés et réunis par M. A. de Klinkowstrœm; Paris, 1880-1888, 8 vol. in-8, t. I, p. 286.

au mariage : « Mariez-vous à des Allemandes (1) ! »

Une femme chaste — il y a pourvu — et de grande naissance, féconde, n'est-ce point tout ce qu'il a désiré ? Ces communes vertus aux femmes de France, lui deviennent, chez Marie-Louise, des qualités exceptionnelles, extraordinaires, dignes d'un respect quasi-divin. « Si la France connaissait tout le mérite de cette femme, elle se prosternerait à ses genoux, » dit-il à Chaptal (2). Quant à lui, il n'est point d'amour au-dessus du sien, plus parfait et plus total. Dans l'entrevue de Prague, le 16 mai 1813, il confesse simplement, avec toute sa noble ferveur, à Bubna : « Certes on ne me reproche pas d'avoir le cœur trop aimant. Mais si j'aime quelqu'un au monde, c'est ma femme (3). » N'est-ce par elle, par ce Fils qu'elle lui a donné, qu'il est certain d'avoir garanti l'avenir à sa dynastie, imprescriptiblement ? Et, pourtant, cette femme qu'il n'a prise que pour cette garantie de sa volonté, cette femme qui n'est, en somme, que l'instrument, le Ventre, c'est elle qu'il préfère à l'Héritier attendu. Quand il la sait en danger, quand Dubois, l'accoucheur, lui donne à choisir, en quelque sorte, entre l'Enfant et la Mère, c'est pour la Mère qu'il parle. Qu'on la sauve ! Elle d'abord ! L'Enfant ensuite. Et tandis que s'écoulent les vingt-six minutes demandées pour l'accouchement aux forceps, la sueur qui lui perle aux tempes

(1) Henri Bouchot, *La Toilette à la cour de Napoléon ; chiffons et politique de grandes dames (1810-1815), d'après des documents inédits ;* Paris, 1896, in-8, p. 145.

(2) Comte Chaptal, *Mes Souvenirs sur Napoléon,* publiés par son arrière-petit-fils, le vicomte Antoine de Chaptal, secrétaire d'ambassade ; Paris, 1880, in-8, p. 351.

(3) Henri Welschinger, *Le Roi de Rome...* ; p. 45.

n'est que celle de l'angoisse de perdre l'épouse. Elle est sauvée enfin ! Cela seul importe. Et voici l'Enfant. Tant mieux, mais la mère est là. De cette heureuse aventure, Dubois tire 100.000 francs de gratification, la croix de la Légion d'honneur, un baronnat d'Empire, et de belles armoiries à mettre aux panneaux de sa voiture : *Coupé au un, parti de sinople à une fleur de lotus et des barons officiers de la Maison ; au deux, d'or à la louve au naturel allaitant un enfant de carnation, le tout soutenu d'une terrasse de sinople* (1). Quant à la mère, c'est Golconde qui déferle et roule ses joyaux dans ses cassettes. Que les poètes chantent ! Cette fois ils auront raison :

> Napoléon, ce monarque suprême,
> Vaincu sous les lauriers par un amour extrême,
> Mit le bandeau royal sur ton front généreux.
> Et te donna pour dot les cœurs qu'il rend heureux (2).

Que dans une ode, pleine de bonne volonté, la France assure :

> Mes vœux sont exaucés; ton épouse féconde
> Me rend ce gage avec bonté;
> Albion en soupire, et le reste du monde
> Partage ma félicité (3).

(1) Frédéric Masson, *Napoléon et son Fils...* ; p. 132.
(2) *Poème sur l'heureuse grossesse de S. M. Marie-Louise, impératrice des Français et Reine d'Italie* ; traduit en vers français par M. Legouvé, membre de l'Institut et de la Légion d'Honneur, et professeur suppléant au Collège de France ; s. l. [Paris], janvier 1811, in-4, p. 15.
(3) M. Rozier, *Ode sur la naissance du Roi de Rome, suivie d'une prosopopée de la France sur le même sujet, et d'un appel aux vrais poètes;* Paris, 1811, in-8, p. 9. — « J'ai lu tous ces poèmes, dit M. Henri Welschinger. Il est impossible de rien

Trois ans encore ! Et de tout cela, dévouements, prosternements, agenouillements, ce sera l'échéance !

Mais, pendant ces trois ans, Marie-Louise aura la vie magnifique que veut l'Empereur à l'Impératrice. Elle sera la grande Figurante de l'Empire, proposée au respect populaire, à l'acclamation guerrière, indolente, inoccupée et majestueuse, « une pagode couronnée », dit Pons, de l'Hérault (1). Ainsi, de palais en palais, d'année en année, elle passe, revient, apparaît, entrevue lointainement derrière les sabres clairs des escortes et entre les plumets monumentaux des gardes d'honneur, livrée, dans son privé, à de minimes et puériles distractions, les modes, la tapisserie (2), la peinture. Ni des unes ni des autres elle abuse. Ses comptes chez Leroy sont piètres, et la font proposer, par l'Empereur, à Joséphine, en modèle de ménagère économe. « Elle solde ses dépenses tous les huit jours, écrit-il, elle se prive de robes et s'impose des privations pour n'avoir jamais

---

imaginer de plus médiocre et de plus banal. » *Le Roi de Rome...*; p. 17. Et M. L. de Lanzac de Laborie confirme : « Toute cette littérature est écœurante à relire, tant on y sent le travail imposé ou rétribué, l'absence totale de spontanéité... Tout cela porte trop visiblement l'estampille officielle pour être pris au sérieux. » *Napoléon II, d'après une prochaine publication* ; *Le Correspondant*, 25 novembre 1903, pp. 678, 683.

(1) Pons (de l'Hérault), *Souvenirs et anecdotes de l'île d'Elbe, publiés d'après le manuscrit original*, par Léon G. Pelissier, docteur à l'Université de Lyon, professeur adjoint à l'Université de Montpellier ; Paris, 1897, in-8, p. 190.

(2) « Sa Majesté désire que l'on place dans les palais pour l'impératrice les différents petits meubles pour son usage, tels que métiers à broder... » Le comte Daru à M. Desmazis ; 17 février 1810. — Alph. Maze Sensier, *Les Fournisseurs de Napoléon Ier et des deux Impératrices...*; p. 329.

de dettes (1). » Est-ce par respect pour les finances impériales ? L'Empereur en peut douter, lui qui, en l'an VI, disait des Autrichiens, qu'ils étaient « lourds et avares », sans plus (2).

Cela se traduit chez Marie-Louise par un compte de 13.849 francs chez le couturier Leroy, de janvier à mars 1814, par exemple, encore qu'une bonne partie de ces fanfreluches aient été expédiées à Vienne, aux jeunes archiduchesses, ses sœurs (3). Aux chiffons elle n'a point de goût. Elle en eut au

Prudhon.

début de son mariage, pour la peinture et le dessin. « Elle se fait une fête d'aller à Paris, écrivait l'am-

(1) L'Empereur au comte Mollien; Wesel, 1er novembre 1811. — Comte MOLLIEN, *Mémoires d'un ministre du trésor public...*; t. III, p. 353. — *Archives nationales*, série AF IV, carton 895. — LÉON LECESTRE, *Lettres inédites de Napoléon Ier...*; t. II, p. 175, pièce n° 891.

(2) Bonaparte au ministre des Relations extérieures ; au quartier général de Passeriano ; 27 vendémiaire an VI, (18 octobre 1797). — *Œuvres choisies de Napoléon Bonaparte;* Paris, 1827, in-32, t. I, p. 313.

(3) HENRI BOUCHOT, *La Toilette à la cour de Napoléon...*; p. 95.

5.

bassadeur Otto au temps des fiançailles; non pour jouir des plaisirs de la capitale, mais pour y cultiver les arts et surtout le dessin qu'elle aime beaucoup (1). » Prudhon fut chargé de lui en inculquer le rudiment.

Cet indolent artiste, plus préoccupé des flèches de l'Amour que de ses pinceaux, n'y réussit guère (2). Bientôt Marie-Louise prit la peinture en horreur. « L'odeur de l'huile et des couleurs l'incommodait (3). » Prudhon retourna à ses maîtresses et à ses idylles. Et l'Impératrice retomba à la charge des représentations, à l'ennui monotone de ses longs loisirs. Le voyage de Dresde, en 1812, les vint interrompre. Le 9 mai, elle quittait Saint-Cloud, avec l'Empereur. Le 11 on arrivait à Mayence; le 13 à Aschaffenbourg; le 16 on rencontrait, à Freyberg, le roi de Saxe, et le même soir on touchait Dresde. Les treize jours qu'y passa l'Empereur furent marqués de ses attentions pour sa belle-mère, qu'il trouvait charmante (4), et qui, obstinément, se rebella

(1) Le comte Otto à M. de Champigny; Vienne, 3 mars 1810. HENRI WELSCHINGER, *Le Divorce de Napoléon...*; p. 306.

(2) Sur les déboires amoureux de Prudhon, cf. CHARLES GUEULLETTE, *Mademoiselle Constance Mayer et Prudhon*; Paris, 1880, in-8. On trouvera une piquante lettre du baron de Joursanvault au graveur Wille, datée de Beaune, 15 octobre 1780, relative à la facilité de Prudhon pour les plaisirs de la galanterie, dans *l'Inventaire des autographes et des documents historiques composant la collection de M. Benjamin Fillon...*; pièce n° 1830.

(3) Baron DE MÉNEVAL, *Napoléon et Marie-Louise*; *Souvenirs historiques...*; t. II, p. 64.

(4) « Napoléon est d'une humeur massacrante, excepté pour l'impératrice d'Autriche qu'il trouve charmante. » *Souvenirs de la baronne du Montet...*; p. 68.

contre ses prévenances (1). Il aimait sa femme jusque dans sa famille. La famille ne devait guère le lui rendre. La rupture du blocus continental pour les ports russes, appela Napoléon aux armées. Le 18 juillet, Marie-Louise revenait à Saint-Cloud. L'Empereur ne devait rentrer à Paris que le 18 décembre, à minuit. C'est de Moscou que revenaient alors les Aigles.

D'une indifférence toujours égale, Marie-Louise accueille les événements. Le choc même de ces dernières années de l'Empire ne l'ébranle pas. Lointaine et étrangère, elle vit de sa fastueuse vie animale, sans autres désirs que la paix et le silence. Cloîtrée, gardée, surveillée, à l'abri des toutes les surprises de la chair et de tous les élans du cœur, que peut-elle désirer, souhaiter, vouloir ? « Elle ne s'était pas identifiée avec sa patrie adoptive (2) », dit Méneval. S'était-elle davantage identifiée avec la vie impériale, avec l'Empereur ? Il est assurément difficile, voire impossible, à surprendre les secrets de ce cœur sans abandons, de cette âme farouchement et paresseusement fermée. Ce que dit sa correspondance intime relève de la banalité coutumière. Cela est plat, petit, quelconque.

Nulle pensée dans ces pages ; aucune flamme dans ces billets. Cette écolière ronronne sa leçon en ton de grisaille. Du premier mois de son mariage, voici

______

(1) « Elle haïssait Napoléon : celui-ci déploya en vain auprès d'elle toutes les ressources de la galanterie française. » Générale DURAND, *Mémoires sur Napoléon, l'impératrice Marie-Louise et la cour des Tuileries...*; pp. 140, 141.

(2) Baron DE MÉNEVAL, *Napoléon et Marie-Louise*; *Souvenirs historiques...*; t. IV, p. 70.

une lettre qui attestera de la nullité de celle qui la signe :

Compiègne, ce 24 avril 1810.

Chère Victoire !

Je vous suis bien sincèrement reconnaissante pour les vœux que vous me faites dans votre lettre du 26 mars à l'occasion de mon mariage. Le Ciel les a exaucés, puissiez-vous bientôt jouir d'un bonheur pareil à celui que j'éprouve et que vous méritez tant, vous pouvez être persuadée que personne ne vous le souhaite plus que

Votre attachée amie,
MARIE-LOUISE (1).

Quelque peu plus tard, elle écrit encore à Mlle de Poutet, et c'est le même style lénitif, incolore, qui coule de source :

... Je trouve bien naturel de vous voir si affligée de vous séparer de la meilleure des mères, je ne l'ai aussi que trop éprouvé, mais croyez que l'attachement que l'on porte à son époux adoucit, je dirai fait presque cesser ce chagrin... Peut-être que dans ce moment vous êtes déjà mariée, vous goûterez un bonheur aussi inaltérable que le mien ! Je suis charmée que vous vous mariez dans le même mois que moi, je souhaite que comme tout se réunit pour faire ressembler nos mariages, vous deveniez mère d'un joli enfant en même tems que moi, j'en ai déjà eu |des espérances, mais trop peu fondées pour que l'on puisse en parler (2).

(1) *Correspondance de Marie-Louise...*; p. 146.
(2) Ce n'est cependant que le 13 juillet suivant, de Rambouillet, que l'Empereur écrit à Jérôme : « J'ai lieu de penser que l'Impératrice est grosse. » LÉON LECESTRE, *Lettres inédites de Napoléon Ier...*; t. II, p. 52, pièce n° 651.

J'ai demandé à l'Empereur la permission de signer votre contrat de mariage, il a acquiescé tout de suite, avec cette grâce, cette obligeance qui lui est si naturelle... (1)

Elle est donc revenue à de plus aimables sentiments pour le « Corsicain », le pleutre d'Égypte, l'assassin d'Essling, l'usurpateur. Maintenant : « les moments que je passe le plus agréablement sont ceux où je suis avec l'Empereur (2) ». Et puis, la victime soupire : « Je ne puis être heureuse qu'auprès de lui (3). » A la croire, sur parole, ses larmes ont dû

(1) *Correspondance de Marie-Louise...*; pp. 146, 147.
(2) *Correspondance de Marie-Louise...*; p. 147.
(3) *Correspondance de Marie-Louise...*; p. 152.

Meuble de toilette de Marie-Louise.

être éternelles, à partir de 1814. Elle qui acceptera, si allégrement, l'éternelle rupture avec Napoléon, ne peut se consoler, en attendant, qu'au « milieu d'un peuple que je chéris et que j'estime autant que les Français (1) ». C'est pourquoi, devenue grande-duchesse de Parme, elle les a expulsés incontinent de ses États. Pour le présent, que de vœux frappés au coin de sa banalité décourageante ! A de bonnes nouvelles reçues de l'Empereur, elle s'écrie : « Que Dieu nous le conserve ainsi un grand nombre d'années pour le bonheur de tous ceux qui l'entourent (2) ! » Moins de dix ans plus tard, elle ne souhaitera certes pas sa mort, non, mais ces longues années de bonheur et de vie, elle ne le lui souhaite que « pourvu que ce soit loin de moi (3) ». Loin, il l'était, en effet, et son cadavre venait de descendre dans l'humide caveau de la vallée du Géranium. Alors seulement on surprend chez Marie-Louise un cri du cœur, le premier, le seul, le dernier, et c'est dans sa lettre à Mme de Crenneville, où simplement elle écrit : « Je n'ai jamais eu de sentiment vif d'aucun genre pour lui (4). »

(1) Lettre aut. signée, à M...; Paris, 13 août 1811 ; 1/2 p. in-4. — *Catalogue de la précieuse collection de lettres autographes composant le cabinet de feu M. Chambry*; Paris, 1881, in-8, pièce n° 426, p. 57.

(2) Lettre auto. signée, à son cher cousin...; Paris, 7 janvier 1813; 3/4 de p. in-4. — *Catalogue d'une précieuse collection de lettres autographes concernant Napoléon Ier, sa famille ses maréchaux, ses généraux et ses ministres;* Paris, 1894, in-8, pièce n° 15.

(3) Lettre du 19 juillet 1821. — *Correspondance de Marie-Louise...*; p. 226.

(4) Lettre du 19 juillet 1821. — *Correspondance de Marie-Louise...*; p. 226.

Elle exagerait toutefois, car elle eut un « sentiment vif » pour l'Empereur, mais ce fut le sentiment de la jalousie. De ce que la grâce langoureuse de Joséphine et les brillants souvenirs de naguère, pouvaient avoir conservé de vivant pour Napoléon, Marie-Louise se montra inquiète, dès le début de son arrivée en France. Elle était, dit Méneval, « animée d'un sentiment de jalousie fondé sur la crainte de l'ascendant que pourrait exercer sur l'esprit de son époux une femme qu'il avait beaucoup aimée (1) ».

Le nom de Joséphine devint gênant à prononcer devant l'Impératrice (2). Elle montrait pour elle une « grande répugnance », dit Napoléon à Las-Cases, à Sainte-Hélène. Nous avons dit déjà quels sentiments apportait l'Empereur dans ses visites à la créole exilée à la Malmaison (3). Sans doute l'indolence et la passivité de Marie-Louise ont pu nous faire croire un instant, à son indifférence pour ces visites. Mais les témoignages à cet égard sont à ce point précis, qu'il y faut bien souscrire. « L'Empereur, écrit la comtesse Potocka, ayant fait de nombreuses visites à l'ex-impératrice, Marie-Louise en prit ombrage et il fut décidé que Joséphine s'éloignerait momentanément (4). » Ce bruit parvint à Joséphine par une lettre de Mme de Rémusat. La dame lui conseillait un prompt éloignement : « La Malmaison, Navarre même, seraient trop près des clameurs d'une ville

(1) Baron DE MÉNEVAL, *Napoléon et Marie-Louise; Souvenirs historiques...*; t. II, p. 163.

(2) Elle « n'aimait pas qu'on parlât d'elle [Joséphine] en sa présence ». Générale DURAND, *Mémoires sur Napoléon, l'impératrice Marie-Louise et la cour des Tuileries...*; p. 109.

(3) Cf. *Joséphine infidèle...*; pp. 262, 263.

(4) *Mémoires de la comtesse Potocka...*; p. 256.

oisive et quelquefois mal intentionnée. » Au reste. elle ne déguisait en rien la jalousie de la nouvelle Impératrice et illustrait ses propos de cette anecdote, qui se place à Malmaison, pendant un voyage de Joséphine à Genève.

L'Impératrice paraît avoir apporté avec elle une imagination vive et prompte à s'alarmer ; elle aime avec la tendresse, avec l'abandon d'un premier sentiment ; mais ce sentiment même semble porter avec lui le caractère d'un peu d'inquiétude, dont il est, en effet, si rarement séparé. La preuve en est dans une petite anecdote que le grand maréchal m'a contée, et qui appuiera tout ce que j'ai l'honneur de vous dire.

Un jour, l'Empereur se promenant avec elle dans les environs de Malmaison, lui offrit, en votre absence, de visiter ce joli séjour ; à l'instant le visage de l'impératrice fut inondé de larmes ; elle n'osait pas refuser, mais les marques de sa douleur étaient trop visibles pour que l'Empereur essayât d'insister. Cette disposition à la jalousie, que le temps affaiblira, sans doute, ne pourrait être qu'augmentée dans ce moment par la présence de V. M. Elle se souviendra peut-être, que cet été, en la voyant si grasse, si reposée, j'oserai dire si embellie par le calme de la vie que nous menions, j'osais lui dire en riant qu'il n'y avait point d'adresse à rapporter à Paris tant de moyens de succès, et que je sentais parfaitement qu'à la place d'une autre, je serais tout au moins inquiète. En vérité, madame, cette plaisanterie me semble aujourd'hui le cri de la raison. Le grand maréchal avec lequel j'ai causé, m'a témoigné aussi des inquiétudes que je partage. Il m'a paru qu'il n'osait point faire expliquer l'Empereur sur un sujet qu'il ne traite qu'avec douleur. Il m'a parlé avec un accent vrai de cet attachement que vous inspirez encore, mais qui doit lui-même inviter à une grande circonspection. Les nouvelles situations inspirent de nouveaux devoirs ; et, si j'osais, je dirais qu'il n'appartient pas à une âme comme la vôtre, de rien faire qui puisse forcer l'Empereur à manquer aux siens (1).

Alarmée à la pensée d'un exil possible et définitif, Joséphine charge Hortense de parler à l'Empereur, de connaître ses intentions à son égard. Par courrier Napoléon écrit :

A l'Impératrice Joséphine, à Genève.

Fontainebleau, le 1ᵉʳ octobre 1810.

J'ai reçu ta lettre, Hortense que j'ai vue, t'aura dit ce que je pensais ; va voir ton fils cet hiver (2), reviens aux eaux d'Aix l'année prochaine, ou bien reste au printemps à Navarre. Je te conseillerais d'aller à Navarre tout de suite, si je ne craignais que tu ne t'y ennuyasses. Mon opinion est que tu ne peux être, l'hiver, convenablement qu'à Milan ou à Navarre ; après cela, j'approuve tout ce que tu feras ; car je ne veux te gêner en rien. Adieu, mon amie ; l'impératrice est grosse de quatre mois ; je nomme Madame de Montesquiou gouvernante des Enfants de France. Sois contente, et ne te monte pas la tête ; ne doute jamais de mes sentiments.

NAPOLÉON (3).

Voilà Joséphine rassurée. « L'Empereur m'a écrit

(1) Cette lettre de Mme de Rémusat est publiée, en note, par la reine Hortense dans son édition des *Lettres de Napoléon à Joséphine pendant la première campagne d'Italie, le Consulat et l'Empire ; lettres de Joséphine à Napoléon et de la même à sa fille ;* Paris, 1833, in-8, t. II, pp. 175, 176.
(2) C'est-à-dire Eugène de Beauharnais, vice-roi d'Italie.
(3) *Lettres de Napoléon à Joséphine...* ; t. II, pp. 172 et suiv., pièce nᵒ CCXX.

une petite lettre aimable, mande-t-elle à sa fille. Tu dois juger, ma chère Hortense, quel plaisir elle m'a fait (1). » Toutes deux, cependant, ne gardent aucune rancune à celle dont peut venir le coup qui les menace. « L'Impératrice se joint à moi, ma chère maman, voit-on Hortense écrire à Joséphine, pour vous embrasser bien tendrement (2). » D'ailleurs, voici les dernières campagnes de l'Empire. Ce que Napoléon passe de jours à Paris est haché de besognes colossales, de travaux démesurés. L'escorte en frac vert ne trotte plus sur le chemin de Malmaison.

En une certaine mesure, cependant, la générale Durand semble vouloir justifier la jalousie de Marie-Louise. Elle ne s'y étend guère d'ailleurs et se borne à ces quelques lignes :

Ce fut en Hollande (3) que Napoléon parut éprouver un instant de prédilection pour une jeune dame de la cour, qui avait accompagné Marie-Louise, la princesse Aldobrandini (4). Elle était fort aimable, avait de l'es-

(1) *Lettres de Napoléon à Joséphine...*; t. II, p. 335, pièce n° XLVII.

(2) Paul Dablin, *Les Souscriptions de lettres dans la correspondance depuis le seizième siècle jusqu'à nos jours ;* avec préface de Georges Montorgueil; Vendôme, 1903, in-8, p. 11.

(3) C'est-à-dire en 1810, année du voyage aux pays belgiques et bataves. L'Empereur et l'Impératrice quittèrent Compiègne le 27 avril; ils visitèrent le département des Bouches-de-l'Escaut et rentrèrent à Paris le 1er juin.

(4) Elle figure comme dame d'honneur au tableau de la maison de l'Impératrice dans l'*Almanach impérial pour l'année MDCCCXI*, p. 79. — Extrêmement jeune, étant née en 1796, elle fut mariée le 11 avril 1809 au premier prince Aldobrandini. « L'époux, dit M. Frédéric Masson, à la mode de l'ancien régime, voyagea par ordre, et ce fut seulement au retour

prit et causait parfaitement bien. Un soir qu'elle avait brillé plus que de coutume, il dit à l'Impératrice et à la duchesse de Montebello que, si elles voulaient devenir parfaites elles n'avaient qu'à tâcher de copier la princesse. Ce fut le premier mouvement d'humeur qu'il occasionna à Marie-Louise. Elle ne le témoigna pourtant que par le silence, et ne montra aucun ressentiment contre la princesse. Mais la duchesse se trouva profondément blessée, et depuis ce temps elle ne cessa de tenir, contre cette jeune femme, les propos les plus piquans (1).

Ce texte ne laisse aucun doute : l'intrigue n'a pas été poussée plus loin. C'est le bon mot d'un soir, rien de plus. Cependant, cette règle de respect à la foi conjugale, l'Empereur l'a enfreinte quelquefois, assure le même témoin, et quelques rares passades l'ont retenu brièvement. Mais, toujours préoccupé du bonheur pacifique de Marie-Louise, « il prenait le plus grand soin pour que le très petit nombre de celles qu'il se permettait encore, ne vînt jamais à sa connaissance (2) ». De fait, elles ont été à ce point tenues secrètes qu'il est demeuré impossible d'administrer un commencement de preuve. On est donc fondé de croire qu'après « le mariage autrichien on ne sait guère d'anecdotes de ce genre (3) ». Au sur-

de la campagne qu'il prit ses droits. » Notons que M. Frédéric Masson ne s'inscrit pas en faux contre cette anecdote de la générale Durand : « Au voyage de Hollande, provoquée par l'Empereur, elle répondra, se fera trouver drôle. » Cf. *L'Impératrice Marie-Louise...* ; p. 145.

(1) Générale Durand, *Mémoires sur Napoléon, l'impératrice Marie-Louise et la cour des Tuileries...* ; pp. 128, 129.

(2) Générale Durand, *Mémoires sur Napoléon, l'impératrice Marie-Louise et la cour des Tuileries...* ; p. 105.

(3) Frédéric Masson, *Napoléon et les Femmes,* conférence

plus, les comptes de la fleuriste chargée de garnir quotidiennement d'un bouquet le cabinet secret de Sa Majesté (1), les comptes témoignent qu'à partir de 1810, son bouquet quotidien fut destiné à l'appartement de l'Empereur (2). Les temps des lilas du « cabinet secret » étaient passés.

Ces menus faits attestent de la fidélité conjugale de Napoléon. Maintenant qu'il a la femme qu'il rêvait, du rang qu'il voulait, il se donne à lui-même le mot d'ordre du respect moral. Puisqu'il contraint l'épouse à la chasteté, il se soumet à la même obligation. Il ne s'arroge point un droit qu'il refuse à sa compagne. C'est le triomphe de ses anciennes théories sur l'amour qui s'accomplit. Méprisant le liber-

prononcée à la Société des conférences le 28 février 1898; *Revue hebdomadaire*, n° 10, 7 mars 1908.

(1) « Mme Bernard était bouquetière de l'Empereur. Une ordonnance de payement, datée de Berlin, 28 mars 1808, lui accorde la somme de 600 francs pour avoir fourni tous les jours pendant l'année 1807, « un bouquet au cabinet secret de Sa Majesté. » L'ordonnance de payement, signée Daru, est datée de Berlin, 28 mars 1808. » — *Archives nationales*, série O^2, carton 35. — ALPH. MAZE SENSIER, *Les Fournisseurs de Napoléon Ier et des deux Impératrices...*; p. 14. Ce cabinet secret servit aux rendez-vous galants de l'Empereur.Il avait été précédemment occupé par Bourrienne, son secrétaire. « On y parvenait par un sombre petit escalier au haut duquel débouchait un couloir obscur éclairé nuit et jour par des quinquets. » Cf. *Napoléon adultère...*; p. 127.

(2) « A l'année 1810 nous trouvons un renseignement plus complet sur les obligations de Mme Bernard en échange de son abonnement de 600 francs. Elle devait livrer chaque jour un bouquet pour l'appartement de l'Empereur tant aux châteaux impériaux de Paris, Compiègne et Saint-Cloud, qu'autres à proximité où il est possible d'envoyer. » *Archives nationales*, série O^2, carton 35. — ALPH. MAZE SENSIER, *Les Fournisseurs de Napoléon Ier et des deux impératrices...*; p. 14.

tinage des hommes et l'impudeur des femmes (1), il n'a le souci que du Foyer et de la Gloire. Il ne prétend point être un souverain poli ; il veut être le Grand Empereur. La majesté ne va point sans la moralité. Louis XIV lui semble rapetissé par les concubines royales. Sa postérité, il la respecte en lui-même. Elle régnera sans les tares bourbonniennes. Et, lui, du fond du temps, comme ancêtre et fondateur, prétend imposer l'admiration. Il apparaîtra à l'avenir sans faiblesses, véritablement fort et dominateur. Et sa femme sera l'épouse de l'homme qu'il se veut. Elle sera pure, sans tache, quasi-divine et surhumaine.

Il en est ainsi de son règne, du moins. Lui, présent, elle sera inattaquable et inattaquée. « Comme épouse il n'y eut rien à blâmer dans sa conduite (2). » Disparu, elle retombera au bourbier de ses instincts et de ses appétits, au bas cloaque de ses amours méprisables, où elle demeure, où elle se plonge, sans qu'une lueur la rappelle à elle-même, au souvenir du grand nom dont elle demeure solidaire. Mais alors, ce n'est plus l'Impératrice, à peine une archiduchesse et un peu moins qu'une femme.

(1) La générale Durand rapporte cette phrase de l'Empereur : « La chasteté est pour les femmes ce qu'est la bravoure pour les hommes ; je méprise un lâche et une femme sans pudeur. » Générale DURAND, *Mémoires sur Napoléon, l'impératrice Marie-Louise et la cour des Tuileries...*; p. 290.

(2) Baron DE MÉNEVAL, *Napoléon et Marie-Louise ; Souvenirs historiques...*; t. IV, p. 70.

IV

LA DESCENTE A LA TRAHISON

Promise à la Régence par les lettres patentes
du 3o mars 1813, Marie-Louise n'en exercera les
prérogatives et les pouvoirs que le 24 janvier 1814.
Par ce titre elle recueille des honneurs toujours re-
fusés à Joséphine.

La haute main sur les affaires de l'Empire lui est
réservée, elle remplace véritablement le souverain
parti à la guerre. Dans la pompe des cérémonies
qu'elle préside, elle est la seconde de l'Empereur
dans toute la splendeur et la force du terme. A la
vérité, ici encore son rôle n'est que de parade. Le
conseil de la Régence fait tout, propose tout. Elle,
elle se contente de signer : *Pour l'empereur et en vertu
des pouvoirs qu'il nous a confiés.* Dans la grande machine administrative elle n'est rien, et elle paraît
tout. Car tel est le bon plaisir de l'Empereur. Sa volonté est que la Grande Impératrice dirige, gouverne
et promulgue dès qu'il aura quitté le territoire.

Qu'ainsi elle apparaisse aux peuples de l'Empire. Le reste importe peu. Il tient la main aux rouages intérieurs et il y a pourvu. Sa tendresse pour Marie-Louise n'a point obscurci son clair regard. La vision exacte des choses et des individus est demeurée parfaite en lui, et tel, il comprend que sa femme ne peut avoir, de la splendide et formidable charge, que le titre. Il le lui donne. D'autres exécuteront pour elle les besognes minutieuses et attentives de cette régence, dont « sa nullité notoire l'eût empêchée d'exercer les droits (1) ». Aussi bien, et il le faut redire, n'y a-t-il point songé. Il ne lui veut ni charge ni soucis. Au contraire ! « Tenez gaie l'Impératrice, écrit-il, le 7 février 1814, de Nogent, à Joseph ; elle se meurt de consomption (2) ». On le lui a dit, il le croit. A la vérité, et les événements le vont montrer, il n'en est rien. Mais en serait-il ainsi, que Joseph serait d'un mince secours. C'est un piètre amuseur. D'ailleurs les responsabilités de la Régence l'absorbent. Sous le titre de lieutenant général de l'Empereur il en assume, de fait, la direction, malgré Cambacérès, qui manque de ferme énergie (3). Les autres

(1) Comte D'HÉRISSON, *Le Cabinet noir* ; *Louis XVII ; Napoléon ; Marie-Louise* ; Paris, 1887, in-12, p. 266.

(2) *Correspondance de Napoléon Ier* ; t. XXVII, pièce n° 21205, p. 128.

(3) Suivant M. Frédéric Masson, *Napoléon et son fils...* ; p. 214, « Cambacérès n'est qu'un pleutre ». M. Henry Houssaye en juge différemment : « Cambacérès, grand juriste et politique sagace, mais philosophe toujours préparé à accepter le fait accompli. » HENRY HOUSSAYE, *1814* ; Paris, 1888, in-12, p. 415. — Enfin il avait l'air d'un satyre, et « il en avait les mœurs ». ANTOINE HAMELIN, *Mémoires d'un bourgeois* ; manuscrit, juillet 1829. — ALFRED MARQUISET, *Une Merveilleuse : Mme Hamelin* (1776-1851) ; Paris, 1909, in-8, p. 11,

ne sont que des figurants. Un seul est dangereux : Talleyrand. Ce n'est que trop tard qu'on en fera la cruelle et amère constatation. Positivement il n'intervient qu'une seule fois dans les discussions du Conseil : dans la nuit du 28 mars, alors qu'il s'agit de décider du destin de l'Impératrice et du Roi de Rome.

On connaît les événements. Contre la Fortune rebelle Napoléon livre ses derniers combats dans les champs de France. Pouce à pouce, il recule vers la nuit de la suprême défaite. Puis, brusquement, c'est la nouvelle de la marche des Alliés sur Paris.

Que deviendra l'Impératrice ? Que fera-t-on du Roi de Rome ? Les laisser tomber aux mains de l'ennemi, même des « soldats de papa beau-père (1) », ces Autrichiens pilleurs, qui volent et violent avec une sauvagerie toute primitive, n'est-ce pas aller à l'encontre des ordres de l'Empereur ?

« L'Impératrice et le Roi de Rome ne doivent jamais tomber aux mains de l'ennemi », a-t-il péremptoirement écrit à Joseph (2). Et encore, le 8 février 1814 : « Je n'ai jamais vu représenter *Andromaque* que je n'aie plaint le sort d'Astyanax survivant à sa maison, et que je n'aie regardé comme un bonheur pour lui de ne pas survivre à son père (3). » Enfin, le 16 mars : « Le sort d'Astyanax, prisonnier des Grecs, m'a toujours paru le sort le plus malheureux de l'his-

----

(1) Le grand-duc Constantin, cit. par Henri Houssaye, *1814...*; p. 48.

(2) Baron DE MÉNEVAL, *Napoléon et Marie-Louise ; Souvenirs historiques...*; t. III, p. 131.

(3) *Correspondance de Napoléon Ier*; t. XXVIII, pièce n° 21210.

toire (1). » Les hésitations de Joseph, devinant qu'en faisant fuir l'Impératrice on décapite le gouvernement et on démoralise Paris, sont enlevées par Talleyrand. C'est lui qui fait décider du départ de Marie-Louise. Joseph ne demanda qu'à souscrire à cette désertion. A vrai dire les instructions de l'Empereur ne s'appliquent point aux événements de la veille,

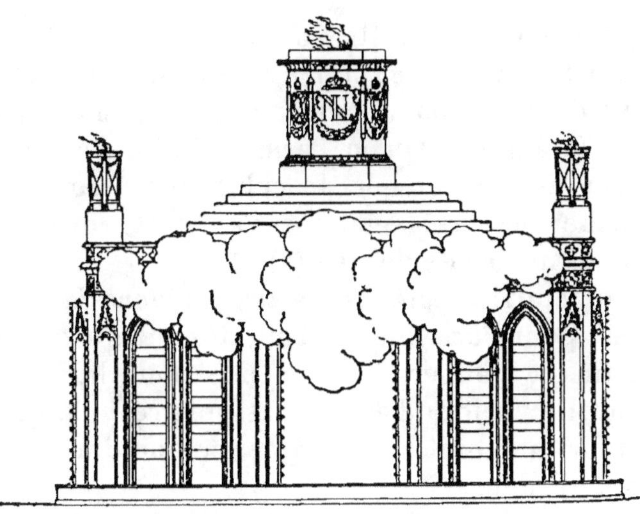

Illumination des tours de Notre-Dame
aux fêtes du mariage autrichien.

mais, en l'espace de quelques jours, a-t-il pu varier d'avis du tout au tout ?

Il croit à la lettre, non à l'esprit, et se résoud. L'Impératrice, silencieuse, indifférente, souscrit elle aussi. Rien ne la dresse, rien ne la cabre. Les mots indignés et vigoureux ne lui viennent point pour

(1) *Correspondance de Napoléon, I*er, t. XXVIII, pièce n° 21497.

6

dire : « Ici est ma place. Je demeure. Un gouvernement qui fuit est un gouvernement qui abdique. Qui déserte se déclare vaincu. » Rien ne lui traverse le cerveau qui lui indique sa tâche et son devoir. Elle fera ce qu'on voudra. C'est le prince de Bénévent qui *veut* à cette heure. Et demain on partira.

Il est parti ; gardons-la bien !

chantait-on dans les théâtres au lendemain du départ de l'Empereur pour la suprême campagne (1). Certes, Paris ne demande point mieux que de résister à la menace étrangère. Qu'on l'arme ! Point de fusils. Qu'on lui dise où marcher ! Joseph hésite, tergiverse, fait afficher des proclamations, va, court, revient et finalement ne décide de rien (2).

Et l'Impératrice part, est partie. *Gardons-la bien !*

Il n'est pour Paris que les Tuileries vides à garder. Le destin de l'auberge commence pour le palais. Demain, il y viendra d'autres passants royaux, gîter à leur tour, une nuit ou un règne, ce que durent les règnes de France.

Le 29 mars, à dix heures du matin, le cortège de l'Impératrice fuyarde quitta les Tuileries. Dix ber-

(1) IMBERT DE SAINT-AMAND, *Les Femmes des Tuileries ; Le Château*; Paris, 1880, in-12, p. 157.

(2) Sur le rôle de Joseph pendant les derniers jours de la Régence voyez une curieuse lettre de Méneval, du 19 janvier 1827, dans la *Revue Rétrospective, recueil de pièces intéressantes et de citations curieuses*; 1888, p. 220 et suiv. — Sur les sentiments politiques de la population pendant cette crise, cf. LEBRUN-TOSSA, *La patrie avant tout; eh! que m'importe Napoléon?*; Paris, 1815, in-8, et LEBRUN DE SAULTCHEVREUIL, *Histoire de la Régence de l'Impératrice Marie-Louise et des deux gouvernements*; Paris, 1814, in-8.

lines vertes, voitures et fourgons, gagnèrent le quai.
A leur queue roulait la voiture du sacre, couverte
d'une housse de toile (1). Le départ s'était fait dans
le silence hostile des rares curieux massés dans la
cour du palais. « Leurs sentiments, écrit Méneval,
ne se trahirent par aucune manifestation ; pas une
voix ne s'éleva pour saluer par une expression de
regret l'amertume de cette cruelle séparation (2). »
La leçon du mépris commençait. Le comte de Prokesch-Osten, le confident du duc de Reichstadt, a,
plus tard, déclaré que Marie-Louise « eût été satisfaite si le peuple avait coupé les harnois de la voiture qui l'emmenait. Oui, elle espérait cela... (3). »
Que ne le fit-elle elle-même ! Ce n'est point d'espérances que se compose le devoir. Il est mal rempli
s'il s'accomplit par la violence. Puisqu'elle compre-
nait, au témoignage de Prokesch, la faute capitale
qu'elle commettait, il était en son pouvoir, même à
cette heure, de l'éviter. Elle ne fit rien. Rien de ce
qu'elle eût dû faire ne se précisait en elle.

(1) *Journal d'un détenu témoin oculaire des événements de
Paris pendant les quatre premiers mois de* 1814. — AMÉDÉE
PICHOT, *Napoléon à l'île d'Elbe...*, p. 374. — Amédée Pichot
n'était point parvenu à découvrir le nom de l'auteur de ce
curieux journal. C'était un peintre anglais, Thomas-Richard
Underwood, né en 1775, mort à Auteuil en 1835. M. Jacques
Ladreit de Lacharrière a publié une excellente notice sur
lui dans *Paris en* 1814 : *journal inédit de Mme de Marigny*
[sœur de Chateaubriand], *augmenté du journal de T. R. Underwood, publié avec introduction et notes* ; *préface de M. Henry
Houssaye, de l'Académie française* ; Paris, 1907, in-8, pp. 95-
103.
(2) Baron DE MÉNEVAL, *Napoléon et Marie-Louise* ; *Souvenirs historiques...* ; t. III, p. 137.
(3) HENRI WELSCHINGER, *Le Duc de Reichstadt, d'après les
notes inédites du chevalier de Prokisch-Osten* ; *Le Correspondant*, n° 1053, 10 août 1906, p. 456.

Le soir de son départ de Paris, elle arrivait à Rambouillet. La suite y passa la nuit. Le lendemain on fut à Chartres ; le 31 mars à Châteaudun. On prit gîte le 1er avril à Vendôme, et le 2 on franchissait la Loire et on s'installait à Blois. Il y avait cinq ans, jour pour jour, que l'Impératrice avait fait son entrée triomphale dans Paris. Maintenant, en fugitive, elle venait demander le refuge d'une préfecture départementale, dans le silence de la population et l'inquiétude des mauvais lendemains (1). La veille on avait fait évacuer la ville par les officiers suédois et les prisonniers anglais qui y étaient détenus, comme otages, depuis 1804 (2). A peine installé, le conseil de la Régence fit afficher une proclamation, qu'on déclare ne pas avoir fait une « grande sensation (3) ». C'était aux sentiments d'honneur de la population que l'Impératrice en appelait :

Français, vous serez fidèles à vos sermens : Vous

(1) « LL. MM. [Marie-Louise et le Roi de Rome] firent leur entrée au milieu d'une foule immense et d'un silence qui ne fut jamais interrompu. » *La Régence à Blois ou le* (sic) *derniers momens du gouvernement impérial*; sixième édition, revue, corrigée et augmentée ; Paris, 1815, in-8, pp. 13, 14. — La première édition de cette curieuse brochure, due à un sieur Fabry, parut en 1814, chez Lenormant, sous le titre : *La Régence à Blois ou les derniers momens du gouvernement impérial, recueillis par un habitant de Paris réfugié à Blois.* C'est évidemment d'elle que s'inspire M. Gilbert Stenger pour écrire, qu'à l'entrée de l'Impératrice à Blois, « il n'y eut aucun cri de bienvenue ». GILBERT STENGER, *Le Retour de l'Empereur; du Capitole à la Roche Tarpéienne; l'immolation ; 1815*; Paris, 1910, in-8, p. 50.

(2) [FABRY], *La Régence à Blois...*; pp. 3, 4.

(3) [FABRY], *La Régence à Blois...*; pp. 31, 32. — Méneval dit, lui aussi, qu'elle « fut à peine remarquée ». Baron DE MÉNEVAL, *Napoléon et Marie-Louise; Souvenirs historiques...*; t. III, p. 151.

écouterez la voix d'une princesse qui fut remise à votre foi, qui fait sa gloire d'être Française, d'être associée aux destinées du souverain que vous avez librement choisi !

En laissant apposer son nom sur ce texte, Marie-Louise oubliait que, la première, elle désertait ces destinées. A ce moment, elle n'était plus l'enfant venue d'Autriche en 1810 ; la conscience de son rôle ne lui était pas étrangère ; elle n'ignorait point la présence sur le territoire français, des armées ennemies, — des armées de son père. — Pour discerner le lieu de son devoir, il lui eût fallu un cœur français. Hélas ! c'est ce cœur-là qui manqua à l'Empereur dans l'accablement de son désastre. Sans doute, on préfère la croire Autrichi-

L'accoucheur de l'Impératrice.

enne plus qu'indifférente, car, de ce sentiment de nonchalance coupable, l'anecdote du comte d'Haussonville n'est point un gage suffisant. L'historiette est devenue presque classique. On verra cependant qu'elle pèche par la vraisemblance. Donc M. d'Haussonville écrit :

J'ai ouï raconter à M. le comte de Sainte-Aulaire une anecdote qui prouverait que l'Impératrice n'éprouvait guère, même en ce moment, des sentiments qui fussent en rapport avec sa situation. Annoncé de grand matin pendant qu'elle était encore couchée, M. de Sainte-Aulaire fut reçu par l'impératrice à peine éveillée et assise sur le bord de son lit, tandis que ses pieds déchaussés sortaient de dessous ses couvertures. Embarrassé de se trouver en présence d'une si grande infortune, car la lettre dont il était porteur apprenait à la fois l'acte de déchéance et la tentative d'empoisonnement de l'Empereur à Fontainebleau, il tenait les yeux baissés pour n'avoir pas l'air d'observer sur sa figure l'effet de la triste missive : « Ah ! vous regardez mon pied, lui dit-elle, on m'a toujours dit qu'il était joli (1). »

Quelques dates infirment les circonstances de ce récit. C'est le 3 avril que le Sénat a décrété la déchéance de Bonaparte, et ce n'est que dans la nuit du 12 au 13 avril, que l'Empereur, voyant autour de lui la solitude et la trahison, tente de se suicider. Or, depuis le 8 avril, Blois est informé de la constitution d'un gouvernement provisoire. C'est donc puisqu'il apporte la nouvelle du suicide, au matin du 14 avril, que M. de Sainte-Aulaire a été reçu par l'Impératrice

(1) Comte d'Haussonville, *Ma Jeunesse* (1814-1830), *Souvenirs* ; Paris, 1885, in-8, pp. 81, 82.

à Blois. A ce moment Marie-Louise est depuis six jours à Orléans, puisqu'elle a quitté Blois le 9 avril, à dix heures du matin. Le témoignage de M. de Sainte-Aulaire est donc inconciliable avec les faits. D'ailleurs, est-ce une créance illimitée qu'il mérite ? Sans doute il a servi l'Empire et l'Empereur, comme chambellan en 1809, comme préfet de la Meuse en 1813, mais il a accepté la Restauration, la préfecture de la Haute-Garonne en 1814 et un siège de député en 1815. Pour ne point récuser un témoignage accablant, de l'importance du sien, il faut des certificats de fidélité plus avérés (1).

Cependant, de sa déchéance, cynique ou naturelle, Marie-Louise a eu l'occasion de s'évader. Elle a pu être à un certain moment l'Impératrice, la femme de Napoléon. Elle ne l'a point voulu. C'est dans la journée du 8 avril que se place l'incident.

Partis de Paris le 30 mars, à cinq heures du soir, Joseph et Jérôme ont rejoint le cortège de Marie-Louise à Chartres (2). Pendant huit jours leur inaction se prolonge. A la nouvelle des événements de Paris, ils comprennent cependant qu'il est de leur devoir de tenter une suprême chance, un dernier effort. Ils veulent décider l'Impératrice au départ, au transport de la Régence plus avant dans l'intérieur des départements. Cette démarche semble avoir été peu comprise. D'aucuns ont cru à l'intention de détenir

(1) Pair de France en 1830, ambassadeur à Rome en 1831, à Vienne en 1833, à Londres, de 1841 à 1848, élu à l'académie Française en 1841, le comte de Sainte-Aulaire ne mourut qu'en 1854.

(2) Baron DE MÉNEVAL, *Napoléon et Marie-Louise*; *Souvenirs historiques*; t. III, p. 141.

Marie-Louise dans l'Auvergne ou dans le Limousin, comme otage (1). M. Pasquier, le futur chancelier, y a vu mieux : une tentative d'enlèvement de la part de Joseph, qui pour l'Impératrice nourrissait des idées « inavouables ». On a admis cela sérieusement (2). C'était bien faire de l'honneur à M. Pasquier.

A la vérité, cette démarche était « la plus généreuse inspiration, la seule conforme aux traditions françaises et à une juste appréciation des circonstances (3) ». Une fois encore Marie-Louise ne comprit point ou se refusa à comprendre. Son refus fut net, positif (4). Sur l'insistance de Joseph et de Jérôme elle appela à son aide les gens de sa Maison. Dans sa hâte d'accourir, M. d'Haussonville, chambellan, dégringola par les escaliers (5).

Dans la même journée, l'Impératrice devait montrer moins de fermeté dans la résistance. C'est ici que le problème se pose de son mauvais vouloir. Ses gestes le résolvent dans le sens le plus déplorable. Quelques heures après la tentative du roi d'Espagne et du roi de Westphalie, arrive à Blois le général

(1) J. P. L., *Vie anecdotique de Charles-François Napoléon...*; p. 60.

(2) Cf. Joseph Turquan, *Un joyeux souverain : le roi Jérôme, frère de Napoléon, 1784-1860, ses femmes, sa cour, ses maîtresses*; Paris, s. d., in-18; pp. 260 et suiv.

(3) Frédéric Masson, *Napoléon et son fils...*, p. 299.

(4) M. de Montbel, ancien ministre du roi Charles X, *Le Duc de Reichstadt, notice sur la vie et la mort de ce prince, rédigée à Vienne sur des documents authentiques*; troisième édition; Paris, 1836, in-8, p. 47.

(5) [Fabry], *La Régence à Blois...*; p. 35. — A propos de cette tentative des frères de l'Empereur, Fabry ajoute que le bruit n'en transpira dans la ville que « d'une manière vague et sans aucun détail ».

Schouvalow, commissaire des armées alliées. « Il arrivait seul et sans aucune force armée (1). » Sa mission est simple : il doit mener Marie-Louise à Orléans. La Régence est dissoute. L'Impératrice est aux mains des Alliés. Aussi bien ne se rebelle-t-elle point (2). N'est-ce pas à croire qu'elle n'a résisté à Joseph et à Jérôme que pour donner à Schouvalow, le temps d'arriver? Et puis, elle est seule. Schouvalow, c'est l'ennemi : chacun est parti, passeports en poche. Il n'est plus d'Empire ici. A Paris on a couru faire sa soumission au gouvernement provisoire.

Le samedi matin, 9 avril, on part. L'Impératrice est en costume d'amazone (3). Elle porte sur elle les diamants de la Couronne, « dont elle ne savait que faire ».

Le mariage de Napoléon,
d'après une médaille frappée
en 1810.

Méneval a caché dans ses poches les débris du glaive impérial où a été enchâssé le *Régent*, es-

(1) [Fabry], *La Régence à Blois...*; p. 36.
(2) « Elle ne résista pas au général russe et ne demanda point à être conduite à Fontainebleau. » Gilbert Stenger, *Le Retour de l'Empereur...*; p. 56.
(3) *Journal d'un détenu témoin oculaire des événements de Paris pendant les quatre premiers mois de 1814.* — Amédée Pichot, *Napoléon à l'île d'Elbe...*; p. 508.

timé 6.000.000 de francs en 1812 (1). Au total, dans les poches de l'une comme de l'autre, dans les portefeuilles, il y a pour un peu moins de 14.000.000 de pierreries et joyaux (2).

Dans les fourgons, à la suite du cortège, on a, pêle-mêle, jeté 11.500.000 francs d'or monnayé, 3.000.000 de francs d'argenterie et pour environ 500.000 francs d'objets de vermeil, boîtes, tabatières, etc. C'est une belle proie à tenter les Cosaques qui battent l'estrade entre Blois et Orléans. On n'a pas encore atteint Beaugency que trois cents Russes tombent sur les fourgons. Prestement une voiture est vidée, mais un aide de camp de Schouvalow intervient. On rend les dépouilles (3). Ces Cosaques se sont trop pressés. Patience ! Demain ils auront la France à razzier. A six heures on arrive à Orléans. « Des voix achetées firent entendre quelques cris de *Vive l'Empereur* (4) ! » L'Empereur ? Il y a donc encore un Empereur ? Qui le croirait, à la grand'messe de Pâques où, à l'oraison, le nom du souverain n'est même plus prononcé ? Cela, c'est déjà l'outrage public, la trahison affichée. Il en est d'autres qui se

(1) Baron DE MÉNEVAL, *Napoléon et Marie-Louise ; Souvenirs historiques...* ; t. IV, pp. 5, 6, et *Résumé de l'inventaire des diamants et pierreries précieuses de la couronne dont l'inventaire a été dressé par ordre de S. Exc. Monseigneur le duc de Cadore, ministre d'Etat, intendant général de la Couronne en 1812,* dans la *Revue Rétrospective, recueil de pièces intéressantes et de citations curieuses,* 1885, t. III, p. 276.

(2) *Résumé de l'inventaire des diamants, perles et pierreries précieuses de la Couronne...*; dans la *Revue Rétrospective...*; t, III, p. 280.

(3) [FABRY], *La Régence à Blois...* ; pp. 41, 42, et Baron DE MÉNEVAL, *Napoléon et Marie-Louise; Souvenirs historiques...*; t. IV, p. 10.

(4) [FABRY], *La Régence à Blois...*; p. 42.

trament dans l'ombre, à l'instigation de Schwarzenberg qui, en 1810, a pu se targuer superbement de
la réussite du mariage autrichien. Il a trouvé une
auxiliaire dont le nom étonne ici : la duchesse de
Montebello, la veuve de Lannes, la dame d'honneur
de l'Impératrice.

Maintenant que Napoléon a abdiqué, qu'il se sait
assuré une vie médiocre et pacifique à l'île d'Elbe,
qu'il rêve d'y goûter la tendresse conjugale à laquelle
le dérobèrent tant de guerres et de campagnes, qu'il
peut avoir une part heureuse de l'existence, maintenant il réclame sa femme, il la veut avec lui, dans le
royaume minime de la Méditerrannée où son sourire
sera l'oubli de tout ce qu'il a perdu de grand, de
triomphal, de surhumain. C'est cela qu'on ne veut
point, cependant. On lui a volé son trône ; on veut
lui voler sa femme, l'otage autrichien que les oligarques ont le droit de reprendre sur l'usurpateur
comme on lui reprend les provinces conquises par
son glaive. Mais il en faut user avec prudence et habileté, car, qui sait? Si, séduite par ses malheurs
inouïs, conquise à lui par la détresse de sa chute,
Marie-Louise allait se prendre à aimer l'homme que
la politique lui imposa naguère ?

Pour éviter le heurt d'une opération trop brutale,
c'est Mme de Montebello qu'on fait agir. Nulle plus
loin qu'elle n'est dans l'intimité de l'Impératrice.
Elle la domine presque. Marie-Louise ne s'est pas
refusée à cette emprise. Point de concessions qu'elle
ne fasse à la maréchale ; elle lui prodigue sa confiance et les cadeaux, elle se dépouille pour elle de
ce qu'elle a de rare et de précieux, tel ce *Livre
d'Heures*, merveille bibliographique du trésor de sa

Maison, qui fut, autrefois à la bienheureuse Marguerite de Lorraine et qui va à Mme de Montebello (1).

A Blois, elle seule a décidé l'Impératrice à ne pas rejoindre son mari à Fontainebleau (2). Le témoignage de Mme de Luçay, là-dessus, est formel.

Pourquoi ? Pour « des motifs qu'on ne peut arriver à comprendre (3) ». A la vérité parce qu'elle veut « secouer la servitude », « rentrer chez elle », se « rendre libre (4) ». Elle veut jouir, enfin, de sa vie, de ses rentes, de ses pensions, de ses dotations. Elle est fatiguée, elle aussi. Dès lors Schwarzenberg a en elle une alliée fidèle, presque désintéressée. La partie gagnée, il lui tombera quelques bribes de faveur. On verra pour le reste.

Or, l'Empereur qui réclame sa femme ne veut point lui imposer des fatigues. Il a été avisé que les événements ont déprimé l'Impératrice. Est-elle malade à ne pouvoir faire le voyage à l'île d'Elbe ? Qu'on demande l'avis de Corvisart (5). Corvisart n'est-il pas l'homme « en qui, pour la médecine il a placé toute sa confiance (6) » ? On a Corvisart sous la main, prêt à ce que l'on peut attendre de lui.

---

(1) *Notice sur un livre d'heures donné par l'impératrice Marie-Louise à la duchesse de Montebello* ; *lecture faite à l'Académie des inscriptions et belles-lettres le 6 mai 1879*, par M. Natalis de Wailly, membre de l'Institut ; Paris, 1877, in-8, 15 pp.

(2) Comte Fleury, *La Comtesse de Luçay...* ; pp. 14, 15.

(3) Comte Fleury, *La Comtesse de Luçay...* ; p. 15.

(4) Frédéric Masson, *L'Impératrice Marie-Louise...* ; p. 588.

(5) « L'Empereur me recommanda de lui envoyer des nouvelles de l'impératrice. Il voudrait avoir à ce sujet l'avis du docteur Corvisart. » Baron de Méneval, *Napoléon et Marie-Louise* ; *Souvenirs historiques...* ; t. IV, p. 11.

(6) Frédéric Masson, *Napoléon et son fils...* ; p. 292.

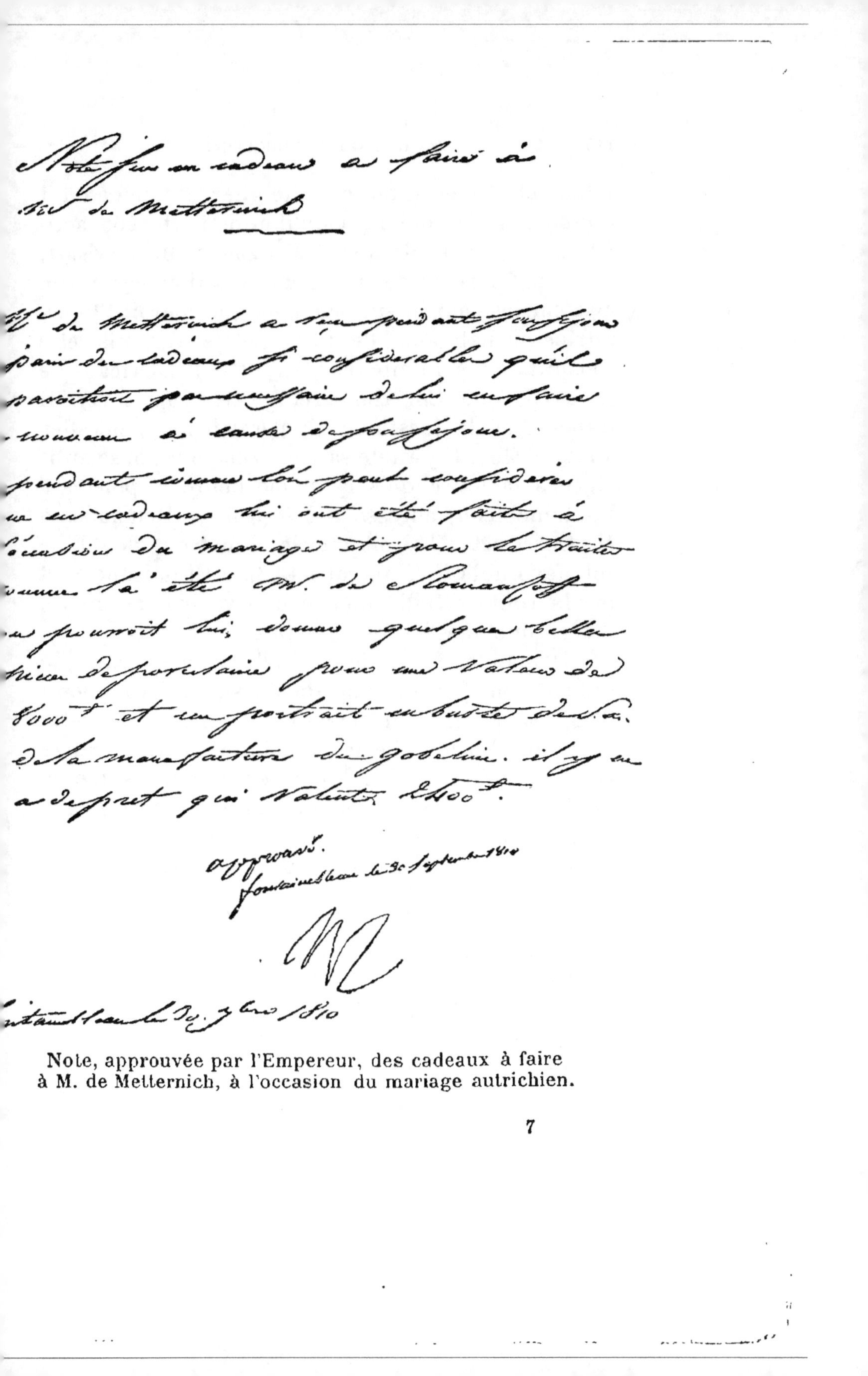

Note, approuvée par l'Empereur, des cadeaux à faire
à M. de Metternich, à l'occasion du mariage autrichien.

L'honnête Méneval ne se doute guère du piège où il tombe sans le vouloir et qu'il a, de toute son activité fidèle, aider à dresser. « J'engageai M. Corvisart, dit-il, à formuler dans une consultation écrite, son avis sur les eaux et sur le danger que courait l'Impératrice en habitant l'île d'Elbe, et je transmis cette consultation à l'Empereur (1). » C'est à Orléans, le 11 avril, que Corvisart rédige le papier (2). Il tranche net la question : l'Impératrice ne peut aller à l'île d'Elbe. Il y va de sa vie. C'est la réponse anticipée à la lettre qu'à la même heure Napoléon, à Fontainebleau, adresse à Méneval : « Demandez à M. Corvisart s'il croit que le climat de l'île d'Elbe soit favorable à l'Impératrice (3). » Et puisque c'est par la route d'Italie qu'elle doit venir le rejoindre, il écrit quelques heures plus tard :

« Demandez à Corvisart quelles sont les eaux de ces environs [Lucques ou Pise] les plus favorables à l'Impératrice (4). » L'Empereur se berce de cette suprême illusion. Le lendemain, 12 avril, il dicte pour Méneval : « L'Empereur pense toujours que ce qu'il y a de mieux, c'est que l'Impératrice vienne avec lui à petites journées. Elle pourra rester à Parme ou à Plaisance ou à quelques eaux minérales

(1) Baron DE MÉNEVAL, *Napoléon et Marie-Louise; Souvenirs historiques...*; t. IV, p. 21.

(2) Nous avons donné le texte *in extenso* de cette consultation dans notre volume : *Dessous de princesses et maréchales d'Empire, d'après des lettres inédites, des documents nouveaux, les journaux de modes et les témoignages des contemporains* ; Paris, s. d. [1909], in-8, pp. 92, 93.

(3) Baron DE MÉNEVAL, *Napoléon et Marie-Louise; Souvenirs historiques...*; t. IV, p. 17.

(4) Baron DE MÉNEVAL, *Napoléon et Marie-Louise; Souvenirs historiques...*; IV, p. 20.

d'Italie. L'Empereur croit que rien ne peut être plus avantageux à la santé de l'Impératrice que de se trouver avec l'Empereur et il pense que Corvisart sera de cet avis (1). » Non, Corvisart ne sera pas de cet avis. Aussi bien exécute-t-il à la lettre les conventions auxquelles il a souscrit ; ni l'île d'Elbe, ni l'Italie, mais bien les eaux d'Aix, en Savoie, c'est-à-dire la route de Vienne. Et leur supériorité, il la « maintint avec opiniâtreté (2) ». Soit. Napoléon accepte, se soumet. Il a confiance en Corvisart ; qu'il fasse ainsi qu'il le conseille. Tout est bien. « Je vois avec plaisir, écrit-il, le 19 avril, à sa femme, que, Corvisart t'encourage, je lui en sais un gré infini ; il justifie par cette noble conduite toute l'opinion que j'avais de lui, dis-le-lui de ma part. Qu'il m'envoie un petit bulletin, fréquemment, de ton état. Tâche d'aller de suite aux eaux d'Aix, que l'on m'a dit que Corvisart t'avait conseillées (3). » Si Marie-Louise s'est prêtée à l'indigne comédie de cette consultation, avec quelle honte au front ne doit-elle point lire ces lettres confiantes et tendres où ne parle plus maintenant qu'un cœur d'homme ? Et Corvisart, Corvisart fait par lui baron d'Empire, officier de la Légion d'honneur, grand'croix de

(1) Baron DE MÉNEVAL, *Napoléon et Marie-Louise*; *Souvenirs historiques...*; t. IV, p. 40.

(2) Baron DE MÉNEVAL, *Napoléon et Marie-Louise* ; *Souvenirs historiques...*; t. IV, p. 40.

(3) Baron DE MÉNEVAL, *Napoléon et Marie-Louise*; *Souvenirs historiques...*; t. IV, p. 46. — La dernière réponse de Marie-Louise à ces lettres de Napoléon fut vendue 1.200 fr., en décembre 1860. Elle figurait au *Catalogue de la belle et importante collection de lettres autographes de feu M. de Lajarrielle, ancien receveur des finances à Nantes* ; Paris, 1860, in-8.

l'ordre de la Réunion, Corvisart, comment accueille-t-il ses remerciements de celui qui demeure dupe de sa confiance ? Car n'est-on point arrivé à ce que l'on voulait, grâce au coup de pouce du médecin ? Cette lettre, en effet, c'est à Rambouillet que Marie-Louise la reçoit, et, depuis une semaine, elle sait qu'elle ne reverra plus son mari, le père de l'Enfant détrôné, l'Empereur. Le sacrifice est fait. Quelle preuve que ce n'est point d'un cœur léger et d'une âme heureuse, enfin ? « L'attitude de Marie-Louise dans ce grand désastre reste à l'abri du reproche », affirme intrépidement le dévoué et indulgent Méneval (1). A qui veut-il en imposer ? Est-ce à lui-même qu'il en veut faire accroire ? Quoi ! cette femme a trahi tous ses devoirs d'épouse, elle a manqué du courage dû à ses serments ; cette Impératrice a tout accepté de ce qu'il a plu de lui imposer, et elle est « à l'abri du reproche » ? Pour le mériter, que lui eût-il donc fallu faire ? Attendait-on d'elle le reniement public et solennel de l'Empereur ? Que ne l'exigeât-on ! Elle l'eût donné, et des deux mains, avec la même allégresse avec laquelle elle le donnera, dans quelques mois, au lendemain du débarquement au golfe Juan.

Dans cette longue agonie de l'Empire, elle n'a point eu un seul geste impérial. Elle a tout accepté en humiliations ; elle a abdiqué devant que fut venue de Fontainebleau la parole qui la déliait de sa grandeur. Ainsi, avant son départ d'Orléans, n'a-t-elle point, sans

(1) Baron de MÉNEVAL, auteur des *Souvenirs sur Napoléon et Marie-Louise ; Récit d'une excursion de l'impératrice Marie-Louise aux glaciers de Savoie en juillet* 1814 ; Paris, s. d. [1840]; in-8, p. 2.

protester, livré les joyaux de la Couronne, le Régent, le trésor particulier de son mari, ce qui lui appartenait en propre, au sieur Dudon, le ci-devant maître des requêtes chassé du Conseil d'État, muni d'un faux du gouvernement provisoire ? Sans doute, le baron de la Bouillerie, trésorier général du domaine extraordinaire de l'Empereur, s'est fait le complice de ce vol, de ce pillage, de cette escroquerie, faite au bénéfice de tire-laine anonymes (1), mais M. de la Bouillerie n'a point été rappelé à ses devoirs par celle qui en a le droit. Ainsi,

(1) Il est assez bizarre qu'on ne put jamais savoir dans quelles mains avaient définitivement été versés les millions livrés par l'Impératrice aux envoyés du gouvernement provisoire. « L'avenir seul, écrit M. Peyrusse, pourra découvrir cette dilapidation. » AMÉDÉE PICHOT, *Napoléon à l'Ile d'Elbe...*; p. 277.

par la veulerie, l'indifférence criminelle de Marie-
Louise s'est consommée la ruine impériale. C'est sans
argent, sans trésor, ses bijoux escamotés, sa vaisselle
disparue, sans ressources, que Napoléon aura à constituer sa vie à l'île d'Elbe. Il ne se plaint pas, ou à
peine. Il sait que la faute incombe à l'Impératrice.
Or, l'Impératrice, et il l'a écrit le 2 mars précédent,
quoi qu'elle dise, quoi qu'elle fasse « n'en est comptable envers qui que ce soit ». Et tout est dit. A l'île
d'Elbe, on recommencera les prodiges jadis réalisés
en France, aux années de ruine, de détresse et de
pauvreté du Consulat. Car elle est, elle demeure
l'Impératrice.

Dans ce temps, conduite par le prince Esterhazy (1),
escortée de deux Autrichiens et vingt-cinq Cosaques,
avec six voitures, dernières épaves de sa splendeur,
elle a quitté, le 12 avril, Orléans. Le 13, elle est à Rambouillet, prisonnière dans le château gardé par les
Cosaques, ces Cosaques pour lesquels, dans son dé-
lire royaliste, le chevalier de Brunel, excellent Français, comme on voit, se déclarait prêt à mourir (2),
ces Cosaques que les salons bien pensants ne déclaraient « méchants que dans les gazettes (3) ». On annonçait comme prochaine la visite du roi de Prusse
et du tzar Alexandre. « Ces politesses étouffent celle
à qui on les adresse, » écrivait d'Orléans la comtesse
de Luçay à son mari (4). On attendait cependant,
avec impatience, l'arrivée de l'Empereur d'Autriche.
M. le marquis de Bausset, préfet du palais de Napo-

<hr>

(1) [FABRY], *La Régence à Blois...*; p. 46.
(2) HENRY HOUSSAYE, *1814...*; p. 22.
(3) HENRY HOUSSAYE, *1814...*; p. 26.
(4) Comte FLEURY, *La Comtesse de Luçay...*; p. 15.

léon, en espérait, en son particulier, le plus grand
bien. Dans une lettre à Mounier, il confesse avec une
cynique outrecuidance :

Cette entrevue, je l'espère, rendra pour jamais à sa
famille l'impératrice Louise, et mettra une éternelle
barrière entre l'île d'Elbe et les principautés de Parme
et de Plaisance. Depuis plusieurs jours je suis occupé
de fortifier ces espérances dans le cœur de l'impératrice et à combattre le retour d'une niaiserie sentimentale. Une conversation de quelques heures que
j'ai eu lundi dernier à Fontainebleau m'a donné de
puissantes armes pour délier ces nœuds d'une *conju-
galité* que je regarde comme *expirés*. J'ai même contribué à venir ici attendre les ordres ou le consentement de Fontainebleau. Au reste, cette conversation
que j'ai eue avec l'empereur Napoléon m'a donné la
plus forte preuve d'une insouciance cachée sous le
nom de philosophie et d'une confiance curieuse dans
la fatalité qui règle tout et à laquelle personne ne peut
se soustraire. Triste chute et peu digne de l'exorde! Cet
homme a eu un moment tout le bonheur de Mahomet
ainsi que son audace et sa charlatannerie (1).

Au reste, à ce rôle, M. de Bausset gagne l'amitié
de Marie-Louise. Elle lui en décernera plus tard les
élogieux et loquaces certificats.

L'Empereur François vient donc, le 16 avril, tout
morose de l'accueil glacial dont l'a cravaché Paris (2).

(1) Lettre aut. signée; Rambouillet, 14 avril 1814; 3 p. 1/2
in-4. — *Catalogue de lettres autographes, pièces historiques et
manuscrits provenant du cabinet de M. le comte d'Hérisson*;
Paris, 1892, in-8, pièce n° 7, pp. 2, 3.
(2) « La réception qu'on lui a faite était de glace; nuls
cris, nulles acclamations pour lui ; aussi avait-il l'air fort
soucieux. » JACQUES LADREIT DE LACHARRIÈRE, *Paris en* 1814;

« Il n'est pas beau ! » dit de lui le Roi de Rome que sa mère a jeté dans les bras de l'aïeul (1).

De fait, ses soucis sont considérables. C'est à lui qu'il appartient d'achever le déchirement. Son autorité paternelle a des ressources ingénieuses. Il connaît la valeur des belles promesses, — qu'on ne tiendra pas ; l'utilité des serments, — dont on fera fi ; le poids de certaines insinuations habiles, mensongères, sans doute, mais qui peuvent décider d'une dernière résistance. Pour achever de convaincre Marie-Louise a-t-il, ainsi que l'assure Campbell, éveillé sa jalousie par le récit de la visite de Mme Walewska, à Fontainebleau, aux heures déchirantes de l'agonie (2) ? Il sait que l'Empereur a refusé de recevoir la maîtresse polonaise, l'amante des belles années heureuses (3), mais qu'importe ! C'est au retour à Vienne qu'il faut décider la fille retrouvée.

Elle, à peine, résiste. Elle n'a qu'une hâte, partir, s'en aller, retrouver sa famille, fuir ce pays de sa radieuse captivité, ne plus remettre le pied dans cette odieuse capitale où « 60.000 c..., sans compter les femmes honnêtes, sont en permanence de service (4) », où, en battant du tambourin, des groupes zélés crient *Vive le Roi !* sur les boulevards (5), cette ville,

Journal inédit de Madame de Marigny... ; à la date du vendredi 15 avril 1814, p. 65.

(1) Baron DE MÉNEVAL, *Napoléon et Marie-Louise ; Souvenirs historiques...* ; t. IV, p. 43.

(2) *Journal du colonel sir Neil Campbell.* — AMÉDÉE PICHOT, *Napoléon à l'île d'Elbe...* : p. 21.

(3) Voyez sur cet incident *Napoléon adultère...* ; pp. 191, 192.

(4) *Souvenirs de la baronne du Montet...* ; p. 122.

(5) *Mémoires du général comte de Saint-Chamans, ancien aide de camp du maréchal Soult (1802-1832)* ; Paris, 1890, in-8, p. 266.

a la Garenne le 9 juillet 1817

j'accueille, Monsieur et docte proviseur, le fruit
de vos loisirs et de vos veilles avec toute la
reconnaissance que je vous dois à beaucoup
de titres. en le lisant il adoucira mes ennuis,
et me retrempera dans la philosophie dont
j'ai besoin plus que jamais. agréez en
tous mes remercimens avec la nouvelle
assurance de ma vieille amitié.

Corvisart

P. S. Veuillez présenter
mes respectueux hommages
à Madame de Wailly —

enfin, témoin de sa gloire, de son élévation, dont la destruction, au dire d'un des sujets de son père, le général Colloredo, « serait un bienfait pour la France (1) ». Au reste l'entrevue a été touchante : la fille est rendue au père ; la victime du « Corsicain », la princesse exilée va retrouver sa patrie (2).

(1) HENRY HOUSSAYE, *1814...*; p. 449.
(2) Voici en quels termes la Gazette de la Cour, à Vienne, rendit compte de l'entrevue de Rambouillet :

Nouvelles officielles de Paris du 18 avril.

« L'Empereur s'est rendu le 16 à Rambouillet pour faire une visite à S. M. l'impératrice Marie-Louise, duchesse de Parme et de Plaisance. Cette princesse, qui étoit indisposée depuis plusieurs jours, et qui n'avoit pas quittée la chambre, vint cependant à la rencontre de son auguste père jusqu'au portique du château, avec son fils, le prince de Parme et de Plaisance, et avec toute sa cour. L'Empereur accompagna l'Impératrice dans ses appartemens, et passa plusieurs heures avec elle. Ce sont les premiers instans de bonheur que cette jeune souveraine ait goûtés depuis les orages des derniers temps, pendant lesquels elle a supporté avec un courage et une fermeté sans exemple, une grande partie du fardeau du gouvernement. Cette entrevue ramena visiblement la sérénité dans l'âme de l'impératrice ; elle déclara aussitôt après qu'elle étoit déterminée à accepter l'invitation de l'Empereur, et à aller passer quelques semaines dans le sein de la famille impériale. L'Empereur passa la nuit à Rambouillet et retourna le 17 à Paris. L'impératrice partira le 22 pour l'Autriche, et se rendra à Schœnbrunn. La duchesse de Montebello et plusieurs de ses fidèles serviteurs la suivront. L'Empereur a nommé le général-major comte de Kinsky et les chambellans comtes Eugène de Wrbna et de Taafe pour accompagner S. M. L'auguste fille de S. M. qui s'est acquis des droits immortels à la reconnaissance de sa patrie par un dévouement rare dans les fastes de l'histoire, emporte, en quittant la France, les bénédictions de toute la nation française. Elle laisse dans ce royaume la glorieuse réputation d'avoir répandu des bienfaits sans nombre et d'avoir séché bien des larmes, sans avoir à se reprocher d'en avoir fait couler une

Pour y retourner, elle part le 25 avril de Rambouillet, après avoir reçu, malgré le désaveu de Napoléon, la visite du roi de Prusse et du tzar. Il paraît « qu'il n'était plus en son pouvoir de s'y soustraire (1) ». Elle n'avait donc point de verrous à sa chambre ?

Ce sont maintenant les soldats de son père qui lui font escorte. C'est sous la sauvegarde de ces sabres étrangers que l'Impératrice de France gagne la frontière. A travers les villes franchies, c'est le silence des populations qui l'enveloppe. Méneval est lui-même forcé d'en convenir. A Dijon, où elle passe le 28 avril (2), elle descend à l'hôtel de la Préfecture. « Les cours, les escaliers, les antichambres étaient remplis d'une foule de gens de tout état, attirés par la curiosité plus que par la sympathie (3). »

C'est peut-être hanté d'un de ces souvenirs que l'éditeur de sa correspondance soupire naïvement : « Sa Majesté a fait bien des ingrats partout (4). » Eh quoi ! ils n'applaudissaient point, ces paysans ruinés par l'invasion, dont les Autrichiens avaient violé les femmes et les filles ; ils n'acclamaient pas, ces citadins aux maisons brûlées et pillées ; ils ne criaient point un adieu triomphal, tous ces Français trahis

seule dans ces temps orageux. » *Journal des débats politiques et littéraires*, mardi 10 mai 1814.

(1) Baron DE MÉNEVAL, *Napoléon et Marie-Louise*; *Souvenirs historiques*...; t. IV, p. 53.

(2) « Cette auguste princesse a dû passer à Dijon le 28 avril. » *Journal des Débats politiques et littéraires*...; mardi 3 mai 1814.

(3) Baron DE MÉNEVAL; *Napoléon et Marie-Louise*; *Souvenirs historiques*...; t. IV, p. 60.

(4) *Correspondance de Marie-Louise*...; préf., p. 2.

dans leurs espérances, égorgés dans leurs enthou-
siasmes ! Belle occasion de joie, en vérité ! et spectacle bien français, que celui de cette Impératrice
qui décampait !

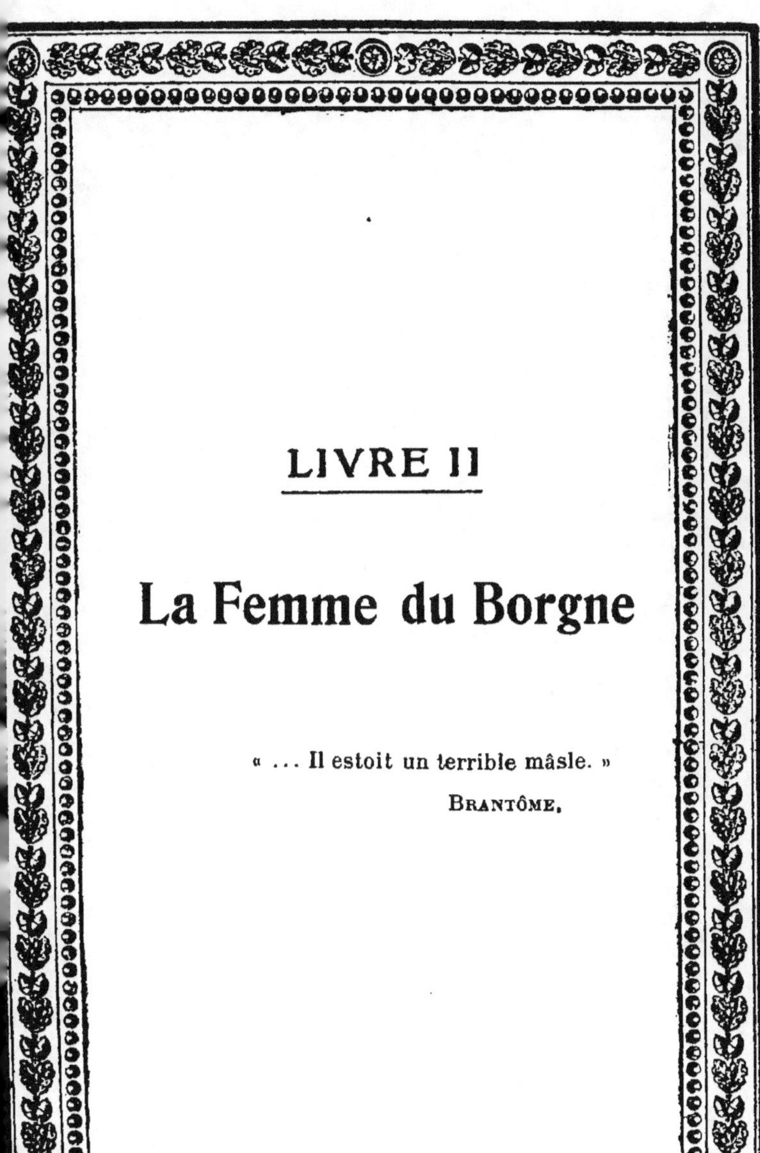

LIVRE II

La Femme du Borgne

« ... Il estoit un terrible mâsle. »

BRANTÔME.

I

MANIÈRE DE DIVORCER SUIVANT LA RAISON D'ÉTAT

« La politique a fait le mariage : la politique peut le défaire », disait, au temps de la crise de 1813, Schwarzemberg, l'artisan du mariage autrichien (1). De fait, il parlait avec justesse. Il ne demeure à examiner que la manière dont la politique — c'est l'Autriche qu'il faut entendre — s'y prit pour défaire le mariage de Napoléon. Avant tout, il convient de lui rendre hommage pour l'extrême promptitude qu'on apporta à régler l'affaire.

Le 21 mai 1814, Marie-Louise rentrait à Schoënbrunn, après un exil de quatre ans. Des populations attendries et enthousiastes avaient acclamé le retour de la victime du « Corsicain ».

La Suisse, la Prusse, l'Allemagne, l'Autriche,

(1) Baron DE MÉNEVAL, *Napoléon et Marie-Louise; Souvenirs historiques …*; t. II, p. 88.

s'étaient agenouillées au bord des routes où passait la berline de la fuyarde. Ces peuples naïfs versèrent des larmes de tendre allégresse.

A Schoënbrunn, Marie-Louise demeura à peu près un mois. Le besoin de voyager, d'échapper à la déprimante atmosphère du palais de sa jeunesse, la prit sans doute, car quel autre motif attribuer à l'excursion qu'elle s'en alla faire, en petite compagnie, dans les glaciers de la Savoie? Les trois mois de cette équipée furent remplis, pour elle, de longues fatigues, remède qu'aucun médicastre ne jugea jamais à propos pour combattre le fâcheux état de santé décrit par Corvisart, dans son rapport de Blois.

Chose étrange, au contraire! c'est derrière ce rapport que Marie-Louise allait s'abriter pour réclamer un changement de vie, et c'est ce même rapport qui devait abuser l'Empereur jusqu'au bout. Le 19 avril 1814, il avait, de Fontainebleau, écrit à l'Impératrice : « Tâche d'aller de suite aux eaux d'Aix que l'on m'a dit que Corvisart t'avait conseillées. » Elle ne démandait certes pas mieux, et appuyée de la double autorité de Corvisart et de Napoléon, quitta Schoënbrunn le 29 juin, à onze heures du soir. Par Lambach, Traunstein, Paiss, elle arriva le 2 juillet, à Münich. Elle y trouva Eugène, vice-roi d'Italie, pour la recevoir et la traiter en un fastueux souper.

La conduite de cette Impératrice, traîtresse à tous ses devoirs, parut toute naturelle au beau-fils de Napoléon. Il trouva, sans doute, qu'elle s'accordait avec ses propres sentiments.

Le séjour de Marie-Louise, à Münich, fut bref. Trois jours plus tard, par Landsberg, Mindelheim, Landkirch et Morsburg, elle arrivait au lac de Constance, qu'elle traversa pour gagner Baden. Elle y fit la rencontre du roi Louis, autre déserteur du trône. Le 6 juillet elle entrait à Berne et se logeait à l'hôtel du Faucon. Elle y demeura jusqu'au 8, jour de son départ pour Lausanne. Le roi Joseph, pour lors gîté à Prangins, l'y vint retrouver. Des deux frères de l'Empereur, il ne se trouva aucun pour rappeler l'Autrichienne à la pudeur de ses devoirs. Fêtée, festoyée, elle continua sa route, pour s'arrêter le 11 juillet, à

Le médecin de l'Empereur.

Chamonix. Les six jours qu'elle y demeura furent coupés d'excursions, de promenades en bateau, d'ascensions de glaciers, au cours desquelles elle montrait une « égalité d'humeur et une constance qui étonnaient ses guides (1). » A en croire Corvisart, deux mois auparavant, la malheureuse touchait à sa fin. Le 17 juillet, elle descendit à Aix-les-Bains, prenant logement dans la maison d'un sieur Chevalley, chez lequel avait hébergé la reine Hortense, pendant ses villégiatures au temps de l'Empire. Marie-Louise y était incognito, sous le nom de duchesse de Colorno (2). Elle n'y était point seule : outre sa suite, M. de Neipperg était de sa familiarité.

Ce fut à deux postes d'Aix, à Carrouge, qu'elle fit la rencontre du personnage. Il vint la saluer à la portière de la voiture, et, suivant les instructions du gouvernement autrichien, se mit aux ordres de l'impériale voyageuse.

M. de Neipperg touchait alors à la quarantaine. Il était né à Vienne, le 8 avril 1775, des relations adultères de la comtesse de Neipperg avec un officier français (3). Son père putatif était Léopold-Joseph

(1) Baron DE MÉNEVAL, auteur des *Souvenirs sur Napoléon et Marie-Louise*; *Récit d'une excursion de l'impératrice Marie-Louise aux glaciers de Savoie en juillet* 1814; Paris, s. d. [1840?], in-8, p. 57.

(2) Colorno était une maison de plaisance de Marie-Louise, dans le duché de Parme, située à 15 kilomètres au nord de Parme, sur la Parma.

(3) Le fait est conté par Méneval : « Je ne puis omettre une particularité curieuse de la commune destinée qui réunit l'ancienne Impératrice des Français et le général Neipperg. Ce dernier était né d'un Français. Pendant le temps que son père, le comte Neipperg, remplissait à Paris une mission diplomatique, il fit la connaissance d'un officier français appartenant à une famille distinguée et le reçut familièrement chez lui. La comtesse Neipperg ne fut pas insensible au mérite du comte de ***, qui lui rendait des soins assidus. Le comte Neipperg s'occupait fort peu de sa femme, et la laissait maîtresse de ses actions, pourvu qu'il pût se livrer aux plaisirs de la table et du jeu. Il se forma

de Neipperg, né en 1728, diplomate et ambassadeur, mort en 1792, laissant le souvenir d'une nullité dont ne l'excepte pas l'invention de la première machine à écrire (1).

Ce Léopold de Neipperg était fils de Guillaume de Neipperg, qui fut gouverneur de Vienne (2). La famille descendait d'une ancienne maison féodale de Souabe, à laquelle on rattachait, en 1261, Conrad de Neipperg (3). Elle portait : *De gueules à trois annelets d'argent*, avec la devise : *Virtus sudore paratur*.

Adam-Alberg de Neipperg, qui nous occupe, avait jusqu'en 1814, brillé dans les missions équivoques et délicates. Après avoir fait ses premières armes, contre la France, naturellement, à Novi, à la Trebbia, à Marengo, il avait été envoyé, par Metternich, qui le protégeait, à Stockholm, en 1812, pour décider Bernadotte à se déclarer contre Napoléon. Il s'entendit parfaitement avec l'ancien maréchal de France, et deux ans plus tard, alla à Naples, tenter la même

entre la comtesse et le jeune officier une liaison intime dont le général Neipperg fut le fruit. La preuve de ce fait résulte d'une lettre de la mère de ce général, qui fut trouvée dans les papiers du comte de ***, après sa mort. Cet enchaînement de circonstances fournira un sujet grave de réflexions à ceux qui admettent que la fatalité entre toujours pour quelque chose dans les événements humains. » Baron DE MÉNEVAL, *Napoléon et Marie-Louise*; *Souvenirs historiques...*; t. VII, p. 149.

(1) On en trouvera la figure et la description dans l'ouvrage du docteur MAX BILLIARD, *Les Maris de Marie-Louise, d'après des documents nouveaux et inédits*; Paris, 1909, in-8, pp. 18 et suiv.

(2) *Intermédiaires des chercheurs et des curieux*; vol. LIX, n° 1216, 10 avril 1909, col. 538.

(3) HENRI WELSCHINGER, *Le Roi de Rome...*; p. 88.

chance auprès de Murat. Il y obtint l'alliance du beau-frère de l'Empereur avec la coalition. Ces brillants succès sur le terrain de la trahison le firent déléguer dans le même but, auprès d'Eugène. Le viceroi d'Italie, s'il n'accepta pas ouvertement les propositions du commis-voyageur en désertion, ne se rendit pas moins suspect en conservant cette sorte de neutralité équivoque, encore mal expliquée aujourd'hui. Entre temps, M. de Neipperg avait brillé sur d'autres terrains, plus fertiles en aimables lauriers. Haut la main, il avait enlevé à son mari, Thérèse, comtesse de Pola, « femme très jolie, mais d'une intelligence médiocre (1) ». Après lui avoir fait cinq enfants, M. de Neipperg l'avait plantée là. Après sa rencontre avec Marie-Louise, il n'eut pas longtemps la crainte d'avoir à subir les importunités de l'abandonnée. En effet, elle mourut au commencement de 1815, le 23 avril, « après une maladie de deux jours (2) ». Marie-Louise apprit ce décès avec un élégant détachement (3).

On ne pouvait, évidemment, exiger d'elle un désespoir bien senti. L'exemple de M. de Neipperg l'en dispensait. Il avait commencé déjà à brûler, auprès d'elle, des plus tendres feux. Sans doute, à la première rencontre, il n'avait point produit sur Marie-Louise le coup de foudre. « Sa vue, dit Méneval, lui

(1) Baron DE MÉNEVAL, ministre plénipotentiaire, *Marie-Louise et la cour d'Autriche entre les deux abdications* (1814-1815); Paris, 1909, in-8, p. 380.
(2) Anonyme [Baron DE MÉNEVAL], *Le comte de Neipperg*, dans *La Revue Britannique*, 1829, p. 340.
(3) Baron DE MÉNEVAL, *Napoléon et Marie-Louise; Souvenirs historiques...*; t. V, p. 75.

causa une impression désagréable qu'elle ne dissimula pas (1).

Grâce à son œil crevé — à Jemmapes — il fut reconnu par l'Impératrice. Pour la première fois M. Neipperg lui était apparu lors de son séjour à Dresde, avec Napoléon, alorsqu'il était chambellan de l'Empereur François. « Elle lui adressa quelques mots parce qu'elle se trouvait sur son passage » Et Méneval d'ajouter : « Que les desseins de Dieu sont

impénétrables (2)! » On pourrait ajouter : autant que les hasards de l'Amour ! A servir le petit Dieu, M. de Neipperg apportait un zèle extrême. Sauf son œil

(1) Baron DE MÉNEVAL, *Napoléon et Marie-Louise*; *Souvenirs historiques...*; t. IV,p. 94.

(2) Baron DE MÉNEVAL, *Napoléon et Marie-Louise*; *Souvenirs historiques...*; t. III, p. 48.

crevé, les agréments de sa personne ne s'y opposaient point. C'était un « homme de bon ton », reconnaît Chateaubriand, « d'une figure très agréable », ajoute un Anglais (1), « d'une tournure éminemment distinguée », achève la baronne du Montet (2). Enfin, Mme de Staël, lyriquement, l'appelait le Bayard allemand.

Méneval, qui le connut, qui l'approcha et le fréquenta pendant quelques mois, est plus précis dans les détails, comme bien on pense. A son croquis il n'est rien à ajouter :

C'était alors, écrit-il, un homme d'un peu plus de quarante ans (3),d'une taille moyenne mais d'une tournure distinguée. L'uniforme de hussard, qu'il portait habituellement, et une chevelure blonde et bouclée lui donnaient un air jeune. Un large bandeau noir couvrait la cicatrice d'une blessure qui lui avait fait perdre un œil. Son regard était vif, perçant, scrutateur. Des manières élégantes et polies, un langage insinuant, des talens agréables prévenaient en sa faveur (4).

En l'envoyant tenir compagnie à Marie-Louise, le gouvernement autrichien, comme on peut voir, avait eu la main heureuse. C'était une mission toute de confiance dont il avait chargé Neipperg.

Malgré les protestations de Marie-Louise, décla-

---

(1) *Journal d'un détenu témoin oculaire des événements de Paris pendant les quatre premiers mois de* 1814, dans AMÉDÉE PICHOT, *Napoléon à l'île d'Elbe...*; p. 510.

(2) *Souvenirs de la baronne du Montet...*; p. 296.

(3) Le portrait de Méneval s'applique au comte de Neipperg en 1814. Né, comme nous l'avons dit, en 1775, le prochain amant de Marie-Louise n'avait donc pas encore atteint la quarantaine.

(4) *Revue Britannique*, 1829, p, 341.

rant, à son retour à Vienne, ne plus vouloir être désormais, tout simplement, qu'une fille soumise et respectueuse (1), on pouvait toujours craindre, auprès d'elle, une influence française, le sursaut du souvenir napoléonien, l'éveil de sa conscience au seul devoir de son cœur. Pour l'y soustraire, il fallait placer à côté d'elle « une personne qui put être son conseil », on devine dans quel sens, et « son intermédiaire entre elle et le cabinet autrichien (2) ». Le père de cette femme, qu'il s'agissait de dérober à son mari, porta d'abord son choix sur le prince Nicolas Esterhazy. « Son âge et sa prudence justifiaient ce choix. » Il ne fut cependant pas du goût de M. de Metternich qui, de sa propre autorité, y substitua une créature à lui, le général de Neipperg, qui commandait alors une division de troupes autrichiennes dans les environs de Genève (3). « J'ai été un rocher de l'ordre, » disait Metternich en 1859 (4). Voilà de quelle manière il entendait « l'ordre ». Personne, au surplus — hormis Marie-Louise — ne s'y trompa. On en trouve la preuve dans une lettre écrite de

(1) M. DE MONTBEL, ancien ministre du roi Charles X, *Le Duc de Reichstadt, notice sur la vie et la mort de ce prince, rédigée à Vienne sur des documents authentiques*; troisième édition ; Paris, 1836, in-8, p. 65. — Voici exactement la phrase de Montbel : « Dès les premiers instans [du retour de Marie-Louise, en Autriche], fatiguée des orages qui l'avaient accueillie en France, et qui ne régnaient pas en Autriche, elle avait manifesté à l'Empereur l'intention positive de n'être plus désormais que sa fille. »

(2) Baron DE MÉNEVAL, *Napoléon et Marie-Louise; Souvenirs historiques...*; t. IV, p. 79.

(3) Baron DE MÉNEVAL, *Napoléon et Marie-Louise; Souvenirs historiques...*; t. IV, p. 79.

(4) Prince DE METTERNICH, *Mémoires.* .; t. VIII, p. 646.

Vienne, le 7 septembre 1814, par le baron de la Tour
du Pin, chef de la légation de France, au ministre
des Affaires étrangères à Paris :

Je ne sais si vous êtes informé que M. le comte de
Neipperg, général-major, a été donné par l'empereur
d'Autriche comme surveillant à l'archiduchesse Marie-
Louise, qu'il devait avertir de ne rien faire de ce qui
pourrait ou nuire ou même déplaire au Roi, mais que,
surtout, il devait soigneusement observer l'archiduchesse pour le cas où elle voudrait aller trouver son
mari, et alors — après des représentations — passer
à la défense absolue si elle persistait... (1).

Il faut, à la vérité, de confesser que Neipperg
réussit à merveille dans ce rôle délicat. Oubliant sa
première répugnance, Marie-Louise donna bientôt
dans le doux de ses compliments. Méneval, ici encore, est un témoin des plus précieux, « lors même
que sa discrétion l'empêche de tout dire (2) ». En
effet, quand, au retour de Marie-Louise, de son excursion, à Schoënbrunn, il note sur son journal intime : « Musique particulière avec le général », on
devine à merveille les petits jeux badins qu'il masque
de cet aimable euphémisme (3). On peut donc croire,

(1) Baron DE MÉNEVAL, ministre plénipotentiaire, *Marie-
Louise et la Cour d'Autriche entre les deux abdications...*;
pp. 132, 133.

(2) FRÉDÉRIC MASSON, *Jadis et aujourd'hui*; deuxième série ; Paris, 1909, p. 79.

(3) Baron DE MÉNEVAL, ministre plénipotentiaire, *Marie-
Louise et la Cour d'Autriche entre les deux abdications...*;
p. 205. — Méneval dit de Neipperg qu'il « était bon musicien ». Baron DE MÉNEVAL, *Napoléon et Marie-Louise*; *Souvenirs historiques...*; t. IV, p. 95.

d'après lui, que le séjour de l'Impératrice à Aix ne
servit à Neipperg qu'à poser de solides jalons. Elle

L'entrée des armées alliées à Paris, en 1814.
(*D'après une gravure du règne de Louis-Philippe.*)

ne donna, dans ce temps, « que des audiences à peu
près officielles » au général, car « elle n'avait pas encore

eu le temps de redevenir Allemande (1) ». Lui, cependant fut « très assidu (2) ». Il prenait patience, sachant sa victoire certaine. Quelques semaines plus tard, il pouvait, sans exagération aucune, s'en flatter. L'Empereur et M. de Metternich avaient joué sur le velours. Napoléon ne leur avait pas changé leur archiduchesse.

D'Aix-les-Bains elle gagna Berne, où elle demeura jusqu'au 24 septembre. La veille de son départ pour Lucerne, elle y reçut à dîner l'épouse séparée du Régent d'Angleterre, cette Caroline de Brunswick, dont il est superflu de rappeler le roman extra-conjugal. Le 25 septembre, Marie-Louise traversait le lac des Quatre-Cantons, et s'établissait, pour quelques jours, sur un des petits plateaux du Righi. Méneval prit le parti de s'y séparer de l'Impératrice. Il se sentait devenir un témoin gênant pour l'intimité de Marie-Louise et de Neipperg.

Par ordre supérieur, les valets étaient dispensés de garder, la nuit, la porte de la chambre à coucher de la souveraine (3). Le roman adultère de Marie-Louise commençait.

Le 7 octobre, à six heures du matin, elle réintégrait Schoënbrunn (4). Elle y tombait en plein Congrès de rois, attablés autour des dépouilles napo-

(1) Baron DE MÉNEVAL, *Napoléon et Marie-Louise*; *Souvenirs historiques...*; t. IV, p. 96.

(2) *Revue Britannique*, 1829, p. 342.

(3) Cf. Sur le départ de Méneval, baron DE MÉNEVAL, ministre plénipotentiaire, *Marie-Louise et la Cour d'Autriche entre les deux abdications...*; p. 157.

(4) Baron DE MÉNEVAL, ministre plénipotentiaire, *Marie-Louise et la Cour d'Autriche entre les deux abdications...*; p. 160. — C'est donc à tort que le docteur Max Billard écrit, dans *Les Maris de Marie-Louise...*, p. 55, que l'Impératrice revint à Schoënbrunn le 4 octobre, à sept heures du matin.

léoniennes, des débris de la fortune de celui qui, relégué dans son île, n'était plus, plaisamment appelé que « Robinson Crusoé (1) ». Cette « vacance de roi (2) » avait joyeusement débuté par des tableaux vivants et des bals où les grandes dames anglaises scandalisèrent véhémentement par « l'extrême indécence de leur mise ». D'après la baronne du Montet « leurs robes ou plutôt leurs fourreaux sont si étroits, que toutes leurs formes sont dessinées », au surplus, elles étaient décolletées « jusqu'à l'estomac (3) ». Les souverains étaient loin de s'en offusquer, eux qui vivaient « en garçons (4) » et couraient le tendron avec zèle. Le roi de Danemarck, par exemple, accablait les grisettes de ses magnificences. Dès lors le premier couplet du *Congrès d'amour*, rimé par le prince de Ligne, est moins symbolique qu'on a bien voulu le dire :

> Après une longue guerre
> L'enfant ailé de Cythère
> Voulut, en donnant la paix;
> Tenir à Vienne, un Congrès.
> Il convoque en diligence
> Les Dieux qu'on put réunir,
> Et par une contre-danse
> On vit le Congrès s'ouvrir (5).

(1) Comte A. DE LA GARDE-CHAMBONAS, *Souvenirs du Congrès de Vienne* (1814-1815); publiés avec une introduction et des notes par le comte Fleury; Paris, 1901, in-8, p. 13. — La première édition du livre du comte de la Garde-Chambonas parut en 1843, 2 vol. in-8.
(2) *Souvenirs de la baronne du Montet...*; p. 112.
(3) *Souvenirs de la baronne du Montet...*; p. 137.
(4) *Souvenirs de la baronne du Montet...*; p. 114.
(5) Comte A. DE LA GARDE-CHAMBONAS, *Souvenirs du Congrès de Vienne...*; p. 182.

Outre « walses » et rigodons, on y parlait aussi mariage. On méditait de faire épouser Marie-Louise par le roi de Prusse. Belle union ! « Je ne sais pas comment Robinson, à son île d'Elbe, prendrait la facétie » ! hoquetait le prince de Ligne.

On crut prudent de ne pas la pousser plus loin (1).

On donnait aussi dans le mysticisme, témoin le tzar Alexandre qui se laissait inspirer déjà par l'outrecuidance naïve de la baronne de Krüdener (2), le traité de la Sainte-Alliance, que Metternich, lui-même, ne peut s'empêcher de déclarer « un monument vide et sonore (3) ». Il n'y manquait que la fourberie. Mais M. de Metternich n'avait-il point été tenu à l'écart de la rédaction de l'acte ? La fourberie cependant n'allait point être exclue tout à fait des entours du Congrès. M. de Talleyrand ne faisait-il pas solennellement, lui, l'évêque apostat, célébrer un service funèbre à la mémoire de Louis XVI (4) ? Cette messe expiatoire eut lieu le 21 janvier 1815, à la cathédrale Saint-Étienne, devant un parvis de rois. Sous les noires draperies tombant des voûtes, s'érigeait l'énorme catafalque, veuf des cendres du décapité, drapé de pourpre semée de lys d'or, sommé d'un

(1) Comte A. DE LA GARDE-CHAMBONAS, *Souvenirs du Congrès de Vienne...* ; p. 144.

(2) JOSEPH TURQUAN, *Souveraines et grandes dames ; Une illuminée du dix-neuvième siècle : la baronne de Krüdener (1756-1824)*, d'après les témoignages des contemporains, des lettres et documents inédits ; Paris, s. d., in-18, p. 261.

(3) Prince DE METTERNICH, *Mémoires...* ; t. I, p. 212.

(4) « Il y a demain à Vienne un service que le prince de Talleyrand fait célébrer pour le roi Louis XVI ». Lettre du baron de Méneval à sa femme ; Vienne, 20 janvier 1815. — Baron DE MÉNEVAL, ministre plénipotentiaire, *Marie-Louise et la Cour d'Autriche entre les deux abdications...* ; p. 233.

crucifix, d'un sceptre d'or et d'une couronne, cette couronne qu'il laissa choir au ruisseau révolutionnaire. Quatre statues flanquaient, voilées de crêpe, le cénotaphe (1). L'oraison funèbre fut nasillée par un abbé Zaignelins, dont le ton fit pouffer les officiers russes.

Dressé dans la chaire « il ressemblait à un Chinois dans un encrier (2) ». En résultat de quoi l'abbé Zaignelins reçut un cordon de Saint-Michel et une pension de Louis XVIII, et un baronnat du roi de Bavière. Mais c'était là un genre d'intermède obligatoire. On n'en courrait que plus promptement aux

La duchesse de Parme et de Plaisance.

tableaux vivants et aux bals où des Condé et des Bourbons, « ces beaux noms si chers aux Français (3) », encore vêtus de la casaque étrangère, fai-

____

(1) Lettre du baron de Méneval à sa femme; Vienne, 22 janvier 1815. — Baron DE MÉNEVAL, ministre plénipotentiaire, *Marie-Louise et la Cour d'Autriche entre les deux abdications...* ; pp. 234, 235.

(2) *Souvenirs de la baronne du Montet...* ; p. 134.

(3) *Description des cérémonies, fêtes, entrées solennelles, honneurs et hommages rendus à Louis XVIII en Angleterre et en France, suivie de l'entrée solennelle de Monsieur, frère du Roi,*

saient danser les demoiselles des peuples qu'écrasa
la botte de Napoléon. Cela coûta quelque chose
comme 16.000.000 de florins, en fêtes, au beau-père
de l'Empereur des Français. Dans ce temps, en revanche, les soldats estropiés des dernières guerres, sous
les loques de leurs uniformes, mendiaient dans les
rues (1). Il en était un qui tendait la main plus haut:
Murat mendiait son trône aux rois du Congrès (2).

Au milieu de ce tourbillon d'intrigues et de joyeux
étourdissements, on ne voit guère paraître Marie-
Louise. Elle a compris ce qu'aurait d'outrageant sa
présence à ces fêtes données en l'honneur de la chute
de Napoléon. Cependant il lui prend goût quelquefois de voir, de loin, l'éclat de ces réjouissances
royales. D'une fenêtre pratiquée dans l'attique de la
grande salle du palais de Vienne, elle assiste, un soir,
cachée, à un de ces bals (3). Mais, enfin, elle ne s'y

---

*lieutenant général du royaume de France, et de l'arrivée de
Son Altesse Royale le duc de Berry* ; à Paris, chez les marchands de nouveautés, 1814, in-8, p. 18.

(1) AUGUSTE EHRHARD, *Une vie de danseuse : Fanny Elssler* ;
Paris, 1909, in-18, p. 2.

(2) Murat avait demandé à Mme Récamier de lui faire rédiger à cet effet un mémoire par un homme de lettres capable. Mme Récamier songea aussitôt à Benjamin Constant. La femme de Murat, Caroline, lui offrit 20.000 francs
et une décoration. Benjamin Constant refusa et publia, sans
rétribution, le mémoire qui fit une grande sensation. Cf.
sur cette affaire, LOUISE COLET, *Lettres de Benjamin Constant
à Mme Récamier, avec introduction et épilogue* ; Paris, 1864,
in-8, pp. 31 et suiv.

(3) Baron DE MÉNEVAL, *Napoléon et Marie-Louise ; Souvenirs
historiques...* ; t. IV, p. 132. — La même anecdote est contée
par M. DE MONTBEL, *Le Duc de Reichstadt...* ; pp. 59, 60, lequel
ajoute : « Parmi les singularités de cette époque remarquable, elle [Marie-Louise] put voir figurer dans cette
assemblée le fils de Joséphine. »

hasarde point. Elle sait qu'elle est peu sympathique
à tous ces invités et qu'ils ont, à son égard, les mêmes
sentiments que les gens de Vienne, dont les mur-
mures l'ont obligée à faire gratter, des panneaux de
ses voitures, les aigles napoléoniennes (1). Elle s'est
donc cloîtrée à Schoënbrunn, avec Neipperg, il est
vrai. A onze heures et demie elle déjeune, en compagnie de sa dame, Mme de Brignole, de Méneval et
de Bausset. Elle occupe ses après-midi par des
leçons d'italien, des promenades en voiture ou à cheval. A dix heures, elle se couche. « Voilà une vie
bien régulière et bien monotone pour ce qui me regarde, » écrit Méneval à sa femme (2).

Du salon quasi-clandestin, que tient la détrônée
dans cette retraite, les habitués sont rares, mais
choisis. Au premier rang brille un des anciens
amants de la du Barry (3), celui que les princes de
la Confédération trouvaient « touchours aimâple (4) »,
et que d'autres déclaraient « un vieux radoteur (5) »,

(1) Baron DE MÉNEVAL, *Napoléon et Marie-Louise; Souvenirs historiques...*; t. IV, p. 135.

(2) Lettre du 18 juin 1814. — Baron DE MÉNEVAL, ministre
plénipotentiaire, *Marie-Louise et la Cour d'Autriche entre les
deux abdications...*; p. 83.

(3) *Lettres du prince de Ligne à la marquise de Coigny, pendant l'année* 1787, publiées avec une préface par M. de Les-
cure; Paris, MDCCCLXXXVI, in-18, p.III. — Cette marquise
de Coigny — une des maîtresses de Lauzun — est celle-là
même que l'Empereur apostrophait plaisamment, à cha-
cune de ses rencontres, de la phrase : « Comment va la
langue ? »

(4) A. Ch. [ARTHUR CHUQUET], *Feuilles d'histoire du* XVII° *au*
XX° *siècle*; 1ᵉʳ novembre 1909, p. 456.

(5) Baron DE MÉNEVAL, ministre plénipotentiaire, *Marie-
Louise et la Cour d'Autriche entre les deux abdications...*;
p. 215.

le personnage qui, « de bonne foi, se croyait mis au monde uniquement pour s'amuser (1) », le prince de Ligne, enfin. La vivacité de son esprit lui faisait pardonner les poux dont il constellait les fauteuils où il s'asseyait (2). Il avait là pour partenaire, un ancien grand Écuyer de France, une épave de la Cour de Marie-Antoinette, Charles-Eugène de Lorraine, duc d'Elbœuf et prince de Lambesc, « l'infâme Lambesc » de 1789.

C'est là un élément étranger, hostile à Napoléon et d'où ne peut lui venir aucun conseil de dignité morale. Ces hommes, d'ailleurs, comprennent-ils ce qu'il y a d'avilissant pour cette femme dans l'oubli de son mari, dans l'abandon de son enfant? Car, il est là, l'enfant, confié à des soins mercenaires, aux dernières heures de vigilance de Mme de Montesquiou, sa gouvernante.

« Si cet enfant avait une mère, à la bonne heure, je le déposerais entre ses mains et je serais tranquille, mais ce n'est rien moins que cela ; c'est une personne plus indifférente à son sort que la dernière étrangère qu'il a à son service », écrit-elle à son mari, ancien chambellan de Napoléon (3). Est-ce là trop sévèrement juger?

(1) *Mémoires de la comtesse Potocka...* ; p. 178.
(2) « Sa tête était couronnée d'une forêt de cheveux gris, dont les hôtes parasites s'égaraient quelquefois sur les fauteuils où le prince s'asseyait. » Baron DE MÉNEVAL, *Napoléon et Marie-Louise ; Souvenirs historiques...* ; t. IV, p. 133.
(3) Cité par L. DE LANZAC DE LABORIE, *Napoléon II*, *d'après une prochaine publication* ; *Le Correspondant*, 25 novembre 1903, p. 690. — Le texte intégral de la lettre a été donné par le lieutenant-colonel d'artillerie TH. IUNG, *Bonaparte et son temps (1769-1799), d'après les documents inédits avec cartes*: Paris, 1881, in-18, t. III, pp. 444, 445.

Paris, le 2 fructidor   an 12

L'Archi-Chancelier de l'Empire,

a reçu les Observations de Monsieur
Bienaymé. Il les lira avec attention &
le remercie de lui en avoir fait l'envoi.

Autographe de Cambacérès, prince de Parme.
(*Collection Hector Fleischmann.*)

A considérer la suite des événements on ne peut que ratifier ce jugement. Pour s'y dérober, tout a donc manqué à Marie-Louise ? Elle n'a donc eu, auprès d'elle, personne pour la rappeler à son devoir, à la grandeur de son rôle ? Si, et c'est d'une ennemie acharnée et obstinée de Napoléon, que le conseil de la grandeur de ce devoir, lui est venu. A Vienne, elle a rencontré la reine Caroline de Naples, sa grand'mère, la sœur de Marie-Antoinette, et c'est cette souveraine en exil qui lui a conseillé d'attacher les draps de son lit à sa fenêtre et de se sauver pour rejoindre son mari.

« Voilà, a-t-elle dit, ce que je ferais à votre place, car quand on est mariée, c'est pour la vie. » Mais il paraît, à en croire Méneval, que cette manière d'utiliser les draps de lit n'était pas dans les « idées de décorum » de l'Impératrice (1). Apparemment que coucher avec M. de Neipperg était davantage dans ses « idées de décorum ». La « sensibilité de cette femme avait quelque chose de maladif », dit un brave et naïf zélateur de la légende napoléonnienne (2). On peut croire que cette « sensibilité » relevait particulièrement du champ, plus restreint, de l'alcôve.

Mais tout cela, c'est de l'ère des hésitations. On peut croire que Marie-Louise rejoindra l'Empereur, qu'elle ne prolonge son séjour à Vienne que sous la loi des circonstances, qu'un jour viendra sans doute

(1) Baron DE MÉNEVAL, *Napoléon et Marie-Louise*; *Souvenirs historiques...*; t. IV, p. 74.

(2) J.-M. CHOPIN, *Histoire du Roi de Rome (duc de Reichstadt), précédée d'un coup d'œil rétrospectif sur la Révolution, le Consulat et l'Empire*; Paris, 1850, in-8, t. II, p. 16.

où la voile d'un navire autrichien se lèvera vers le vent de l'île d'Elbe. On peut douter, on peut attendre, on peut espérer. Mais voici l'Empereur.

Il est revenu aux accents de la *Marseillaise*, rappelé par l'opinion nationale (1), gage d'un gouvernement républicain espéré par l'armée (2). Il ramène « ces habits bleus par la victoire usés », que chantera Béranger, ces habits poudreux de tous les champs de bataille de l'ère révolutionnaire.

« Sois l'ami de la liberté du monde » ! supplient des voix (3). « Grâces soient rendues aux immuables décrets de la Providence si tu viens nous apporter franchement la liberté ! » proclament des brochures (4). Et d'autres : « Je t'en conjure, Napoléon, ne sois pas un tyran (5) ! » Et encore : « Il nous a dit : Je veux régner par vous et pour vous ; s'il tient ses promesses, nous dirons à nos enfants de le bénir et de le défendre (6) ! » Ah ! s'il écoutait toutes ces voix ! Si, au lieu de se tourner vers l'Autriche, de quêter son alliance ou d'espérer sa neutralité, il revenait ce qu'il fut aux jours de naguère : l'Empe-

---

(1) Louis-Philippe d'Orléans, ex-roi des Français, *Mon journal*; *événements de 1815*; Paris, 1849, in-18, t. II, p. 234.

(2) *De Mâcon à Vizille et de Vizille à Paris, au retour de l'île d'Elbe*; notes adressées à Pons (de l'Hérault) par un officier en demi-solde, publiées par M. L. G. PELISSIER, *Revue Napoléonienne*, vol. IV, août 1909, p. 58.

(3) MAUTENAT, *Conspiration de la noblesse féodale contre la liberté des Français*; Paris, 1815, in-8, p. 3.

(4) DUBROCA, *Quatre discours*; Paris, 1815, in-8, p. 9.

(5) Joseph Rey, de Grenoble, président du tribunal civil de Rumilly, *Adresse à l'Empereur*; Paris, 4 avril 1815, in-8, p. 11.

(6) M. A. GUIRAUD DE MALVIÈRE, *Considérations sur les émigrés*; Paris, avril 1815, in-8, p. 6.

reux jacobin ! Si, entre la *Marseillaise* et le *Veillons au salut de l'Empire*, il inaugurait la marche de sa croisade contre les Rois ! Si l'Empereur régicide, enfin, se dressait contre l'Europe coalisée ! Certes, rien de pareil ne se fût vu sous le ciel épouvanté. Mais avant Napoléon, qu'avait-on vu ?

Non, rien de tout cela. « Je puis être un empereur de paix », dit-il à Carnot. Et pour gage de cette paix, il redemande à l'Autriche sa femme et son fils. « La durée de la paix étant essentiellement nécessaire pour atteindre ce but important et sacré, je n'ai rien de plus à cœur que de la maintenir mais avec toutes les puissances, je mets un prix particulier à la conserver avec Votre Majesté », écrira-t-il le 1er avril 1815, à l'empereur François.

Et, dans un placard populaire, d'inspiration nettement gouvernementale, on imprime : « La présence de Marie-Louise est le gage d'une paix éternelle avec le beau-père, que des circonstances malheureuses ont pu séparer quelque tems du héros français (1). » Il faut donc que l'Impératrice revienne, qu'elle le rejoigne.

Dès l'île d'Elbe il y a tâché. A ses lettres, qui demeurent sans réponse, il préfère l'envoi de courriers particuliers, prompts et discrets. Le 9 août 1814, il fait partir le colonel Leczinski, qui ira à Livourne, puis à Aix, porter une lettre à Marie-Louise (2). Mais, à Aix, Neipperg veille.

Quelques jours plus tard, le 20 août, c'est au tour

(1) *Du retour de Sa Majesté l'Impératrice Marie-Louise et le Roi de Rome*; s. l. [Paris], de l'imprimerie de L. P. Sétier fils, s. d. [3 avril 1815], in-4, pp. 3, 4.
(2) *Correspondance de Napoléon Ier*; t. XXVII, pièce n° 21604, p. 408.

de Louis-Marie-Charles-Philippe Hurault de Sorbée,
« officier distingué (1) », à partir. Ses instructions
sont plus détaillées et plus délicates. L'Empereur les
a dictées au général Bertrand :

Faites donner un congé d'un mois au capitaine Hu-
reau qui a sa femme près de l'Impératrice ; il s'embar-
quera ce soir sur le brick : faites-le venir et donnez-lui
des instructions pour qu'il se rende à Aix et partout
où serait l'Impératrice. Il s'arrangera de manière à ne
pas être retenu. Il faut qu'il arrive à Aix et qu'il se
trouve chez sa femme ou chez Méneval sans qu'on
puisse s'en douter. Il prendra des informations sur
l'espèce de surveillance qu'on exerce (2).

Hurault de Sorbée a-t-il parlé sans ambages du
« genre de surveillance » dont il a été témoin ?

La réponse paraît douteuse, car l'Empereur ne semble bien savoir qu'une chose, jusqu'alors, qu'un fait :
l'échec de ses courriers. Alors il en arrive, lui, l'Empereur du grand Empire, à réclamer humblement les
bons offices de Ferdinand-Joseph, grand-duc de
Toscane, pour la transmission de ses lettres à Marie-
Louise (3). Là encore, il échoue. Et le silence per-
siste. Il ne flaire pas encore la vérité, « il se plaît à
croire [Marie-Louise] prisonnière et victime, plutôt
qu'inconstante (4)» ; elle lui écrit certainement, mais
« on retient ses lettres (5) ». Dès lors, comment

(1) Pons (de l'Hérault), *Souvenirs et anecdotes de l'île d'Elbe...* ;
p. 331.
(2) *Correspondance de Napoléon I*ᵉʳ ; t. XXVII, pièce n° 21611,
p. 412.
(3) Lettre du 10 octobre 1814. — *Correspondance de Napoléon I*ᵉʳ ; t. XXVII, pièce n° 21651, p. 432.
(4) Arthur Levy, *Napoléon intime...* ; p. 231.
(5) Lettre à Bertrand ; Porto-Ferrajo, 9 août 1814 ; *Correspondance de Napoléon I*ᵉʳ ; t. XXVII, pièce n° 21604, p. 408.

admettre un seul instant que Napoléon n'encourageait pas Marie-Louise à le venir retrouver ? Comment accepter ce paradoxe audacieux et puéril :

« Il préférerait voir sans doute l'Impératrice prendre d'elle-même cette honorable initiative (1) ? » Qu'étaient-ce donc que tous les courriers spéciaux envoyés à Aix, qu'étaient-ce que toutes les lettres interceptées par le cabinet autrichien ? N'étaient-ce point des encouragements, des appels singulièrement pressants, à rallier l'île d'Elbe, tout cela ? Et les missives expédiées à Vienne pendant la marche triomphale de mars 1815 sur Paris, missives qui, toutes, demeurèrent sans réponse aucune ?

Le 20 mars, dimanche des Rameaux, jour anniversaire de la naissance du Roi de Rome, Napoléon est rentré aux Tuileries. Aussitôt, pour Vienne, est parti un billet de sa main :

> Ma bonne Louise,
>
> Je suis maître de toute la France. Tout le peuple et toute l'armée sont dans le plus grand enthousiasme. Le soi-disant Roi est passé en Angleterre. Je t'attends pour le mois d'avril ici avec mon fils.
>
> Adieu, mon amie.
>
> NAPOLÉON (2).

Et, le lendemain 22 mars, le *Journal de Paris* annonce que l'Impératrice et le Roi de Rome seront à Paris le 4 avril suivant. L'Autriche certainement, ne peut s'y opposer : « Si l'Autriche, est bien instruite des sentiments qui nous animent, elle saura

(1) Baron DE MÉNEVAL, ministre plénipotentiaire, *Marie-Louise et la Cour d'Autriche entre les deux abdications...*; p. 37.
(2) Collection de M. Antoine Lefèvre-Pontalis. — HENRI WELSCHINGER, *Le Roi de Rome...*; p. 122.

Arrivée des Cosaques à Paris, en 1814.
(*D'après une gravure satirique contemporaine.*)

que le jour où la princesse Marie-Louise reparaîtra sur le sol de la France, sera pour nous une véritable fête, un jour d'allégresse, de bonheur et d'ivresse(1). » Le 1er avril, Napoléon écrit à son beau-père cette noble lettre où, époux, il réclame l'épouse ; où, père il redemande le fils, « car je connais trop les principes de Votre Majesté, je sais trop quelle valeur elle attache à ses affections de famille pour n'avoir pas l'heureuse confiance qu'elle sera empressée, quelles que puissent être d'ailleurs les dispositions de son cabinet et de sa politique, de concourir à accélérer l'instant de la réunion d'une femme avec son mari et d'un fils avec son père (2) ».

Donc, point de doute : quoique sachant l'Impératrice mal entourée, à Vienne (3), malgré son silence, il « n'a rien deviné (4) ». Bientôt, il saura. D'ailleurs, tout ceci ne semble point lui suffire. Il envoie Montrond à Vienne, chargé d'une quadruple mission, demeurée si longtemps obscure, mais dont l'une était de remettre des lettres à l'Impératrice (5). Quelques semaines plus tard, en mai, c'est M. Dufresne-Saint-Léon qui, dans le même but, est adressé à Marie-

(1) *Un mot concernant S. M. Napoléon et S. M. l'Empereur d'Autriche*; s. l. [Paris]; de l'imprimerie de J. M. Eberhart, rue du Foin-Saint-Jacques, n° 12; s. d. [mars 1815], in-4, p. 1.

(2) *Correspondance de Napoléon Ier*, t. XXVIII, pièce n° 21753.

(3) *Mémoires de Fleury de Chaboulon, ex-secrétaire de l'Empereur Napoléon et de son cabinet, pour servir à l'Histoire de la vie privée, du retour et du règne de Napoléon en 1815, avec annotations manuscrites de Napoléon Ier*, publiés par Lucien Cornet, député, maire de Sens; Paris, 1901, in-8, t. II, p. 59.

(4) Henri Bouchot, *La Toilette à la cour de Napoléon...*; p. 115.

(5) Note de l'Empereur en marge des *Mémoires de Fleury de Chaboulon*. Cf. l'édition de 1901, t. III, p. 289.

Louise (1). Cependant, cette fois, depuis quelques jours, l'Empereur sait. L'intendant Ballouhey est revenu de Vienne. Napoléon l'a interrogé et Ballouhey a parlé. L'envoi de M. Dufresne Saint-Léon prouve que Napoléon doute encore. Enfin, il lui faudra, à l'arrivée de Méneval, se rendre à l'outrageante évidence.

Dès le 7 avril, Méneval a écrit à Caulaincourt une longue lettre laissant filtrer la vérité. Il la complète le lendemain : « Je vous ai écrit hier précipitamment et sans ordre. Il y a mille autres choses que j'aurais à vous dire et qui seraient interminables à écrire. Ce que j'ose recommander à toute votre circonspection, c'est ce qui regarde la personne de l'Impératrice ; cette princesse est vraiment bonne, mais dominée, en ce moment par des influences étrangères (2). »

Caulaincourt s'empressa de remettre la lettre à l'Empereur (3). La lumière se levait sur la trahison de l'épouse. L'arrivée de Méneval à Paris allait achever d'éclairer la comédie jouée à Vienne. Ce fut le 6 mai, à dix heures du soir, que le secrétaire des commandements quitta Marie-Louise. Dès son arrivée, il fut aux Tuileries, où il eut plusieurs longues conversations avec Napoléon. Au cours de l'une d'elles, le souverain lui demanda, « sur le ton de la plaisanterie », si quelqu'un des oncles de Marie-Louise ne lui

---

(1) Note de Foudras, inspecteur de la préfecture de police, au baron Pasquier, ministre de la justice ; Paris, 16 juillet 1815. — EUGÈNE FORGUES, *Le Dossier secret de Fouché (juillet-septembre* 1815) ; Paris, s. d., in-8, p. 15.

(2) Baron DE MÉNEVAL, *Napoléon et Marie-Louise; Souvenirs historiques...* ; t. V, p. 51.

(3) Baron DE MÉNEVAL, ministre plénipotentiaire, *Marie-Louise et la Cour d'Autriche entre les deux abdications...* ; pp. 354, 355.

faisait pas la cour (1). C'était plus bas que l'Empereur devait chercher. Méneval, cependant, acheva de l'éclairer sur la sorte de captivité retenant Marie-Louise, et, quoi qu'il sut de la vérité déshonorante, quoi qu'il eut apprit des relations de sa femme avec Neipperg, il se voulut de demeurer l'époux frappé dans sa tendresse.

Il rendra public le témoignage de Méneval sur la contrainte infligée à l'Impératrice, et, par une note dictée à Caulincourt, il ordonne à son ancien secrétaire, de rédiger par le menu, en détails nobles et touchants le récit de la vie prisonnière de Marie-Louise :

« Il parlera de la douleur qu'a éprouvée l'Impératrice lorsqu'on l'arracha à l'Empereur. Elle a été trente jours sans dormir lors de l'embarquement de Sa Majesté ». Est-ce vrai cela ? Non. Il importe. C'est le thème sur lequel brodera Méneval pour attester, devant l'Europe, de la violence qui fut faite, qu'on fait à la femme de Napoléon. Mais, hélas ! ce n'est que la France que trompera cette solennelle et éclatante protestation. Hors des frontières, qui ne sait désormais à quoi s'en tenir ? Il est public, connu, patent, que Marie-Louise se refuse à revenir en France.

« Sa femme, dit un mordant petit écrit contre Napoléon, sa femme, dont la famille est puissamment riche, préfère rester chez ses parents, au lieu de le suivre à Paris (2). » Mais non ! la France ne croira jamais à la coupable indifférence de l'Impératrice ! Si elle ne revient pas, c'est qu'elle est retenue par

(1) Baron DE MÉNEVAL, *Napoléon et Marie-Louise; Souvenirs historiques...* ; t. V, p. 89.
(2) *Avis à tous les négocians français* ; s. l. [Lille] ; s. d. 1er mai 1815], in-8, p. 2.

NOUVELLES IMPORTANTES
DE
L'ARMÉE.

CINQUIÈME BULLETIN.

Son Altesse Royale le prince d'Orange est arrivé à Bruxelles. Les jours précieux de ce Héros, qui a tant contribué à la journée d'hier et qui vient d'acquérir tant de nouveaux titres à notre amour, à notre reconnoissance, ont été conservés, malgré le danger continuel auquel ils ont été exposés. Cependant vers les huit heures du soir, S. A. R. a été atteint d'une balle qui a traversé le bras gauche à l'épaule. La blessure n'est point dangereuse et la santé de S. A. R. n'a point souffert.

La bataille d'hier a été sanglante et le résultat brillant. L'armée du Feld-Maréchal duc de Wellington s'est couverte de gloire.

La victoire a été complette du côté de nos armées. L'ennemi a été totalement battu et mis en déroute. Il a perdu plus de cent canons. Le Maréchal Prince Blucher ayant rejoint le Duc de Wellington, leurs armées sont à la poursuite de l'ennemi au-delà de Genappe.

Bruxelles le 19 juin 1815, à trois heures du matin.

Le secrétaire-d'Etat, Baron de Capellen.

De l'imprimerie de P. J. Hanicq, à Malines.

Affiche belge annonçant la victoire de Waterloo.
(Collection Hector Fleischmann.)

« l'orgueilleuse dureté (1) » de son père, car de désespoir de n'avoir pu suivre son mari, elle « passait les jours et les nuits dans la douleur (2) ».

Illusion ingénue ! Savait-on, en France, que le czar avait voulu rétablir, en mars 1814, la Régence ? « Mais l'archiduchesse Marie-Louise, disait-il, en 1815, à lord Clancraty, à qui j'en ai parlé, ne veut pas, à quelque prix que ce soit, retourner en France (3). » Savait-on qu'elle s'était refusée à aller, à l'île d'Elbe, de peur « que l'adversité et l'inaction n'aigrissent le caractère de l'Empereur et qu'elle n'eût plus les mêmes chances d'être heureuse dans sa nouvelle situation (4) ? » Mauvaise excuse que commentent éloquemment les mots de lady Burghersh, femme de l'attaché militaire à l'ambassade d'Angleterre : « Je pense que c'est un monstre, car elle prétendait l'aimer, et il s'est toujours bien conduit envers elle. C'est révoltant à elle de l'abandonner dans son malheur, après avoir affecté de l'adorer dans sa prospérité (5). » Au surplus, comment avait-elle répondu aux démarches des envoyés de son mari exilé ? Lors de l'arrivée de Hurault de Sorbée, à Aix, Méneval écrivait, le 8 septembre 1814, à sa femme :

(1) P. C. DE LA ROCHE, ex-professeur de belles-lettres, *Discours philosophique, civil et militaire présenté à la garde nationale de Paris, à celle des départemens et aux troupes de ligne*; à Paris, de l'imprimerie de Plassan, se trouve chez les marchands de nouveautés; 1815, in-18, p. 40.

(2) Générale DURAND, *Mémoires sur Napoléon Ier, l'impératrice Marie-Louise et la Cour des Tuileries...*; p. 266.

(3) IMBERT DE SAINT-AMAND, *Marie-Louise*; *l'île d'Elbe*; *les Cent Jours*; Paris, 1885, in-18, p. 148.

(4) Baron DE MÉNEVAL, *Napoléon et Marie-Louise*; *Souvenirs historiques...*; t. V, pp. 120, 121.

(5) Cité par HENRI WELSCHINGER, *Le Roi de Rome...*: pp. 82, 83.

« Il a trouvé quelqu'un bien peu disposé à le suivre (1). » Elle suivit plus docilement M. de Neipperg. Qu'avait-elle fait des lettres que lui adressait Napoléon ? Elle avait consenti, sur une démarche de Metternich, à les remettre, non décachetées, à son père, lequel les remettait, ouvertes, aux rois du Congrès. « Cette conduite indignait M. de Gentz lui-même (2). » Il est notoire, cependant, que les scrupules ne brillèrent jamais parmi les qualités de M. de Gentz, le scribe de Metternich.

A cette manière de souscrire paisiblement à son divorce, Marie-Louise apporta-t-elle quelque dérogation pendant les Cent-Jours ? L'Empereur revenu, que fit-elle pour échapper à la contrainte tyrannique du gouvernement de son père ? Ceci : protester publiquement de sa non-participation au retour de l'Empereur et se placer sous la protection des Alliés. Au surplus, toute sa conduite, depuis un an, n'était-elle pas la plus sûre garantie de ses instincts résignés ?

Le 7 mars, à quatre heures du matin, la nouvelle du débarquement de Napoléon au golfe Juan fut apportée à Vienne par une estafette du Consul d'Autriche à Gênes (3). Marie-Louise l'apprit au retour d'une promenade avec Neipperg (4). « Ma pauvre

(1) Baron DE MÉNEVAL, ministre plénipotentiaire, *Marie-Louise et la Cour d'Autriche entre les deux abdications...*; p. 141.

(2) HENRI WELSCHINGER, *Le Roi de Rome...*; p. 160.

(3) Chateaubriand, dans sa *Dernière déclaration du Congrès*, datée de Gand, 2 juin 1815, dit que « l'Empereur de Russie apprit le 3 mars, à deux heures de l'après-midi, que Buonaparte avoit quitté l'île d'Elbe. » Cf. *OEuvres complètes de M. le vicomte de Chateaubriand, membre de l'Académie française*; Paris, 1836, in-8, t. V, p. 79.

(4) Baron DE MÉNEVAL, *Napoléon et Marie-Louise*; *Souvenirs historiques...*; t. V, p. 6.

Louise, la consola l'archiduc Jean, je te plains ; ce que je désire pour toi et pour nous, c'est qu'il se casse le cou ». Et, comme Méneval, redevenu Français sous la cinglante injure, s'indignait, l'Impératrice convint que le propos était blâmable, « mais elle trouvait le sentiment qui l'avait dicté excusable chez des princes que froissait cet événement (1) ». Quant à elle, elle était persuadée que l'entreprise de l'Empereur devait échouer. Elle était pleine de crainte pour les mauvais effets qui pouvaient en résulter pour ses affaires de Parme (2). Ce fut tout ce qui la préoccupa. Que lui importait le reste, ces processions et ces prières, dans toutes les églises de Vienne, pour implorer la défaite du « tyran », du « brigand », du « Corsicain » ? Le Congrès venait de le jeter hors des lois humaines et civiles, d'appeler sur lui l'assassinat justicier, le poignard du régicide libérateur.

Le Roi de France, par son ordonnance du 6 mars, commandait de lui courir sus et de le livrer à un conseil de guerre, qui prononcerait contre Buonaparte sans autre forme de procès (3). Quant au reste, aux vétérans des grandes guerres de la liberté, aux soldats couturés de cicatrices sur tous les champs de bataille de l'Europe asservie : « A tous les diables

---

(1) Baron DE MÉNEVAL, *Napoléon et Marie-Louise; Souvenirs historiques...*; t. V, pp. 78, 79.

(2) Baron DE MÉNEVAL, *Napoléon et Marie-Louise; Souvenirs historiques...*; t. V, p. 7.

(3) « *Article I.* — Napoléon Buonaparte est déclaré traître et rebelle. Il est enjoint de lui courir sus, de l'arrêter et de le traduire incontinent devant un conseil de guerre qui, après avoir reconnu l'identité, prononcera contre lui l'application des peines portées par la loi. » *Ordonnance royale du 6 mars 1815.*

l'armée corse et son chef, fusillés ou envoyés en Sibérie, à Cayenne ou aux mines. Aux grands maux les grands remèdes (1). » Ainsi la France serait rendue à un « tendre père » dont les Alliés faisaient précéder le « retour béni » de tous les « fléaux destructeurs de la guerre (2) ».

Au surplus, ce n'était point uniquement pour le Roi de France que l'Europe se soulevait, mais pour elle-même, pour les exigences de sa sûreté et de son intérêt (3). Et, soudain, suivant la sobre et émouvante dictée de Sainte-Hélène, « sur la Tamise, le Danube, la Sprée, la Néva, le Tage, tout retentit de guerre (4) ». Une dernière fois les oligarques levaient l'épée contre l'Idée révolutionnaire française.

Le retour de l'Empereur creusa définitivement le fossé entre lui et Marie-Louise. La claustration de l'Impératrice devint plus rigoureuse. Tant de soins inquiets étaient-ils bien nécessaires ? De la politique autrichienne n'était-elle point la meilleure et la plus dévouée des alliées ?

(1) Le comte de Damas au comte de Blacas; Madrid, le 30 avril 1815. — EDOUARD ROMBERG et ALBERT MALET, *Louis XVIII et les Cent-Jours à Gand* ; *recueil de documents inédits publiés pour la Société d'histoire contemporaine*; Paris, 1898, in-8, t. I, p. 177.

(2) *Réponse aux proclamations du comte de Lille et des alliés*; s. l. [Paris], de l'imprimerie de Mme Veuve Perronneau, quai des Augustins, n° 39; s. d. [1815], in-8, p. 2. — La phrase se retrouve, identique, dans *Le gant est jeté, ramassons-le, et que cela finisse!*; s. l. [Paris], de l'imprimerie d'Aubry, Palais de Justice, n° 37; s. d. [1815], in-8, p. 1.

(3) Lettre signée, de Talleyrand à Bourrienne; Vienne, 18 mai 1815, 1 p. 1/3 in-fol. — *Catalogue des autographes composant la collection de M. E. Gourio de Refuge*; Paris, 1904, in-8, II° partie, n° 546, p. 10.

(4) *Mémoires pour servir à l'histoire de France en 1815*; Paris, 1820, in-8, p. 16.

C'est pourquoi elle ne s'opposa point à l'arrachement de son fils à la noble vigilance de Mme de Montesquiou. Le 20 mars, le grand chambellan de la Cour, comte Wubna, signifia son congé à la comtesse. Elle ne l'accepta que sur un ordre de l'Empereur et l'Empereur signa le certificat de cet honorable renvoi. Avec moins de légèreté, Marie-Louise vit partir, le 1er avril suivant, le général de Neipperg. En Italie, il allait prendre le commandement d'un corps d'armée contre Murat. Pour charmer les loisirs de son absence, Marie-Louise eut la consolation de ses lettres. M. de Neipperg en expédiait qui avaient huit ou dix pages (1). Au surplus, les arrangements définitifs étaient proches. Le désastre de Waterloo allait les précipiter. Depuis le 28 mars 1815, par un protocole signé par le Congrès, le roi de Rome était exclu de la succession de Parme et des duchés que lui avait, formellement, solennellement, reconnu le traité de Fontainebleau.

Le 9 juin suivant, Marie-Louise était investie du titre de grande-duchesse de Parme, de Plaisance et de Guastella, et acceptait l'exclusion de son fils de sa succession et son abandon à l'Autriche, parce que disait-elle, elle économiserait ainsi 500.000 francs par an, qui, joints à ses revenus de Bohême, assureraient au fils de Napoléon, après elle, « une existence indépendante (2) ». Elle voulait faire un paisible rentier, de ce Napoléonide. Pour sa part, elle ne désirait que le calme et l'oubli. Sans la « moindre émo-

---

(1) Baron DE MÉNEVAL, *Napoléon et Marie-Louise*; *Souvenirs historiques...*; t. V, p. 41.

(2) Baron DE MÉNEVAL, *Napoléon et Marie-Louise*; *Souvenirs historiques...*; t. V, p. 53.

Le grand homme du Congrès de Vienne : Talleyrand.

(*D'après la caricature de Daumier.*)

tion », elle apprit, à Schoënbrunn, la nouvelle de Waterloo (1).

Enfin ! elle était délivrée de son cauchemar !

Aux eaux de Baden elle en alla chasser les derniers souvenirs. Ce fut là que la baronne du Montet crut lui apprendre la trahison anglaise, l'embargo des oligarques mis sur l'Empereur. La grande-maîtresse de Marie-Louise, la marquise de Scarampi, en chantait et gambadait de joie à travers le salon (2). Quant à l'impératrice, elle répondit à la tragique nouvelle apportée par la baronne du Montet, par ce laconique billet :

Je vous remercie, je savais la nouvelle que vous m'annoncez. J'ai envie de faire une promenade à cheval à Merkenstein ; croyez-vous qu'il fasse assez beau pour la risquer?

« L'insensibilité ou la profonde dissimulation de ce billet, dit la destinataire, m'a paru digne de remarque (3). » Dans ce temps se décidaient les destins de l'Empereur. Après avoir, suivant l'avis de Metternich, tenté de l'interner au fort Saint-George, dans le nord de l'Écosse (4), on se décidait à le déporter sous les Tropiques. Le vaincu du 18 juin échappait à la vengeance royaliste, à celle qui, dans le *Censeur des Censeurs*, par exemple, réclamait sa tête (5) ; à celle de lord Liverpool, qui le voulait

(1) *Souvenirs de la baronne du Montet...* ; p. 142.
(2) *Souvenirs de la baronne du Montet...* ; p. 141.
(3) *Souvenirs de la baronne du Montet...* ; p. 141.
(4) Henri Welschinger, *Le Roi de Rome...* ; p. 192. — *Feuilles d'histoires du* xviie *au* xxe *siècle*, septembre 1909, p. 282.
(5) « Buonaparte, cet homme si criminel, ce grand coupable,

livrer à Louis XVIII, pour le faire pendre haut et court; à la rage de dogue de Blücher, enfin, qui ne désirait rien tant que de faire fusiller le Corse devant les têtes de colonnes de l'armée prussienne, « pour rendre service à l'humanité (1) ». Le martyr de Sainte-Hélène rendit un plus grand service à la noble cause du malheur. Le 2 août 1815, les puissances réglaient à Vienne le protocole de la déportation de l'Empereur. Le brick de la trahison leva l'ancre. Et, pour un siècle, ce fut la nuit (2).

échapperait donc à la justice des hommes et au glaive de la loi!... Les amis de la paix et de l'union ne cesseront de vous demander la tête de ce grand coupable ! » *Aux Alliés*, dans le nº 12 du *Censeur des Censeurs*, 8 août 1815.

(1) Henry Houssaye, *Les derniers jours de Napoléon en France* (*22 juin-15 juillet* 1815), conférence faite à la Société des conférences, le 3 février 1909; cf. *Revue hebdomadaire*, 13 février 1909, p. 146.

(2) Volontairement a été rejeté dans ce chapitre, le côté exclusivement politique du Congrès de Vienne. Sur ses délibérations et actes, on consultera comme sources essentielles : De Pradt, *Du Congrès de Vienne* ; Paris, 1815, 2 vol. in-8; *Actes du Congrès de Vienne d'après un des originaux déposé aux archives du département des affaires étrangères*; Paris, 1816, in-4; G. Pallain, *Correspondance inédite du prince de Talleyrand et du roi Louis XVIII pendant le Congrès de Vienne, publiée sur les manuscrits conservés au dépôt des affaires étrangères*, avec préface, éclaircissements et notes; Paris, 1881, in-8, enfin, l'abondante et complète bibliographie dressée par M. Frédéric Kircheisen, dans son ouvrage : *Bibliographie du temps de Napoléon, comprenant l'histoire des États-Unis*; Paris, Genève, Londres, 1908, in-8, t. I, pp. 394 et suiv.

II

LES BATARDS PARMESANS

Les derniers mois de cette tragique année 1814, Marie-Louise les partage entre les eaux de Baden, à quelques lieues de Vienne, et la retraite de Schoënbrunn. Dans ce temps on achève de régler son sort et de régulariser les affaires de Parme. Elle attend désormais sans impatience. N'a-t-elle pas Neipperg, à demeure, avec elle? Il est, en effet, à Baden de toutes les promenades, de toutes les soirées — et de toutes les nuits — fort vraisemblablement. Rien ne se dit, rien ne se fait sans son avis. On n'entend de la ci-devant Impératrice que : « Qu'en pensez-vous, général? Qu'en dites-vous, général ? » Il paraît que

« c'est l'éternel refrain (1) ». C'est là le motif de sa
vie désœuvrée, régulière, qui descend à l'adultère
bourgeois. Vers sept heures, elle se réveille, sonne
ses femmes et écrit jusque vers le milieu de la matinée. Puis on procède à sa toilette du matin, qui toujours, est « délicieuse (2) ». Le déjeuner est à onze
heures. Il est « excellent (3) ». Toutes les dames de

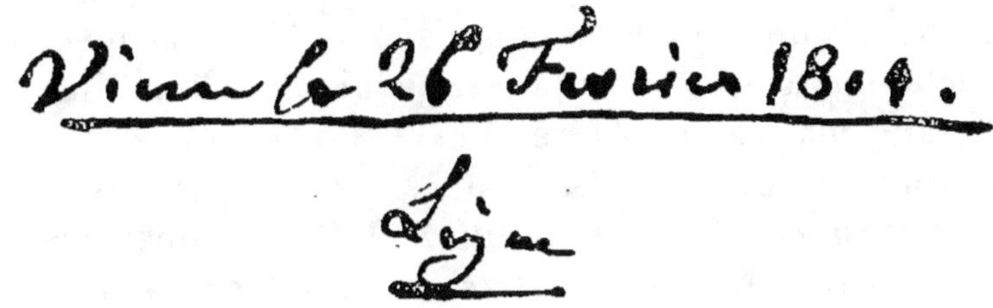

Signature du prince de Ligne.

l'entourage s'y retrouvent. Depuis la mort de la
dame d'honneur, la marquise de Brignole, décédée
à Vienne pendant les Cent Jours, elles ont à leur
tête Élise, marquise de Scarampi, née de Montfrault,
cette même Scarampi qui folâtrait de joie à la nouvelle de la déportation de l'Empereur. « Elle était
âgée d'environ trente-deux ans, note Méneval dans
son journal intime, peu jolie, de petite taille, et
même un peu contrefaite, mais elle ne manquait ni
de finesse ni d'agrément (4) » C'est la confidente de

(1) *Souvenirs de la baronne du Montet...*; p. 142.
(2) *Souvenirs de la baronne du Montet...*; p. 141.
(3) *Souvenirs de la baronne du Montet...*; p. 142.
(4) Baron DE MÉNEVAL, ministre plénipotentiaire, *Marie-
Louise et la Cour d'Autriche entre les deux abdications...*;
p. 332.

Marie-Louise ; en amitié elle égale auprès d'elle Neipperg en amour. Il y a encore là, ce Louis-François-Joseph de Bausset, l'ancien préfet du palais et chambellan de Napoléon, baron de l'Empire. La royauté l'a rallié en lui rendant son titre de marquis. Fi de ce baronnat de 1810 ! M. de Bausset lui préfère son douteux marquisat d'ancien régime. Quelques mois plus tard, cependant, il donna sa démission de grand-maître de la maison de Marie-Louise, en échange de quoi, l'Impératrice lui accorda le titre de grand-maître honoraire et celui de grande dame honoraire à Mme de Bausset, « avec l'espoir, écrivait-elle, que sa Majesté Louis XVIII dont vous vous êtes montré le bon et fidel (*sic*) sujet, même dans les temps les plus difficiles, vous permettra, ainsi qu'à Madame, de la porter comme une marque honorable de mon estime (1) ». M. de Bausset empocha ce beau certificat de trahison et courut en tirer parti en France. On ne put mieux faire que d'employer ce fidèle Français. Il n'avait plus que faire auprès de Marie-Louise. Ici M. de Neipperg suffisait, — à tout.

Activement il s'occupait de préparer la prise de possession de Parme et des duchés par Marie-Louise. Par le traité de 1814, faisant table rase des donations napoléoniennes, le Congrès de Vienne avait pu disposer des anciennes principautés des Far-

---

(1) Lettre aut. sig. à M. de Bausset; Schoënbrunn, 27 février 1816; 3/4 de p. in-4. — *Catalogue de la belle et importante collection de lettres autographes de feu M. de Lajarrielte, ancien receveur des finances à Nantes, dont la vente aura lieu le jeudi 15 novembre 1860 et les 19 jours suivants*; Paris, 1860, in-8, pièce n° 1982, p. 231. — Cette lettre fut acquise par M. Laverdet, au prix de 31 francs.

nèse (1). De Parme et de Plaisance, dont des lettres patentes du 24 avril 1808 (2) les avaient faits ducs, Cambacérès et Le Brun ne conservaient même plus les titres illusoires (3).

Ce leur furent d'ailleurs, de maigres deniers. En 1814 et en 1815, la situation des duchés n'était guère plus prospère. Le 9 juillet 1814, le comte Marescalchi avisait Méneval que Marie-Louise n'aurait « pas de quoi vivre », si elle venait s'y établir (4). Bausset, envoyé à Parme, le mois suivant, déclarait les ressources nulles, au surplus les domaines de la couronne étaient hypothéqués jusqu'à la fin novembre. Les palais qui attendaient la nouvelle grande-duchesse étaient en ruines : « à peine y a-t-il des murailles (5) ». Pas même des voitures dans les remises, ni carrosses, ni harnais (6). La misère dans

(1) Cf. sur l'ancien gouvernement des duchés : *Dissertation historique sur les duchez de Parme et de Plaisance* ; traduit de l'italien ; Cologne, 1722, 2 vol. in-4.

(2) Emile Campardon, *Liste des membres de la noblesse impériale, dressée d'après les registres des lettres patentes conservés aux Archives nationales* ; Paris, 1889, in-8, pp. 35, 111. — Les armes de Cambacérès, comme duc de Parme, étaient « d'or au dextrochère au naturel, paré de gueules, rebrassé d'hermine, mouvant de senestre, tenant les tables de la loi de sable et accompagné de trois losanges de même. »

(3) Il est curieux d'observer qu'au début de l'Empire, Napoléon avait, un instant, pensé à faire d'Eugène de Beauharnais, le prince régnant de Parme, et à le faire couronner solennellement sous ce titre. Cf. Frédéric Masson, *Le Royaume d'Italie*, 1805, dans la *Revue de Paris*, 15 juin 1899, p. 751.

(4) Baron de Méneval, *Napoléon et Marie-Louise* ; *Souvenirs historiques...* ; t. IV, p. 99.

(5) Lettre de Bausset à Méneval ; Parme, 12 août 1814. — Baron de Méneval, *Napoléon et Marie-Louise* ; *Souvenirs historiques...* ; t. IV, p. 103.

(6) Lettre du comte Marescalchi à Méneval ; Parme, 8 juil-

les villes était extrême. Guastalla est « le refuge des mendiants de la province (1) ». A Parme, pour mettre un allégement aux difficultés de la vie, on était forcé de diminuer les impôts (2). Tout demeurait donc à créer : ressources et débouchés. La tâche de Neipperg n'allait pas être une sinécure.

Marie-Louise ne montrait aucune hâte à gagner cette principauté misérable. Au début de décembre 1814, on annonçait son arrivée à Parme pour la fin de l'année (3). Neipperg, avec plus de vraisemblance, l'annonçait pour février 1816 (4). A la réalité, Marie-Louise ne partit de Vienne que le 7 mars suivant.

Ce fut le 20 avril, dans l'après-midi, qu'au son des cloches des soixante églises de sa capitale, qu'elle fit son entrée à Parme. Solennellement elle abdiquait ainsi sa grandeur passée, se résignant avec satisfaction à n'être plus que Maria-Luiga, gérante, au nom de l'Autriche, de quelques lopins de terre arrachés au grand Empire napoléonien. C'était là désormais l'étroit domaine bourgeois auquel elle bornait ses

let 1814. — Baron DE MNEVAL, *Napoléon et Marie-Louise*; *Souvenirs historiques...*; t. IV, p. 99.

(1) Comte D'HÉRISSON, *Le Cabinet noir...*; p. 272.

(2) « *Parme, 16 mai 1814.* — Le gouvernement provisoire de Parme a rendu plusieurs décrets pour diminuer le fardeau des impositions dont nous étions accablés. Par un autre décret, il a rétabli dans leur ancienne forme l'Université de Parme, le collège de Plaisance et les écoles provinciales. La cocarde parmesane sera bleu de ciel et blanche. » *Journal des débats politiques et littéraires*, samedi 4 juin 1814.

(3) *Journal des débats politiques et littéraires*, samedi 10 décembre 1814.

(4) Lettre auto. sig. de Neipperg, à M. Suscero; Vienne, 25 décembre 1815, 1 p. in-4. — *Catalogue d'autographes Noël Charavay*, n° 317, mai 1902, pièce n° 48299, offerte à 12 francs.

ambitions pacifiques. Sa naïve sentimentalité allemande pouvait se complaire, là, aux longues errances dans les jardins crépusculaires, où, dans les oliviers toscans, au pâle argent, gémissaient amoureusement les plaintives palombes. A l'horizon des maigres et sveltes cyprès, étagés sur les collines, se bornait maintenant le petit empire de ses rêves de médiocrité satisfaite.

*
* *

Le premier soin de Neipperg, en débutant dans l'administration des duchés, fut de les interdire à toute communication française. Il s'ingénia et réussit à détacher complètement Marie-Louise de ce qui fut son passé. « Une police sévère, écrit l'ancien secrétaire des commandements, ferma tout accès à quiconque aurait pu lui parler de son époux ou de la France (1) ». C'était suivre là la tactique imposée par le gouvernement autrichien au gouvernement provisoire de Parme en 1814. Aucun Français ne devait être toléré dans les duchés (2).

Neipperg porta surtout son attention sur ce qui pouvait être suspecté de bonapartisme. Il veillait « de son œil de cyclope, aux portes de ses États (3) ». Des craintes assez sérieuses pouvaient l'assiéger. L'Italie ne donnait-elle pas asile à quelques Bonaparte proscrits? En juillet 1816, on apprit que Louis

(1) *Revue Britannique*, 1829, p. 346.
(2) Lettre de Bausset à Méneval; Parme, 12 août 1814. — Baron DE MÉNEVAL, *Napoléon et Marie-Louise; Souvenirs historiques...*; t. IV, p. 101.
(3) Comte D'HÉRISSON, *Le Cabinet noir...*; p. 337.

se disposait à habiter à Livourne et Lucien à Gênes. Marie-Louise, aussitôt, pria son oncle le grand-duc de Toscane, de les faire expulser. Ce séjour, si voisin de sa résidence « ferait crier toute l'Europe », disait-elle (1). Ce lui devait valoir les félicitations de Metternich : « Rien de plus correcte que la conduite de Mme l'archiduchesse Marie-Louise, écrivait-il vers cette époque. Elle pousse même la réserve jusqu'au scrupule. Elle a non seulement rompu toute relation avec la famille Bonaparte, mais elle ne permet le séjour à aucun Français dans son pays (2) ». C'est que divers incidents en avaient précédemment résulté.

Au cours d'un voyage qu'elle fit, en septembre 1816, à Bologne, la foule avait entouré sa voiture en criant : « Viva Napoleone il grande e la sua in felice sposa ! L'Imperatrice, nostra Sovrana ! »

Ces cris lui avaient cruellement déplu, et elle leur avait échappé en se sauvant par une porte dérobée du musée de la ville. Un autre incident marqua le même voyage. Quelques officiers français, réfugiés à Bologne, avaient crié au passage de la souveraine : « Le mari ? Le mari ? »

On peut croire au déplaisir de M. de Neipperg (3). Quant à elle, cette sorte d'injure la cravachait particulièrement. Ne se posait-elle pas en victime du Corsicain ? « Jamais, écrit le marquis de la Maisonfort, elle n'a prononcé devant moi le nom de l'usur-

---

(1) Henri Welschinger, *Le Roi de Rome...*; p. 207.
(2) Henri Welschinger, *Le Divorce de Napoléon...*; p. 254.
(3) Sur ces incidents, cf. le docteur Max Billiard, *Les Maris de Marie-Louise...*; pp. 125, 126, et Henri Welschinger, *Le Roi de Rome...*; p. 211.

pateur, mais elle me l'a souvent désigné comme le
moteur des grandes choses qui n'ont jamais contri-

La Toilette de l'Impératrice,
d'après le croquis de Percier et Fontaine,
architectes de l'Empereur.

bué à son bonheur (1) ». Elle semblait, au contraire,

(1) HENRI WELSCHINGER, *Le Roi de Rome...*; p. 293.

s'excuser de lui avoir touché de près un jour. C'est
encore le marquis de la Maisonfort qui dit : « Elle a
l'air de solliciter l'indulgence pour ce qu'elle a été et
d'appeler l'estime pour ce qu'elle est et veut être (1). »
Ce qu'elle était ? Une admirable élève de Neipperg.
L'éducation à laquelle il soumettait sa maîtresse
portait des fruits. De France il avait fait venir des
paquets de pamphlets royalistes pour contribuer à
éclairer Marie-Louise sur son époux exilé. « Des
lectures s'en faisaient au palais ducal », écrit Méneval (2). Et, on a pu dire avec vraisemblance, que
l'approbation de Metternich couvrait cette lâche
besogne (3). Grâce à ces petites brochures de la
borne et du ruisseau, la Détrônée pouvait apprendre
que « Buonaparte » avait donné sa *démission* (sic)
d'un emploi « qu'il a souillé de tous les caractères de
l'usurpation la plus criminelle et de tous les excès
du despotisme le plus sanguinaire (4) ». Elles lui
révélaient que Napoléon signifiait simplement Apollyon, l'ange de l'Apocalypse, et que « Napoléon, empereur des Français » voulait dire : « Le pape serf
a sacré un noir démon (5) ». Plaisants badinages !

Ce n'était qu'un lâche fuyard, déserteur des
champs de bataille (6), un assassin, qui, à Caen, avait

(1) Henri Welschinger, *Le Roi de Rome...*; p. 293.
(2) *Revue Britannique...*; 1829, p. 346.
(3) Henri Welschinger, *Le Roi de Rome...*; p. 212.
(4) *Qu'est devenu Napoléon ? Détails sur l'existence de ce
grand personnage depuis qu'il est déchu, par un Parisien revenu de Fontainebleau le 10 avril* 1814 ; Paris, 1814, in-8, p. 8.
(5) *L'Apollyon de l'Apocalypse ou la Révolution française
prédite par S. Jean l'Evangéliste*; Lyon, 1816, in-8, p. 54.
(6) A. L. Led***, de Paris, auteur des *Eléphants détrônés
et rétablis, Bonaparte justifié aux dépens de qui il appartien-
dra, ou la Confession du Sénat*; Paris, mai 1814, in-8, p. 13.

fait fusiller des malheureux coupables de lui avoir réclamé du pain (1), l'inspirateur de pamphlets orduriers (2), le criminel qui avait, au haut de la colonne Vendôme, érigé « l'emblème de la férocité (3) ». Grossier à l'extrême, il avait battu ses sœurs lesquelles, en « connaisseuses », avaient parlé de la nuit de noces de Marie-Louise (4). Ces mœurs brutales lui étaient familières. Il avait donné une raclée magistrale au grand-juge Régnier, qui avait laissé imprimer la défense du général Moreau. « Malheureux prince, s'était-il écrié, je ne suis entouré que de Jean-foutres ! (5). » Son génie n'était fait que de « prétendus talents militaires ». Il s'était sauvé d'Égypte avec la caisse de l'armée. Sa physionomie était « plombée et sinistre (6) », il avait un « maudit visage de cuivre », une « chienne d'âme pourrie », au résumé : « un double gueux de crocodile (7) ». C'est

(1) J. P. LEVALLOIS, homme de lettres, *Buonaparte dévoilé par lui-même ou Journal raisonné des actions et des paroles de Buonaparte depuis sa sortie de l'île d'Elbe et sa rentrée en France jusqu'à sa chute, présenté par l'auteur à Mme la duchesse d'Angoulême, lors de son passage à Rouen le 27 juillet 1815*; Paris, 1815, in-8, pp. 8, 9.

(2) ANONYME [CORBEAU DE ST-ALBIN], *La Queue de Robespierre ou le règne des baïonnettes*; Paris, 1815, in-8, p. 12.

(3) *La petite lanterne magique ou récit de grands événemens*; Paris, 1814, in-8, p. 7.

(4) Un chambellan forcé à l'être [DORIS, de Bourges], *Buonaparte, sa famille et sa cour, anecdotes secrètes sur quelques personnages qui ont marqué au commencement du dix-neuvième siècle*; Paris, 1816, in-8, t. I, p. 153.

(5) L. VERRIEZ [de Dunkerque], *Le Néron Corse*; Gand, juin 1815, in-8, p. 8.

(6) *Revue philosophique et politique du règne de Buonaparte*; Bâle, 1814, in-8, p. 13.

(7) *Les Soirées de Normandie, ou la Femme qui a raison; conversations politiques*; Paris, 18 juin 1815, in-8, pp. 6, 11.

pourquoi « des milliers d'individus des deux sexes et de toutes les classes de citoyens n'ont jamais pu regarder sans frémir la figure du tyran, même sur la monnaie, où elle est empreinte (1) ». Grâce à la bonne foi des libelles recueillis par Neipperg, l'épouse adultère pouvait se réjouir de savoir l'Empereur, le Voltaire de la politique, le « plus dangereux des charlatans (2) », d'être séparée de ce « héros des petites maisons (3) », qui menaçait son frère Jérôme de faire faire des enfants à sa femme, au cas d'un refus du devoir conjugal (4), et qui, dans sa méprisable carrière, avait débuté par agioter au perron du Palais-Royal pour gagner six francs, ce qui ne l'empêcha pas de porter, pendant dix ans, la même culotte de peau (5). Cette littérature, amie du général borgne, choisissait avec goût, comme on voit, dans le dossier criminel du Corse. Elle détrompait à merveille maintenant l'archiduchesse autrichienne, assez naïve pour avoir cru épouser un grand

(1) *Napoléon ou le Corse dévoilé; ode aux Français*; Paris, 1814, in-8, p. 13.

(2) J. P. GAVAND, *Les Crimes des Fédérés, moyen d'anéantir cette secte d'anarchistes et de cimenter le trône des Bourbons*; Lyon, 1815, in-8, p. 9.

(3) *Tribut d'un Français ou quelques chansons faites avant ou depuis la chute de Buonaparte*; s. l. [Paris]; s. d. [1814]; in-8, p. 65.

(4) *Rêve ou vision de Buonaparte, le lendemain de l'accouchement de l'impératrice Marie-Louise; confidence qu'il en a faite à D*** [Duroc] et à S*** [Savary], suivi de sa correspondance avec son frère Jérôme, remplie de détails curieux et restés secrets jusqu'à ce jour*; Londres et Paris, 1814, in-8, p. 30.

(5) *Lettre du général Buonaparte à l'empereur Napoléon, réponse de Napoléon à Buonaparte, suivies d'un miserere récité par Napoléon Buonaparte, à Orgon, département des Bouches-du-Rhône, par l'auteur du Petit Homme Rouge*; s. l. [Paris]; s. d. [1814], in-8, p. 3.

homme. Un grand homme, lui ? Allons donc ! Il
gagnait des batailles, entendu, mais « hors de là le
moindre général est plus habile que lui (1) ». C'est
là ce que promulguait M. de Chateaubriand avec
l'autorité de l'inconscience. Ce n'était non seulement

Napoléon le Grand.

(Imagerie allégorique populaire sur bois.)

un incapable, que le ci-devant mari de l'archiduchesse, mais un imbécile : il nommait auditeurs de
première classe ceux qui écrivaient *citron* avec un *c*,

(1) F. A. DE CHATEAUBRIAND, *De Buonaparte, des Bourbons
et de la nécessité de se rallier à nos princes légitimes, pour le
bonheur de la France et celui de l'Europe*; Paris, 1814, in-8,
p. 36.

et auditeurs de seconde classe, ceux qui commençaient le mot par une *s* (1). De plus, un assassin : à
Brienne il empoisonna une de ses maîtresses (2). Et
quel Machiavel, en amour ! Marie-Louise ne s'en
douta jamais ! Pour l'éclairer, M. de Neipperg lui fit
lire sans doute les *Amours secrettes de Napoléon Buonaparte*, une sorte de chef-d'œuvre du genre (3).

Quant au retour de l'île d'Elbe, les pamphlets, lus
au palais ducal de Parme, l'expliquaient d'une
manière sommaire. Ce n'avait été qu'une petite conspiration ourdie « dans ces boudoir dorés où la
débauche des sens s'allie avec la corruption de
l'âme (4) ». Elle n'avait ramené en France, à la suite
de l'usurpateur, qu'une « horde nombreuse de bri-
gands, d'hommes qui ne sont plus d'aucune nation,
qui n'ont plus de patrie (5) ». On ne pouvait que dé-
plorer l'acte de clémence dont avait bénéficié le
brigand, en 1814, alors qu'on lui laissa la vie et l'île

(1) *Anecdotes curieuses sur Buonaparte suivies de la description historique de l'île d'Elbe et de rapprochemens curieux sur
l'histoire de la Révolution et les événemens actuels*; Paris, 1814,
in-8, p. 9.

(2) *Le Brigand corse, ou crimes, forfaits, attentats et péchés
de Nicolas Bonaparte, depuis l'âge de seize ans jusqu'à son
exil à l'île de Sainte-Hélène*; Paris, s. d. [1816], in-32, p. 9.

(3) Anonyme [Doris, de Bourges], *Amours secrettes de Napoléon Buonaparte*, par l'auteur du *Précis historique* et des
Mémoires secrets; Paris, 1815, 2, vol. in-18.

(4) M. Lamartelière, *Conspiration de Buonaparte contre
Louis XVIII, roi de France et de Navarre, ou relation succincte
de ce qui s'est passé depuis la capitulation de Paris, du
30 mars 1814 jusqu'au 22 juin 1815, époque de la seconde abdication de Buonaparte*; Paris, 1815, in-8, p. 31.

(5) *Quelques réflexions sur les circonstances actuelles*, par
un officier au service de S. M. I. l'Empereur de toutes les
Russies; Saint-Pétersbourg ; avril 1815, in-8, pp. 6, 7.

d'Elbe, véritable « excès de générosité (1) ». Mais tous ces reproches, toutes ces injures, ces basses clameurs, faisaient trève, de-ci, de-là, pour rendre hommage à la victime de la politique et de Napoléon. à cette princesse infortunée « qui s'est immolée à sa patrie et a fait le plus grand des sacrifices en s'abaissant à partager les destinées d'un homme voué à l'exécration publique (2) ».

C'étaient là les touchantes fleurs que pouvait, dans ce boueux parterre, cueillir celle-là dont le mariage avait offert le spectacle « de l'union du crime avec tout ce que la vertu a de plus pur (3) ».

Pour varier la monotonie de ces vociférantes insultes, la ressource était offerte à M. de Neipperg, puisqu'il était excellent musicien et bon chanteur, de les exécuter en roulades. Il n'avait que l'embarras des couplets. Sur l'air d'*Annette à l'âge de quinze ans*, il pouvait moduler :

> La mère Lajoie (4), à vingt ans,
> Avait un mari, dix amans ;
> Elle accoucha de Nicolas ;
>   Qui fut son père ?
>   C'est un mystère
>   Qu'on ne dit pas (5).

(1) M. Lamartelière, *Conspiration de Buonaparte contre Louis XVIII...* ; p. 5.

(2) *Quelques réflexions sur les circonstances actuelles*, par un officier au service de S. M. I. l'Empereur de toutes les Russies... ; pp. 18, 19.

(3) *Crimes et péchés de Napoléon Bonaparte* ; Paris, 1816, in-32, p. 122.

(4) C'est le nom dont les pamphlets de la Restauration baptisent Madame, mère de l'Empereur.

(5) M. C. J. R. (de D.) [Rougemaitre, de Dieuze], *La vie de Nicolas* ; *pot-pourri* ; s. l. [Paris], s. d. [1814 ; in-8, p. 3.

Où, sur le ton de la complainte, il pouvait gémir
ce couplet plein de tact :

> Pour jeter de la poudre aux yeux
> Et braver la terre et les cieux,
> Il veut avec l'huile bénite
> Que Sa Majesté soit enduite :
> Sa femme, par occasion,
> Reçoit aussi la friction (1).

Mais, quoi ? De tout cela, le besoin de s'étonner ?
N'est-ce pas de la même manière que la mère de
Marie-Louise lui enseignait, à Schoënbrunn, l'his-
toire du Corsicain et de ses détestables exploits ?

Il faut rendre à Neipperg, cette justice, que tous
ses soins ne s'employaient point exclusivement à
parachever l'éducation historique de Marie-Louise.
Dès son arrivée à Parme, il avait la direction des
affaires, sous le quadruple titre de chevalier d'honneur, de ministre de la maison ducale, de ministre
des affaires étrangères et de ministre des affaires
militaires.

C'était une manière de Richelieu borgne. Il avait
une certaine finesse et le sens de la diplomatie
benoite. Il contribua à faire accepter sans révolte la
domination autrichienne, à lui donner cet air de
modération et de sagesse à laquelle se laissa prendre
l'Italie jusqu'en 1830 (2). « Il gouverne Marie-Louise

(1) *Histoire véritable et lamentable de Nicolas Buonaparte,
Corse de naissance, dit Napoléon-le-Grand, empereur des Français, roi d'Italie, protecteur de la Confédération du Rhin, Mé-
diateur de la confédération helvétique, etc., etc.*; s. l. [Paris],
s. d. [1814], in-8, p. 3.

(2) H. Thirria, *Napoléon III carbonaro*; *Le Correspondant*,
25 février 1890, p. 740.

et l'État à la satisfaction de l'une et à l'indifférence de l'autre. Il est très affable, très abordable », note un voyageur sur ses tablettes (1). On le voyait s'occuper de détails minimes de la petite principauté, inaugurer des ponts, comme celui du Taro, en septembre 1819, faire élever un Campo-Santo monumental, relier les rives de la Trebia, ces mêmes rives glorieuses par les combats de Titus Sempronius, régler de minuscules affaires (2), instituer un ordre de Constantinien de Saint-Georges (3), créer une atmosphère de vie et d'activité dans ce pays indolemment morne et paresseux. « Il y prévoit tout, y anime tout, y répond de tout », écrit le marquis de Maisonfort, l'ambassadeur de Charles X (4).

Dans une longue lettre à Mme de Staël, de Colorno, 8 octobre 1816, il donne un tableau détaillé de son administration, plein de coins curieux à signaler. Comme l'auteur de *Corinne* doit venir en 1817, Neipperg commence par lui promettre que Marie-Louise « ornera son Parme de son mieux, pour vous engager à y rester quelques jours, et pour que vous ne disiez pas trop de mal des petits États d'Italie ». On n'y songe qu'à l'heureuse prospérité des habitants. La grande-duchesse ne désire rien d'autre au monde

(1) Comte d'Hérisson, *Le Cabinet noir...*; p. 268.
(2 Voyez une lettre de Neipperg au marquis Sampeiri Scappi, datée de Casino dei Boschi; presso Parma, 15 octobre 1827, dans la *Revue des autographes, des curiosités de l'histoire et de la biographie*, n° 161, décembre 1893, pièce n° 180, offerte à 8 francs.
(3) Sur l'ordre de Constantinien de Saint-Georges, cf. les détails donnés par le docteur Max Billiard, *Les Maris de Marie-Louise...*; pp. 114, 115.
(4) Cité par Henri Welschinger, *Le Roi de Rome...*; p.294.

« que de voire la poule au riz tous les dimanches à
ses 400.000 Parmesans ». Mais, de ces bas petits
détails quotidiens, il s'échappe bientôt pour discuter
de politique et déclarer sa lassitude des grands projets de l'Europe libérale. Ce qu'il aime mieux, ce
sont les républiques italiennes du moyen âge, « les
Sforza, les Médicis et quelques papes contemporains
sont mes gens ».

Il se découvre, à vivre sous le ciel de cette terre
violente et passionnée, une âme de reître, mais « s'ils
avoient voulu s'assassiner un peu moins, je les aurois aimé encore davantage ». Pour le présent il
dépose ses hommages aux pieds de celle que Napoléon appelait la Genevoise, et que lui, le successeur
de l'Empereur, reconnaît, plus aimablement comme
« bonne et aimable (1) ». Ce n'est pas sans raison
que Corinne ripostait, par l'éloge bien senti, de
Bayard allemand !

Il paraît, cependant, que cette vie n'allait point
pour lui sans désenchantement. Il « en est mort
d'ennui », dit la baronne du Montet (2).

A vrai dire, il la supporta quinze ans. Peut-être
avait-il le regret de sa carrière militaire interrompue,
brisée, l'appréhension du jugement que les contemporains allaient porter sur lui. Il redoutait, sans
doute, d'être mal jugé à distance. De fait, il faisait
une figure peu sympathique, vu de loin. Barras dit,
assez dédaigneusement, en parlant de l'ex-Impératrice, que, reléguée à Parme, elle était sous la garde

<hr>

(1) *Catalogue d'autographes Etienne Charavay*, décembre
1887, pièce n° 58.
(2) *Souvenirs de la baronne du Montet...*; p. 296.

CONGRATULATION a la FRANCOIS

Le Sénat français vient complimenter l'Impératrice sur son prochain accouchement.

(*Caricature anglaise de 1810.*)

« d'un comte de Neipperg qu'on croyait son amant (1) ». Et, non moins méprisante, Mme Cavaignac observe, sans plus : « On tenait pour certain que Neipperg la battait, ce que j'aurais quelque plaisir à croire (2). » Ce n'était là qu'un bruit dénué de fondement. A diverses dates des lettres de Marie-Louise lui donnent un démenti net. Ainsi, en 1816, elle écrit à Bausset :

Je me trouve contente et heureuse dans mon nouveau domicile ; les gens y sont excellents, le pays charmant, ma maison fort agréable ; il n'y a que la société qui est nulle, mais vous savez que je n'ai jamais tenu au grand monde : enfin tout mon désir est de passer ma vie fort tranquillement ici, et je désire qu'on en soit aussi persuadé dans votre pays (3).

Et, en 1818, à Méneval :

Ma santé est très bonne, et ce qui vaut encore mieux est que je suis parfaitement heureuse et contente de la situation où je me trouve (4).

Entre la musique et le dessin elle partageait ses loisirs (5). Un petit singe et une perruche étaient

(1) *Mémoires de Barras membre du Directoire*, publiés avec une introduction générale, des préfaces et des appendices par Georges Duruy ; Paris, 1895, in-8, t. IV, p. 304.

(2) *Les Mémoires d'une inconnue*, publiés sur le manuscrit original ; Paris, 1894, in-8, p. 362.

(3) *Catalogue de la belle et importante collection de lettres autographes de feu M. Lajarriette...* ; p. 231, pièce, n° 1983, achetée 50 francs par M. Laverdet.

(4) Lettre aut. sig. ; Parme, 30 janvier 1868, 1 p. in-8, vendue 55 francs le 5 février 1908. La même lettre a reparu, offerte à 75 francs, au *Catalogue d'autographes Noël Charavay*, n° 384, août 1908, pièce n° 62742.

(5) Henri Welschinger, *Le Roi de Rome...* ; p. 211.

ses favoris. Ces bestioles rendirent fou le marquis de Scarampi, le secrétaire du cabinet de la grande-duchesse. « Il entrait tous les matins chez elle, avec son portefeuille sous le bras ; mais à peine l'ouvrait-il que la princesse appelait son perroquet et son petit singe, qui se plaçaient familièrement sur ses épaules, et elle ne cessait de les entretenir et de jouer avec eux pendant toute la durée de la conférence. » Scarampi, au surplus, se persuadait « que la Cour de Vienne le rendrait responsable des faiblesses de Marie-Louise et de ses négligences gouvernementales (1) ». En 1821, il dut se retirer. Il devenait fou.

Marie-Louise avait une autre distraction en faveur : le théâtre. Une troupe de comédiens était chez elle à demeure. Certains mois la bande comique courait les provinces ducales, en tournée, sous le titre de « troupe aux gages de l'archiduchesse (2) ». C'est pourquoi, vraisemblablement, l'éditeur de sa correspondance, écrit avec simplicité : « C'est maintenant seulement qu'on reconnaît le bien impérissable qui l'immortalise dans ses duchés (3). » Les opéras-comiques de la troupe y doivent être pour quelque chose.

Enfin, mêlant à ces distractions des plaisirs certes plus appréciables, mieux encore dans les goûts de son tempérament, l'archiduchesse se faisait faire des enfants.

Déjà, avant la mort de l'Empereur, il était venu une petite fille gambader sur les pelouses des palais parmesans. Le 1er mai 1817, Marie-Louise avait

(1) *Souvenirs de la baronne du Montet...* ; p. 299.
(2) Comte D'HÉRISSON, *Le Cabinet noir...* ; pp. 293, 294.
(3) *Correspondance de Marie-Louise...* ; p. 2.

accouché, à Parme, d'Albertine-Marie qui, mariée au comte Louis de San Vitale, le 26 octobre 1833, mourut à Parme le 26 décembre 1867, après avoir perpétué une progéniture « qui n'a pas de place dans la lignée du Saint-Empire (1) ». Quand arriva à Parme la nouvelle de la mort de Napoléon, Marie-Louise était enceinte déjà de son deuxième enfant : Guillaume-Adalbert, né à Salagrande, le 9 août 1821, créé prince de Montenuovo (2), le 20 juillet 1864, général autrichien, mort fou à Döbling le 7 avril 1895 (3). S'il est inexact d'écrire que Marie-Louise eut, de Neipperg, plusieurs enfants, du vivant même de Napoléon (4), il n'est pas moins inexact de croire que son mariage clandestin avec le borgne ne fut point célébré avant la mort du prisonnier de Sainte-Hélène (5).

« On m'a toujours prédit que je ne ferais que des mariages extraordinaires », disait Neipperg (6).

Encore n'eût-il pas fallu les célébrer du vivant des

(1) *Le Portefeuille, revue diplomatique*, dimanche 2 janvier 1848, p. 14. — Le comte de San-Vitale, grand chambellan de Parme, était né le 7 novembre 1799 et mourut, à Parme, le 3 janvier 1876, sénateur du royaume d'Italie. De ses enfants, le dernier, Albert, décéda le 25 septembre 1907. Cette branche est représentée aujourd'hui par un fils et deux filles, encore vivants.

(2) Le décret impérial autrichien qui lui conféra ce titre, ne fit que commettre un calembour, *Montenuovo* n'étant que la traduction italienne de *Neipperg*.

(3) LÉONCE DE BROTONNE, *Les Bonaparte et leurs alliances*; Paris, in-8, 1901, p. 102.

(4) MARCELLIN PELLET, ancien député, *Napoléon à l'île d'Elbe*; *Mélanges historiques*; Paris, 1888, in-12, p. 34.

(5) LÉONCE DE BROTONNE, *Les Bonaparte et leurs alliances...*; p. 101.

(6) *Souvenirs de la baronne du Montet...*; p. 296.

conjoints et ajouter l'hypocrisie d'une bénédiction inutile, après leur décès. Mais alors le scandale public était consommé ; officiellement l'adultère était affiché, et, pour l'Impératrice déchue et libertine avait déjà commencé cette vie qui force, comme on l'a écrit avec une indignation mesurée, la « biographie à s'abaisser dans les détails d'une chronique où les scandales vont jusqu'à la honte, les chutes jusqu'à l'abdication et l'oubli des plus faciles devoirs de l'épouse et de la mère jusqu'au mépris et à l'anéantissement des plus simples instincts chez la femme (1) ».

Mais pour la fille des Césars romains, des empereurs du Saint-Empire, pour la femme de Napoléon, tout avait été abdiqué avec son trône. Seul, le mépris de la dignité lui était demeuré fidèle. Il fit, qu'un an après la mort de l'Empereur, celle qui avait été son épouse accoucha pour la troisième fois (2). Mais, c'est miracle qu'avec sa bonne volonté, elle s'arrêta là dans sa collaboration effective à la repopulation des duchés parmesans.

----

(1) *Le Portefeuille, revue diplomatique,* dimanche 9 janvier 1848, p. 31.
(2) Ce fut une fille, mort-née, qui figure sans nom dans le tableau généalogique de la famille.

III

« NOTRE ILLUSTRISSIME CONJOINT »

De tout cela, à Sainte-Hélène que devine, que sait
l'Empereur ? Dans les amers loisirs de Longwood, il
n'est pas sans s'occuper de sa femme, des femmes.
Par l'évocation des visages charmants de son passé,
il cherche à tromper l'ennui de sa mélancolie, les
regrets de ses souvenirs. « Croyez-vous, dira-t-il à
Gourgaud, que, lorsque je m'éveille la nuit, je n'aie
pas de mauvais moments, quand je me rappelle ce
que j'étais et où je suis à présent ? » Et, enfin, s'il
revient quelquefois sur ce chapitre, c'est qu'il lui
« faut bien tuer le temps (1) ». De ces conversations
toutes intimes, quelques bribes seulement nous sont
parvenues ; nous verrons plus loin lesquelles. Mais
ce que l'Empereur sait pertinemment devoir arriver
un jour à la postérité, se nuance chez lui d'une nos-
talgique tendresse pour l'épouse lointaine et perdue.
Il la veut participant à la légende, où son martyre sur
le roc, le fait entrer.

(1) Lord Rosebery, *Napoléon, la dernière phase*; trad. Au-
gustin Filon ; Paris, 1901, in-18, p. 239.

Marie-Louise,
d'après une estampe autrichienne.

Invariablement il parle de son « innocence (1) » ; elle était « l'innocence et tous ses attraits (2) » ; elle « avait la terre à ses pieds (3) ». Jamais — et c'est la vérité — elle n'a failli. C'est « la bonne Louise ». O'Meara, le médecin, s'étonne cependant un jour que l'Impératrice ne fasse aucune démarche en faveur du déporté. Et Napoléon lui répond :

« Je crois que Marie-Louise est tellement circonvenue à mon sujet, qu'elle pourrait être, sous ce rapport, considérée comme peu maîtresse de sa volonté. J'ai toujours eu à me louer de la conduite de ma bonne Louise et je pense qu'il est entièrement hors de son pouvoir de rien faire pour me secourir. D'ailleurs, conclut-il, elle est jeune et craintive (4). »

(1) Las Cases, *Mémorial de Sainte-Hélène*; édit. Garnier, s. d., in-18, t. III, p. 31, à la date du 10 mars 1816.
(2) Las Cases, *Mémorial de Sainte-Hélène...*; t. IV, p. 141, à la date du 9 novembre 1816.
(3) Las Cases, *Mémorial de Sainte-Hélène...*; t. II, p. 28, à la date du 10 mars 1816.
(4) Barry E. O'Meara, *Napoléon en exil ou l'Echo de Sainte-Hélène, ouvrage contenant les opinions et les réflexions de Napoléon sur les événemens les plus importans de sa vie*; Paris, 1822, in-8, t. II, p. 174, à la date du 22 août 1817. — Une note de police de la Restauration annonce, en ces termes, la parution de l'ouvrage d'O'Meara :

Avis particulier à M. le chef de la police centrale

27 septembre 1822.

« Depuis quelques jours on parle beaucoup dans le public d'un ouvrage nouvellement mis en vente, ayant pour titre *Napoléon en exil*, ou *l'Echo de Sainte-Hélène*, par Barry E. O'Meara, imprimerie de Chantepie, deux volumes in-8. Depuis les coteries de salon jusqu'aux réunions d'estaminet, cet ouvrage est l'objet des conversations ; et malgré la divergence des opinions politiques, on est d'accord sur ce point que cette nouvelle production n'a pour but que de réveiller chez les uns et entretenir chez les autres des sou-

Ce n'est point là l'unique fois où il tient ce langage, car, dans « l'étrange lettre (1) » adressée, en 1818, par Gourgaud à la grande-duchesse de Parme, le général dit : « Dans ses moments d'angoisse, lorsque pour lui donner quelques consolations nous lui parlions de vous, souvent il nous a répondu : « Soyez bien persuadés que si mon épouse ne fait aucun grand effort pour alléger mes maux, c'est qu'on la tient environnée d'espions qui l'empêchent de rien savoir de tout ce qu'on me fait souffrir, car Marie-Louise est la vertu même (2). » D'ailleurs, n'est-ce point là, mot pour mot, le langage tenu à l'île d'Elbe et pendant les Cent-Jours, le langage officiel de l'Empereur, pourrait-on dire ? Cette indulgence, il l'étend jusqu'à l'empereur François. Pas une seule fois il ne proteste avec violence contre « ce beau-père qu'il a vu, comme il le dit à l'amiral Malcolm, vingt fois à ses pieds (3) », et qui laisse au czar

venirs favorables de Bonaparte dans les intérêts de son fils. Cet ouvrage est mis en étalage dans beaucoup de magasins de librairie, notamment rue de Richelieu, n° 93. »
Cette note figure dans *Le Livre noir de messieurs Delavau et Franchet, ou répertoire alphabétique de la police politique sous le ministère déplorable; ouvrage imprimé d'après les registres de l'administration, avec une table générale des noms; précédé d'une introduction de M. Année*; Paris, 1829, in-8, t. III, pp. 301, 302.
(1) Frédéric Masson, *Autour de Sainte-Hélène*; première série ; Paris, 1909, in-18, p. 23.
(2) Henri Welschinger, *Le Roi de Rome...*; p. 237, donne à cette lettre la date du 29 août 1818. M. Frédéric Masson, au contraire, *Autour de Sainte Hélène*, première série...; p. 53, la date du 25 août 1818.
(3) Lettre du marquis de Montchenu, commissaire français à Sainte-Hélène, au duc de Richelieu ; Sainte-Hélène, 23 juillet 1816. — Georges Firmin-Didot, secrétaire d'ambassade, *La Captivité de Sainte-Hélène, d'après les rapports*

le soin d'être seul à demander du respect pour le prisonnier des oligarques (1). Il ne manque aucune occasion pour faire arriver en Europe le témoignage de sa tendresse fidèle et inébranlable. « Vous assurerez de mon affection ma bonne Louise », dit-il à O'Meara, au moment de son expulsion de Sainte-Hélène, par Hudson Lowe (2). Et de sa main, il écrit, toujours pour O'Meara : « S'il voit ma bonne Louise, je la prie de permettre qu'il lui baise les mains (3). » Et, en tête de son testament, aussitôt après les déclarations capitales, sur sa religion et son vœu national, il proclame solennement sa fidélité :

J'ai toujours eu à me louer de ma très chère épouse Marie-Louise ; je lui conserve jusqu'au dernier moment les plus tendres sentiments...

Et, de ses sentiments, par la chose qui lui est la plus chère et la plus tenace au cœur, il lui donne un éclatant témoignage :

... Je la prie de veiller pour garantir mon fils des embûches qui environnent encore son enfance (4).

---

inédits du marquis de Montchenu, commissaire du gouvernement du roi Louis XVIII dans l'île ; Paris, 1894, in-8, p. 63.

(1) « Seul entre tous les alliés, il [le czar Alexandre] désirait que l'on traitât l'Empereur avec bonté et surtout avec respect et avec les égards qui lui étaient dus. » JACQUES-SAINT-CERE et HANS SCHLITTER, Napoléon à Sainte-Hélène ; rapports officiels du baron Stürmer ; Paris, 1887, in-8, intr. XV.

(2) BARRY E. O'MEARA, Napoléon en exil ou l'Echo de Sainte-Hélène... ; t. III, p. 445.

(3) Reproduit en fac-simile en tête du t. I de Napoléon en exil.

(4) LAS CASES, Mémorial de Sainte-Hélène... ; t. IV, p. 640.

Il ne la juge donc point indigne de cette tâche sacrée, et après ce fils qui perpétuera son nom et sa dynastie, l'exemple de sa grandeur et de sa foi en la France, après lui, c'est elle qui a les legs particuliers les plus dignes : l'article 2 de l'état B du Testament lui donne les dentelles impériales, trésor de luxe rare et de somptueuse magnificence, et l'article 2 de l'état A, ordonne, en sa faveur, la remise d'un bracelet fait des cheveux de l'Empereur et fermé d'un cadenas d'or (1). Donc, jusque dans l'agonie et devant la postérité, il soutient son pardon. « Certes, dit avec raison un historien de la captivité, certes, si la femme de César a été soupçonnée, cela n'a pas été la faute de César (2). » Au surplus, ce qu'il peut, dans l'intimité de Longwood, laisser échapper de plaintes, n'est pas pour altérer l'image qu'il prétend léguer de sa femme à l'avenir.

Il ne parlera que de son « malheureux mariage », de la faute qu'il a commise, lui, en y apportant « un cœur trop bourgeois (3) », de la « grande bêtise » qu'il a faite. Mais celui qui rapporte le mot, ne le rapporte que par ouï-dire et devient suspect, par conséquent, en attribuant à Napoléon la phrase : « Marie-Louise m'a toujours porté malheur (4) ». Et, cepen-

(1) LAS CASES, *Mémorial de Sainte-Hélène...*; t. IV, pp. 651, 648.

(2) PHILIPPE GONNARD, professeur agrégé au lycée de Saint-Etienne, *Les Origines de la légende napoléonienne*; *l'œuvre historique de Napoléon à Sainte-Hélène*; Paris, 1906, in-8, p. 276.

(3) LAS CASES, *Mémorial de Sainte-Hélène...*; t. II, p. 661, à la date du 30 juin 1816.

(4) Rapport du marquis de Montchenu, cité par GEORGES FIRMIN-DIDOT, *La Captivité de Sainte-Hélène...*; p. 144.

dant l'Empereur sait; il sait depuis 1815, il connaît le rôle de Neipperg à Parme, et il en parle. Ces propos n'arrivent à nous que par le *Journal* de Gourgaud, et attestent du soin pris par le prisonnier à ne laisser consigner par Las Cases que « l'innocence » de Marie-Louise. Mais, une fois encore, l'épouse ne sera pas accablée. Elle l'a abandonné « parce que les circonstances avaient été trop fortes pour elle ». Elle est irresponsable : « Et puis son père a mis auprès d'elle ce polisson de Neipperg ». Mais ce Neipperg : « est-il joli homme au moins? » se demande l'entourage. Napoléon ne se prononce pas, toujours fidèle à la ligne de conduite tracée dès 1814 : « Elle a peut-être un amoureux? » N'est-ce point ce qu'il a demandé, « sur le ton de la plaisanterie », à Méneval revenu de Vienne, en mai 1815 (1) ?

Mais enfin, il meurt. Voyons la crise où sa mort jette la Cour de Parme et le dernier témoignage qu'on en peut tirer de la descente de Marie-Louise à la prostitution de ses plus radieux souvenirs. C'est le 19 juillet 1821, que, par la *Gazette du Piémont*, Marie-Louise apprendra la fin de la tragédie de Sainte-Hélène. Entre divers détails domestiques, elle en touche deux mots à son amie Victoire de Poutet, devenue comtesse de Crenneville :

Je suis à présent dans une grande incertitude : la *Gazette du Piémont* a annoncé d'une manière si positive la mort de l'empereur Napoléon qu'il n'est presque plus possible d'en douter : j'avoue que j'en ai été extrêmement frappé ; quoique je n'ai jamais eu de senti-

(1) Sur ce témoignage de Gourgaud, cf. PHILIPPE GONNARD, *Les Origines de la légende napoléonienne...* ; p. 332.

LE GÉNÉRAL BERTRAND

A MONSIEUR PERROTIN.

Paris, le 28 de Mai, 1833.

MONSIEUR,

J'AI oui dire que vous êtes d'une famille de magistrature et de gens de lettres. Ainsi vous lirez avec un esprit de justice la réclamation que j'ai l'honneur de vous adresser.

Les papiers publics ont annoncé une histoire de Napoléon que vous publiez, Monsieur, d'a-près des écrits de diverses personnes ; person-nes fort diverses assurément : gens de guerre, honnêtes écrivains, et libellistes diffamateurs. Il y a dans cette annonce erreur de fait en ce qui me concerne, erreur du moins jusqu'à présent ; et je saisis l'occasion de répéter, ce dont j'ai déjà informé le public : que depuis mon retour en Europe je n'ai fait imprimer, séparément ni en ment *vif d'aucun genre* (1) pour lui, je ne puis oublier qu'il est le père de mon fils, et que loin de me maltraiter comme le monde le croit, il m'a toujours témoigné tous les égards, seule chose que l'on puisse désirer dans un mariage de politique. J'en ai donc été très affligée et, quoiqu'on doit être heureux qu'il ait fini son existence malheureuse d'une manière chrétienne, je lui aurait cependant désiré encore bien des années de bonheur et de vie, pourvu que ce fût loin de moi. Dans l'incertitude de ce qui en est, je me suis établie à Sala, ne voulant pas aller au théâtre jusqu'à ce qu'on sache quelque chose de sûr (2).

Au reste, sa coquetterie de femme n'est pas tout à fait fâchée de ce deuil venu à propos, car « la chaleur commence à se faire sentir beaucoup, et avec elle les cousins, j'en ai tellement été piquée dans la figure que j'ai l'air d'un monstre et que je suis contente de ne pas devoir me montrer (3). » Le lendemain même elle est fixée sur la véracité de la nouvelle de la *Gazette du Piémont*. Le baron de Vincent, ambassadeur d'Autriche à Paris, lui annonce officiellement la mort. Tandis qu'à Vienne la Cour ne prend pas le deuil et court une grande chasse ce même jour (4), Neipperg, malgré son « opinion très prononcée contre Bonaparte (5) », prend les mesures

(1) Le passage est souligné dans l'original par Marie-Louise.
(2) *Correspondance de Marie-Louise...*; p. 226.
(3) *Correspondance de Marie-Louise...*; p. 226.
(4) *Souvenirs de la baronne du Montet...*; pp. 210, 211.
(5) Lettre de M. de Fontenay, chargé d'affaires de France à Florence, citée par HENRI WELSCHINGER, *Le Roi de Rome...*; p. 211.

convenables à Parme. Le 24 juillet, son journal officiel insère la note que voici :

Par suite de la mort du Sérénissime époux de notre auguste souveraine — arrivée à l'île de Sainte-Hélène le 5 mai dernier — Sa Majesté, les chevaliers et les dames qui composent le service intérieur de la cour, le personnel de la maison ducale et la livrée prendront le deuil pour trois mois, à commencer demain 25 courant jusqu'au 24 octobre prochain inclus. Le deuil sera divisé en trois classes du 25 juillet au 4 septembre, deuil de première classe ; du 5 septembre au 2 octobre, deuil de deuxième classe ; et du 3 au 24 octobre, deuil de troisième classe. Les obsèques se feront dans la chapelle contiguë à la résidence de la villa de Sala (1).

L'ordre de célébrer mille messes est donné. Les célébrants ne prononceront pas le nom de Napoléon, mais la clémence du Très Haut sera appelée sur « le Sérénissime conjoint de notre auguste souveraine », sur l'anonyme « serenissimo consorte della augusta sovrana ». Cette trouvaille diplomatique est l'œuvre de Neipperg.

Le jour même où il fait publier par la *Gazette de Parme* la note officielle, il écrit à Metternich pour s'en expliquer et souligner l'habileté de la phrase. Il est bon de remarquer que dans cette lettre il rappelle au chancelier que, depuis 1818, l'éventualité de la mort de Napoléon avait été prévue par le cabinet de Vienne (2). Puis, passant à sa phrase :

Ce qui offrait le plus de difficultés pour ménager,

(1) *Gazette de Parme*, mardi 24 juillet 1821. — Docteur Max Billiard, *Les Maris de Marie-Louise...*; pp. 144, 145, 146.
(2) « Les arrangements pour le deuil que Sa Majesté prendra avec les personnes attachées au service intérieur de la

comme c'était indispensable, la délicatesse naturelle de Sa Majesté et pour ne point heurter cependant les principes adoptés généralement à l'égard du défunt, était sans doute la manière d'insérer sa mort dans la *Gazette* et de motiver le deuil de Sa Majesté et sa maison. J'espère que le biais que j'ai cru devoir adopter *sans faire mention des titres d'Empereur, d'ex-Empereur, ou des noms de Bonaparte ou de Napoléon*, inadmissibles en tout cas et qui auraient froissé la cour de Sa Majesté ou les principes de politique en vigueur, ne sera point condamné par Votre Altesse. Le mot de *Serenissimo* est dans la langue italienne encore plus générique que dans toutes les autres et s'adresse indifféremment à chaque gradation princière ; c'est la raison qui m'a engagé à le proposer à Sa Majesté pour l'insertion de l'article officiel dans la *Gazette de Parme* dont Votre Altesse trouvera un exemplaire ci-joint.

Ce sont ensuite quelques détails sur la cérémonie qui sera célébrée dans une stricte intimité :

Les obsèques et les vigiles auront lieu le 3o et le 31 de ce mois dans la chapelle du palais de Sala, qui sera à cet effet, tendue en noir ; sur le sarcophage, il n'y aura aucune espèce d'emblème, et on n'y invitera que les personnes attachées au service intérieur de la maison de Sa Majesté. Mme l'archiduchesse, quoiqu'elle ait été très affectée de tous ces événements, continue cependant à jouir d'une bonne santé (1).

Cour, sa maison et sa livrée, à commencer de demain 25 du courant, étaient ce qu'il y avait de plus difficile, les formes en ayant été de plus fixées à peu près il y a trois ans avec Votre Altesse même. » Neipperg à Metternich ; Sala, 24 juillet 1821. — Docteur MAX BILLIARD, *Les Maris de Marie-Louise...* ; p. 145.

(1) Lettre de Neipperg à Metternich ; Sala, 24 juillet 1821. Docteur MAX BILLIARD, *Les Maris de Marie-Louise...* ; p. 146.

« A combien de gloires cette femme doit-elle survivre ? La honte ne tue donc pas ? » s'exclamait véhémentement un bonapartiste du règne de Louis-Phi-

« S'il voit ma bonne Louise, je la prie de permettre qu'il lui baise
« les mains. Le 25 juillet 1818. NAPOLÉON. »

Billet remis par Napoléon à son médecin O'Meara,
lors du départ de ce dernier de Sainte-Hélène.

lippe (1). L'ex-Impératrice, au contraire, se portait
à merveille. Elle apporte elle-même, sur ce point, un
précieux témoignage, par la lettre que voici, capitale

(1) P. FRANC. LECOMTE (de la Marne), *Histoire de Napoléon II,
né roi de Rome, mort duc de Reichstadt, faisant suite à toutes
les histoires de Napoléon*; Paris, 1842, in-8, p. 155.

pour la biographie des méprisables années de son renoncement. Le document complète à merveille les pièces de la crise ouverte à Parme par la mort du « sérénissime époux », le conjoint in partibus de Mme Neipperg. C'est à son oncle, le grand-duc de Toscane, qu'elle fait les confidences qui éclairent sa mentalité :

> Mon très cher oncle,
>
> Vous devez me pardonner si je ne vous ai pas écrit depuis quelque temps, mais j'ai eu tant d'occupations de tous genre, que je n'ai pas eu un moment de temps à moi, mais cela ne m'empêche pas de m'occuper en pensée beaucoup de vous, mon cher oncle, et d'apprendre avec bien du plaisir que vous continuez à jouir d'un bonheur parfait dans votre intérieur. Je connais trop l'amitié que vous avez bien voulu me montrer en toute occasion pour ne pas être persuadée que vous avez pensé à moi à l'occasion de l'événement qui vient d'avoir lieu et qui m'a encore frappé davantage parce que je l'ai appris par les feuilles publiques.
>
> J'ai fait en cette occasion tout ce que mes devoirs envers le père de mon enfant (dont je n'ai jamais eu à me plaindre personnellement) me prescrivaient sans froisser toute la minutie des intérêts politiques et ma conscience est tranquille. Ma santé en a été un peu altérée dans les premiers instants; maintenant elle commence à se remettre. J'avoue que ce qui m'a fait le plus profond chagrin dans cette circonstance, c'est que je n'ai pas eu la moindre nouvelle ni officielle (1), ni aucune lettre amicale, ni confidentielle de Vienne,

(1) Répétons ici que, le 20 juillet 1821, le baron de Vincent, ambassadeur d'Autriche, à Paris, avisait Marie-Louise du décès de l'Empereur.

seule voie par où cela pouvait me parvenir d'une manière sûre. J'avoue que je m'attendais à plus d'intérêt et d'amitié de ce côté et cela m'a donné un coup bien cruel en démontrant combien peu on pouvait souvent compter sur tous les siens et cette douleur pourra seule être effacée par le temps. Pardonnez-moi, mon cher oncle, si je vous ennuie de tout cela, mais j'avais besoin d'épancher mon cœur à quelqu'un, et je sais si bien que je peux compter sur tout l'intérêt du vôtre. J'avoue que je me suis permis de gronder un peu Léopold et Marianne de ne pas être passés par ici, mais ils couraient si vite pour échapper à la chaleur, ils m'ont promis de passer quelques jours chez moi au retour, ce qui me fait grand plaisir. Je suis à présent pour un mois confinée dans la solitude, à moins que le Roi et la Reine de Sardaigne ne viennent m'en tirer, mais je ne m'en trouve pas mal. Je fais de longues promenades qui font beaucoup de bien à ma santé et la contrée est si belle ici que je fais tous les jours de nouvelles excursions. Je ne perds pas pour cela l'espoir d'avoir le bonheur de vous voir, mon cher oncle, je compte faire un tour dans les montagnes du duché vers le 10 de septembre et si je ne vous dérange pas, ce que je vous prierai de me dire franchement, je viendrai le 18 ou le 19 à Florence pour y passer une quinzaine de jours avec vous. Si je ne vous dérange pas à cette saison, je serai bien, bien heureuse de vous revoir après deux années d'absence, et cette idée m'est si consolante que je crains toujours encore que ce ne soit un songe. Je me réjouis tant de revoir aussi tous les vôtres à qui je vous prie de dire mille amitiés de ma part et de faire la connaissance du petit de Thérèse. J'attends votre réponse, mon cher oncle, pour faire mes projets ultérieurs pour le voyage et espère que vous me traiterez tout à fait comme de votre famille sans vous déranger le moins du monde.

Veuillez croire au tendre attachement avec lequel je serai toute ma vie,

Mon très cher oncle

Votre très attaché (*sic*) nièce

Louise (1).

Parme (2), ce 2 août 1821.

Donc elle a fait son devoir, sa « conscience est tranquille ». Bien. Qu'elle accouche. C'est ce qu'elle fait, sept jours plus tard, en donnant le jour à ce fils qui mourra fou, près de Schœnbrunn. Cependant elle n'en a point fini avec le « sérénissime conjoint ». Les fidèles de Sainte-Hélène sont revenus en Europe, avec le Testament et les objets mobiliers de la succession de Napoléon. Dans les clauses qu'ils ont à exécuter, figure celle de la remise du bracelet, des cheveux et des dentelles impériales, à Marie-Louise. Le valet de chambre Marchand les met à sa disposition. Elle n'entend point le recevoir. Que Marchand s'adresse à l'ambassadeur et fasse parvenir les objets par la voie officielle. Mais voici une autre alerte. Antommarchi qui, à Sainte-Hélène, a procédé à l'autopsie du cadavre de l'Empereur, vient porter à Parme, paraît-il, le cœur du mort (3).

(1) *L'Intermédiaire des chercheurs et curieux*, vol. LVI, n° 1157, 20 août 1907, col. 269, 270.

(2) L'éditeur a fait suivre cette indication de lieu d'un point d'interrogation. Observation prudente, car ce n'est évidemment point à Parme que la lettre fut écrite, le texte le prouve en parlant des promenades de la grande-duchesse. C'est Sala qu'il faut lire. La lettre du 24 juillet, de Neipperg à Metternich, prouve qu' cette date à la Cour de Parme était déjà installée dans cette résidence d'été où, au surplus, fut célébrée la cérémonie des obsèques de Napoléon.

(3) Voici ce que dit, à ce propos, Antommarchi : « La

Aussitôt la grande-duchesse s'alarme. Elle ne veut point que Parme devienne un lieu de pèlerinage, « ce qui me serait extrêmement désagréable dans ma situation ». L'alerte est courte. Il devient certain, bientôt, que le cœur de Napoléon est demeuré à Sainte-Hélène, dans la fosse humide de la vallée du Géranium.

Antommarchi, cependant, avait, en Italie, commencé à faire sa tournée auprès des Bonaparte proscrits. Il ne se loue que de sa visite à Madame mère et à Lucien, y ayant, vraisemblablement, recueilli quelques subsides. A Florence, Louis, malade, tout à sa douleur (1), ne l'avait point reçu. « Il refusa sa porte au pauvre Antommarchi venu tout exprès pour lui rendre compte des derniers moments de son frère », écrit assez ingénument Iung (2). Antommarchi se contente de dire : « Il était trop affligé pour me recevoir (3). » De fait, Louis avait raison de se défier de cette manière de maître chanteur (4).

caisse qui devait recevoir l'empereur, était arrivée, je fus obligé d'y mettre le cœur et l'estomac. Je m'étais flatté de les transporter en Europe ; mais toutes mes démarches furent inutiles : j'eus la douleur d'être refusé. Je laissai le premier de ces organes dans le vase qui l'avait d'abord reçu, et mis le second dans un autre vase de même métal et de forme cylindrique, qui servait à serrer l'éponge de Napoléon. Je remplis l'un, celui qui contenait le cœur, d'alcohol ; je le fermai hermétiquement, je le soudai, et les déposai l'un et l'autre aux angles du cercueil. » Docteur F. ANTOMMARCHI, *Derniers momens de Napoléon ou complément du Mémorial de Sainte-Hélène* ; Bruxelles, 1825, in-18, t. II, p. 170.

(1) Baron LARREY, *Madame Mère...* ; t. II, p. 263.

(2) TH. IUNG, *Bonaparte et son temps...* ; t. III, p. 339.

(3) F. ANTOMMARCHI, *Derniers momens de Napoléon...* ; t. II, p. 230.

(4) M. FRÉDÉRIC MASSON, *Autour de Sainte-Hélène* ; première

Le 15 octobre 1821, Antommarchi arrive à Parme
et se fait présenter à Neipperg par le chevalier Rossi,
major des dragons (1). Neipperg montra de l'intérêt
au récit du médecin. Il apprit ainsi qu'il venait réclamer de Marie-Louise l'exécution d'un soi-disant
legs fait par Napoléon mourant en faveur de lui, Antommarchi. Prévenue, Marie-Louise se garda bien
de recevoir le médecin. Elle lui fit donner une bague,
et ce fut tout (2). Ce refus de la grande-duchesse,
une fois encore est significatif. Sans doute, c'est
avec raison que M. Frédéric Masson conteste la validité et la légalité du prétendu legs (3), mais au moment où Antommarchi le réclame, elle l'ignore, elle
ne sait rien. Elle le repousse donc à priori, sans informations, sans examen, et uniquement parce que
c'est l'écho de la voix de Sainte-Hélène qui lui arrive.
Cet homme qui a vu l'agonie de son mari, elle n'a
pas un seul instant le désir de le voir et de l'entendre, de le questionner. Mais elle est malade, souf-
frante, couchée, hors d'état « de vous recevoir », dit
Neipperg à Antommarchi. Neipperg exagère, puisque le soir même le médecin aperçoit la grande-
duchesse au théâtre, dans sa loge, à la représenta-
tion de *Cenerentola* (4).

série; pp. 308, 309, a publié une lettre d'Antommarchi à
Madame Mère, concluante sur ce point de sa moralité.

(1) F. ANTOMMARCHI, *Derniers momens de Napoléon...*; t. II
p. 226.

(2) Cf. le récit de cette entrevue dans F. ANTOMMARCHI,
Derniers momens de Napoléon...; t. II, pp. 226, 227, 228, 229.

(3) FRÉDÉRIC MASSON, *Autour de Sainte-Hélène*; première
série; p. 293 et suiv.

(4) Le baron LARREY, *Madame Mère...*; t. II, p. 263, ayant
mal lu Antommarchi, a cru que le médecin était venu à

La comète de 1811 attire l'attention de la famille impériale.
(Caricature de l'Anglais Elmès, publiée en 1811.)

En revanche, Marie-Louise prit un intérêt plus vif aux fonds de la succession de son mari. Ces fonds, on le sait, étaient en dépôt à Paris, chez le banquier Laffitte. Elle fit prier, par Neipperg, Metternich, de s'opposer au versement de ces fonds entre les mains des exécuteurs testamentaires (1). C'était l'argent des veuves de la Grande-Armée, des mutilés et des invalides des dernières guerres impériales, des orphelins des soldats de l'Empereur, l'or que, du rocher de Sainte-Hélène, il avait donné aux humbles et aux fidèles. Par voie judiciaire Marie-Louise en espérait le recouvrement (2). Par contre, elle refusait de rendre compte des deux millions emportés par elle à Blois, en 1814, et dont, par le codicille du 24 avril 1821, de son testament, Napoléon avait disposé en faveur des gens de sa Maison, des habitants de Brienne-le-Château ruinés par l'invasion, et des officiers et soldats encore vivants, du bataillon sacré de l'île d'Elbe.

Marie-Louise regardait « au-dessous de sa dignité de jamais rendre compte de l'emploi d'une somme aussi peu importante (3) ». L'argent, c'était tout ce qu'elle réclamait. Elle n'éleva jamais une réclamation à l'égard des souvenirs de l'Empereur destinés à son

Parme pour annoncer à la grande-duchesse la mort de Napoléon, et que, le soir, au théâtre, elle ignorait encore cette mort. « Un pareil oubli de son devoir, dit-il, eût été un opprobre pour Marie-Louise, si on ne pouvait supposer qu'elle ignorait encore être veuve de Napoléon. » Est-il besoin de répéter ici que, lors de la venue d'Antommarchi, Marie-Louise connaissait, depuis plus de trois mois, le décès de l'Empereur ?

(1) Henri Welschinger, *Le Roi de Rome...*; p. 279.
(2) Henri Welschinger, *Le Roi de Rome...*; p. 280.
(3) Henri Welschinger, *Le Roi de Rome...*; p. 281.

fils (1). La mort du Roi de Rome régla — du moins pour elle — les difficultés de la succession. Le 21 juin 1833, elle y renonçait par acte transmis à Metternich, renouvelé, le 12 mars 1837, entre les mains de M⁰ Porcher de Lafontaine, avocat de la Cour royale de Paris, pour être produit devant telle juridiction qu'il appartiendrait (2).

Elle avait fini par reculer devant le beau spectacle, encore inconnu au monde, de la veuve lacérant le testament de son mari.

*
* *

Une charge vivante lui en demeurait cependant : Son Fils, leur Fils. Il est vrai qu'il était à Vienne,

(I) *Le général Bertrand à Monsieur Perrotin*; s. l. [Paris]; Techener, libraire place du Louvre, n° 12 ; veuve Porthmann, imprimeur, rue Sainte-Anne, n° 43 ; s. d. [mai 1833], in-4, p. 2. — Sur la destination à donner aux armes de Napoléon après la mort de son fils, voyez : *L'Epée de Napoléon; mémoire à consulter, par M⁰ Patorni, suivi des consultations de M⁰ˢ Odilon Barrot, Pailliet, Ph. Dupin, Plougoulm, Lacoste, Chaix d'Est-Ange, Roque, Crémieux, Coffinières, Delangle, Moulin, Lacoin, Hennequin, Colmet d'Aage, Barroche, Jollivet, Franque, Crousse, Dupont, Boudet, Conflans, Routhier, Marie, Lafargue, Frederich, avocats à la Cour de Cassation et à la Cour royale de Paris ; et Parquin, bâtonnier de l'ordre des avocats, avec la réponse de Joseph-Napoléon Bonaparte*; Paris, 1833, in-8, brochure rééditée plus tard sous le titre : *Les Armes de Napoléon, documents authentiques et complémentaires des titres de la dynastie napoléonienne, démontrant la légitimité nationale de l'Empire, par la consultation signée des noms les plus illustres du barreau français*; Paris, 1868, in-4.

(2) Frédéric Masson, *Autour de Sainte-Hélène*; première série, p. 308. — Sur la succession de Napoléon, voyez les documents importants publiés par A. du Casse, dans son ouvrage sur *Le général Arrighi de Casanova, duc de Padoue*; Paris, 1866, in-8, t. II, pp. 322 et suiv.

sous la sauvegarde des aigles bicéphales, et que ses soins à son égard étaient tout épistolaires. L'enfant, élevé par des Autrichiens, loin de Parme, fut sans doute longtemps à ignorer la vérité sur les relations de sa mère et de Neipperg ; on peut même se demander s'il la soupçonna jamais ?

En effet, on le voit en cordiales relations avec le borgne, l'appeler « cher monsieur le comte », au début de leurs relations (1), « mon général », plus tard, après son incorporation dans les Kaiser Jaëgern (2), et écrire, un jour à son professeur Foresti, que Neipperg lui a « toujours prodigué les marques de sympathie (3) ». On est loin ici de ces imprécations contre « l'ombre abhorrée du comte de Neipperg », que lui attribuent les fabricants de romans de sa plaintive légende (4). Répétons-le : se douta-t-il jamais de rien, le jeune homme qu'on voit écrire à l'amant de sa mère : « Je vous envie bien plus que jamais le bonheur d'être si près de ma mère (5) ? »

(1) Tristan Legay, *Quelques lettres du duc de Reichstadt* ; *Revue Bleue*, 24 mars 1900, p. 364. — Lettre datée de Vienne, 24 octobre 1826. Cet article donne la traduction de quelques lettres du duc de Reichstadt publiées par M. Edouard Wertheimer, dans la *Neue freie Presse*, de Vienne.

(2) Lettre de Schoënbrunn, 22 septembre 1827. — Tristan Legay, *Quelques lettres du duc de Reichstadt* ; *Revue Bleue*, p. 364.

(3) Lettre du 18 août 1828. — Tristan Legay, *Quelques lettres du duc de Reichstadt* ; *Revue Bleue*, p. 365. — Sur Foresti, voyez notre volume *Le Roi de Rome et les Femmes* ; Paris, s. d. [1910], in-8. p. 45.

(4) Guy, de l'Hérault, *Histoire de Napoléon II, roi de Rome* ; *suivie du Testament politique de Napoléon Ier (manuscrit venu de Sainte-Hélène)* ; Paris, 1853, in-8, p. 174.

(5) Lettre du 16 décembre 1826. — Tristan Legay, *Quelques lettres du duc de Reichstadt* ; *Revue Bleue*, p. 364.

Et, dès lors, ne doit-on pas accueillir avec circonspection la phrase que rapporte de lui son confident Prokesch : « Elle n'était pas la femme que mon père méritait (1) ? » A moins que, après la mort de Neipperg, la vérité sur le roman adultère vécu à Parme, ne lui ait été révélée. Et, dès lors, on conçoit le peu de goût de la mère à parler de son fils, son soin à écarter son nom des conversations. Chateaubriand qui, du temps du Congrès de Vérone, fut à Parme, note qu'au cours de la visite qu'il fit à la grande-duchesse, « elle prononça quelques mots légers, et en passant, sur le Roi de Rome ». Il est vrai qu'il ajoute aussi, en correctif ou en explication : « Elle était grosse (2). »

A l'orphelin, qu'il a contribué à faire du duc de Reichstadt, on constate avec surprise que Neipperg n'est pas hostile. Il semble même, au contraire, lui porter une sympathie plus démonstrative, plus affectueuse que la mère. Le borgne, sur le tard, a-t-il pris conscience de la bassesse de son rôle envers le père, et, auprès du fils, tente-t-il de le racheter par des complaisances cordiales ou d'amicales attentions ? Où, homme simplement, père lui-même, est-il pris au cœur par le spectacle de cette pitoyable infortune orpheline ? Pour se prononcer, il faudrait avoir à juger des faits plus positifs. Mais, dans l'instant, on voit l'amant de Marie-Louise rappeler au fils le souvenir de son père, de ce père qui, par le martyre, a

(1) HENRI WELSCHINGER, *Le Duc de Reichstadt, d'après des notes inédites du chevalier de Prokesch-Osten*; *Le Correspondant*, 25 avril 1906, p. 703.
(2) Cité par HENRI WELSCHINGER, *Le Roi de Rome...*; p. 291.

cru lui conserver une couronne (1). Il le pousse à étudier le français, à se perfectionner dans la langue qui fut celle du Héros assassiné par les oligarques. Et l'enfant lui répond :

Je vous remercie infiniment, mon général, de vos conseils concernant la langue française. Vous ne les aurez pas semés sur une terre inculte, ni ingrate. Tous les motifs imaginables doivent m'inspirer le désir de m'y perfectionner et de pénétrer les difficultés d'une langue, qui est devenue à ce moment-ci la plus essentielle de mes études, puisque c'était elle dont mon père s'est servi pour commander dans toutes ses batailles où il a glorifié son nom, et dans laquelle il nous a laissé le souvenir le plus instructif dans ses mémoires incomparables sur l'art de la guerre, et parce que c'est sa volonté, qu'il a exprimée jusqu'à ses derniers moments, que je ne doive méconnaître la nation entre laquelle je suis né (2).

(1) Comte DE MONTHOLON, *Récits de la captivité de l'empereur Napoléon à Sainte-Hélène*; Paris, 1847, in-8, t. I, p. 286.
(2) Lettre datée de Schoënbrunn, 22 septembre 1827. — TRISTAN LEGAY, *Quelques lettres du duc de Reichstadt*; *Revue Bleue*, p. 365. — Quelques mois auparavant, de Vienne, le 19 décembre 1826, le duc de Reichstadt écrivait une lettre dans le même sens à sa mère. « Je vous promets, disait-il, de remplir dorénavant mes devoirs avec plus d'exactitude que dans le temps passé, et pour vous dire que j'accomplirai toutes mes promesses verbales, surtout celle que je vous ai faite aux derniers moments de notre séparation à Gmunden, de vous écrire aussi souvent que j'apprendrai quelques nouvelles qui peuvent vous intéresser, et, comme celles qui concernent la famille vous sont les plus chères, je me hâterai de vous les rapporter aussitôt, sans même en instruire le comte de Dietrichstein, de peur qu'il ne me prévienne. Je cherche à surmonter la répugnance que j'éprouve quand il s'agit d'écrire une lettre surtout française. Je connais la préférence que vous donnez à cette langue, et la

Lignes troublantes sous une telle main ! Elles sont, pour Neipperg, le certificat d'un sentiment qu'il faut à la vérité et à la justice de consigner.

Mais c'est, en même temps, un muet réquisitoire contre la mère qui, descendue à la paresse de sa volupté nonchalante, a laissé à son amant le soin et le devoir d'entretenir au cœur du fils exilé, la noble flamme du souvenir paternel et des grandeurs de ses espérances.

nécessité de la savoir ; cela suffit pour m'encourager de vous écrire désormais en français. » *Revue des autographes, des curiosités de l'histoire et de la biographie* ; n° 156, juin 1893, pièce n° 196, offerte à 325 francs.

IV

LA FIN DU « TERRIBLE MASLE »

Pendant treize ans, sans complications, unie, pacifique, paresseuse, se traîna la vie de Neipperg à Parme. Il avait pris son parti de cette retraite amoureuse, de cette mise à la demi-solde du libertinage. La cinquantaine avait à présent sonné pour lui et de la vie il n'avait plus rien à attendre. Ses destins étaient achevés. Il regrettait peut-être maintenant de les avoir écartés des hauts sommets où ils eussent pu monter. Mais quels vieillards ne gémissent pas sur le passé ? Jusqu'en 1828 sa santé avait été parfaite. Au mois de juillet de cette année il la sentit, brusquement, fléchir. Il lui parut que le cœur était attaqué. A l'examen, le docteur Aglietti, spécialiste des maladies de cœur, mandé de Venise, lui trouva des troubles cardiaques (1). Cela ne parut point, momentanément, tirer à conséquence, car le mois

(1) Docteur MAX BILLIARD, *Les Maris de Marie-Louise...*; p. 173. — Méneval commet donc une erreur en écrivant, dans la *Revue Britannique*, février, 1829, p. 338, que ce fut au cours de son voyage à Vienne que Neipperg ressentit les premières atteintes de la maladie.

J'ai été bien aise de recevoir de vos nouvelles, et d'apprendre que votre santé s'est améliorée. Mon fils à beaucoup grandi et j'ai eu lieu d'être très contente de la réussite de son éducation. Recevez l'assurance de tous mes sentiments d'estime et de considération

Parme le 22 Octobre
1826

Votre affectionnée
Marie Louise

Lettre autographe de Marie-Louise, devenue duchesse de Parme,

suivant, il partait avec Marie-Louise pour Vienne.
Ce fut pendant ce séjour que la grande-duchesse
décida l'Empereur, son père, à créer le duc de
Reichstadt, capitaine du régiment des chasseurs impériaux (1). Au début d'octobre, le borgne et sa maîtresse se remettaient en route pour Parme. Soudain
une nouvelle crise cardiaque interrompit le voyage.
Aux environs de Turin, à Aglié, Neipperg fut forcé
à s'arrêter. Le roi de Sardaigne lui offrit son palais
d'été. Le général y demeura quelques jours, d'heure
en heure plus gravement malade. On était forcé de
le dresser pour faciliter sa respiration. Trois médecins étaient accourus. Ils pratiquèrent force saignées
inutilement. Neipperg suffoquait. On crut à sa mort
prochaine. Le 12 octobre on décidait de le transférer
à Turin, en litière. « On assure, dit Méneval dans
son article nécrologique, que l'antipathie du souverain, autant que la règle du palais avait rendu nécessaire son éloignement (2). » De Turin on le mena à
Parme. Le 29 octobre il rentrait, fort mal en point,
au palais ducal. Le mieux qu'il avait ressenti, en y
arrivant, ne subsista guère. On le traitait toujours
par les saignées, accompagnées de quinine et d'extrait de suie (3). Au mois de décembre il était au
plus bas. La cardiopathie aortique suivait son cours
avec de brèves accalmies, de courtes heures de dé-
tente.

(1) Voyez les circonstances de cette nomination dans la
lettre du 18 août 1828, du duc de Reichstadt à Foresti, publié par Tristan Legay, *Quelques lettres du duc de Reichstadt*; *Revue Bleue*, 24 mars 1900, pp. 375, 366.
(2) *Revue Britannique*, février 1829, p. 338.
(3) « Employé alors comme antifébrile et antispasmodique.»
Docteur Max Billard, *Les Maris de Marie-Louise...*; p. 178.

Ce ne fut point long toutefois. Dans la première quinzaine de février 1829, tout espoir semblait perdu. A en croire un plat écrivain du second Empire, plein de bonne volonté et de fantaisie, ce fut ce moment que choisit Marie-Louise pour courir les spectacles. « La veille de la mort de M. de Neipperg à Parme, dit-il péremptoirement, elle se montrait au théâtre, sachant pourtant, comme tout le monde, qu'il était à l'agonie (1). » On peut disculper ici la femme du borgne : ce ne fut que cinq mois après la mort de Neipperg qu'elle retourna au théâtre pour entendre la Pasta (2). Il est vrai, cependant, qu'alors elle se déclarait « inconsolable à tout jamais » et qu'elle semblait avoir, éternellement, renoncé aux plaisirs terrestres. Neipperg agonisant, elle demeura fidèlement à son chevet, se sentant « peu à peu mourir avec cette vie (3) », préférant la mort à cette existence lugubre et désespérée (4). Quelques jours plus tard, tout était fini. Le général tombé dans une sorte de léthargie s'en allait lentement. Dans la matinée du 22 février, son agonie s'achevait.

Trois jours plus tard, avec une pompe solennelle et archaïque, on procédait à ses funérailles. Toutes les cloches gémissaient leur glas aux églises de Parme, tandis que le char funèbre roulait, lente-

---

(1) Guy, de l'Hérault, *Histoire de Napoléon II, roi de Rome...*; pp. 115, 116.

(2) Lettre à Victoire de Poutet ; Sala, 11 juillet 1829. — *Correspondance de Marie-Louise...*; p. 257.

(3) Lettre de Marie-Louise à son père ; Parme, 26 décembre 1828. — Citée par le docteur Max Billard, *Les Maris de Marie-Louise...*; p. 178.

(4) Lettre à Victoire de Poutet; Parme, 20 janvier 1829. — *Correspondance de Marie-Louise...*; p. 251.

12.

DE L'HOMME.

Frontispice d'un recueil de chansons populaires
sur le Roi de Rome.

ment, entre les trente-six torches fumantes dont l'encadraient les valets de pied de la Maison.

Les tambours voilés de crêpe réglaient la marche des dragons et des soldats de la grande-duchesse. Et, c'étaient dans le sillage du char, l'évêque avec sa mitre, le clergé sous ses camails, les magistrats avec l'hermine de leurs robes, les dignitaires avec l'or de leurs broderies, le défilé des corps du duché sous le ciel fin et délicat de la belle journée printannière. Le lendemain une messe solennelle termina les cérémonies, tandis qu'on égorgeait aux mânes du héros borgne, suivant l'us allemand, son cheval de bataille (1). Sous les dalles de l'église Saint-Paul le cercueil fut descendu. Le sculpteur Lorenzo Bartolini y devait ériger, au prix de 120.000 francs, un monument triomphal aujourd'hui transporté dans l'église de la Steccata. On y voit une déesse de marbre chanter sur la lyre à la triple corde les hauts faits de celui dont Metternich fit son « grand agent de séduction ». Un jeune héros nu y incline vers la terre sa torche éteinte, devant une stèle gravée de la couronne comtale et sommée du médaillon du borgne. Ce beau monument du mauvais goût atteste de l'éclat du désespoir qui le fit élever.

La duchesse était inconsolable. « Pour remplir le vide que cette perte lui laisse, elle s'entoure des souvenirs de celui qu'elle ne cesse de pleurer (2). » Au cou elle portait un médaillon à miniature, avec l'œil du général (3). C'était un souvenir de Jemmapes.

(1) Docteur Max Billiard, *Les Maris de Marie-Louise...*; p. 183.
(2) Baron de Méneval, *Napoléon et Marie-Louise*; *Souvenirs historiques...*; t. V, p.168.
(3) *Testament de l'archiduchesse Marie-Louise*, article 33.

De lettre en lettre elle gémissait sur le « cher défunt » et d'un autre ton que sur le « sérénissime conjoint » de 1810 !

Ma chère Victoire, écrit-elle à Mme de Crenneville, le temps loin d'affaiblir mes regrets ne fait que les augmenter et j'ai bien moins pleuré au commencement que je ne le fais à présent journellement et chaque jour amène de plus douloureuses preuves. Je sais bien que tout mon bonheur est détruit à jamais, que pour que je connusse encore ce dernier, le chère défunt devrait revenir à la vie. Enfin, ma chère Victoire, j'ai beau me répéter qu'il est heureux, qu'il veille sur moi du haut du ciel, je ne puis me consoler.

Comme il a tort, le brave Méneval, d'ajouter foi à un on-dit, d'enregistrer d'après lui que Marie-Louise « ne regrette pas beaucoup au fond du cœur un joug qui lui pesait quelquefois (1) ! ». Il eût pu s'épargner le petit ridicule d'une contradiction et s'en tenir, avec beaucoup plus d'exactitude, à son autre jugement : « Elle paraît inconsolable de la perte qu'elle vient de faire (2). » Là, il disait vrai, du moins momentanément, car les désespoirs de Marie-Louise, en 1814 comme en 1829, durèrent tout juste le temps de tomber en d'autres bras.

*
* *

Ici peut se résumer le rôle de Neipperg dans la vie de la princesse impériale d'Autriche, et de défi-

(1) *Revue Britannique*, 1829, p. 347.
(2) Baron DE MÉNEVAL, *Napoléon et Marie-Louise*; *Souvnirs historiques...*; t. V, pp. 167, 168.

nir la responsabilité qui lui incombe dans cette éclatante trahison de la foi et du devoir conjugal.

Entre les mains du gouvernement autrichien, du père de Marie-Louise et du premier ministre de ce père, il n'a été qu'un instrument, mais un instrument conscient et soigneusement choisi. Il a exactement joué son rôle et satisfait à ce qu'on attendait de lui, au prix du déshonneur de la fille de son maître. Soldat, avant tout, mais doublé d'un diplomate expert aux finesses des missions, il a exécuté la lettre des instructions dont on ne lui avait donné que l'esprit. Il acheva l'arrachement de l'Impératrice à l'Empereur, la rendit à sa conscience autrichienne, à ses devoirs envers son père. Par la même occasion il prit la place du mari absent. Et ce fut tant mieux. Le cabinet de Vienne avait fait double coup : point de meilleur espion qu'un amant. Ce fut la garantie du règne à Parme, l'obstacle permanent dressé entre l'Italie et Sainte-Hélène. Un jour, il comprit, peut-être, l'ignominie de son rôle : sa conduite envers le duc de Reichstadt, quelques mots échappés de-ci, de-là, en attestent, peut-on croire. Mais alors il était trop tard. Au delà des océans le crime était consommé ; plus rien ne pouvait réparer l'énormité de l'attentat, l'horreur des moyens, l'infamie des résultats. D'en avoir assumé la part la plus louche, le rôle le plus bas, voilà la responsabilité de Neipperg. Il demeure, à sa décharge ce fait : la bonne volonté de Marie-Louise à y souscrire, à accepter ce « rufian de cour (1) », imposé par son père, admis

---

(1) HENRY HOUSSAYE, *Le Vol de l'Aigle*, conférence prononcée à la Société des Conférences le 20 mars 1908; *Revue hebdomadaire*, 28 mars 1908.

avec satisfaction par la coalition des rois. C'est le procès de ce consentement, de cette acceptation, que par menus faits, par mille preuves minimes et exactes, nous instruisons ici. Pas un seul instant on n'a pu noter chez elle un éveil, un sursaut de la conscience. Neipperg la révéla à ses instincts de soumission aveugle et paresseuse ; sortie de ses bras, elle était façonnée à l'habitude des chutes et, au lendemain de sa mort, elle était prête pour un nouvel amant. Grâce à Vienne, ce ne manqua point.

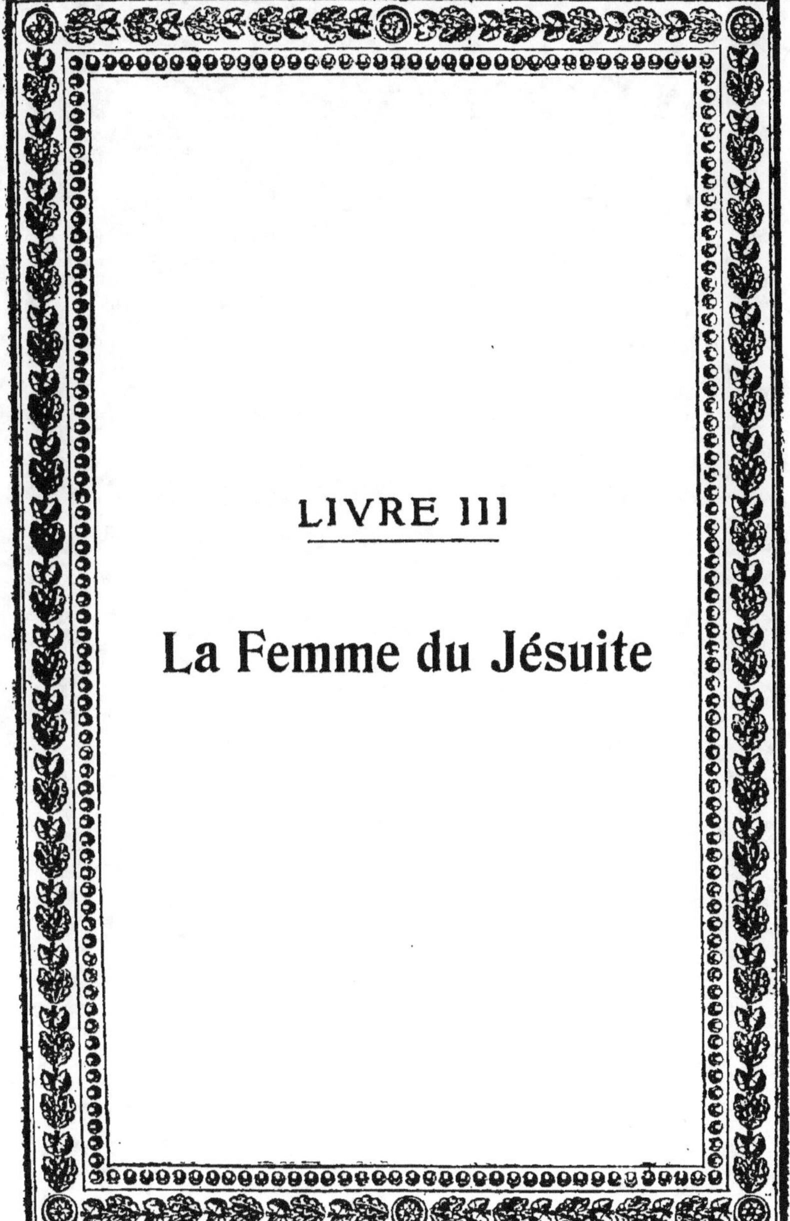

LIVRE III

La Femme du Jésuite

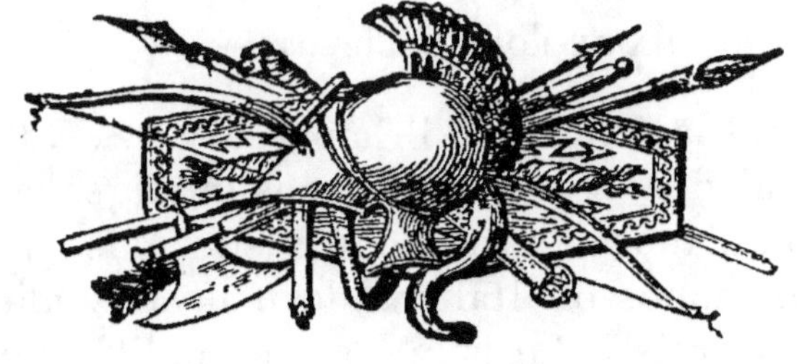

I

LOISIRS BADINS DE LA DÉVOTION

D'un si grand deuil, d'un désespoir aussi profond
que celui dont l'accable la mort de Neipperg, elle
cherche, naturellement, à se consoler. Voici, d'ailleurs, venir la belle saison, apportant la consolation
de ses voyages et de ses villégiatures. Aux Alpes,
Marie-Louise ira faire une cure d'air, de souvenir et
de calme. En juillet 1829, la chose est décidée, et,
vers la fin du mois, avec quatre voitures et un fourgon, on se met en route (1). Les rapports confiden-
tiels des préfets des départements limitrophes de la
Suisse nous donnent, sur ce voyage, de précieuses
indications. Grâce à eux nous savons que c'est sous
le nom de comtesse de Neipperg, en grand deuil,
avec un médecin et un général autrichien, que voyage

(1) Le préfet du Jura à M. Rives, conseiller d'État, directeur du personnel au ministère de l'Intérieur; Lons-le-Saulnier, 11 septembre 1829. — *Archives nationales*, série F⁷, carton 6993.

celle qui fut la femme de l'Empereur (1). « Elle est arrivée malade, dit un rapport sans indulgence, avec l'intention d'aller aux eaux d'Aix, suivie de vingt ou trente Allemands ou Italiens de mauvaise mine, et de deux ou trois bâtards (2). » Avec indifférence les Genevois ont vu arriver le piteux cortège de cette troupe (3). Ont-ils tenté, du moins, de la voir, d'entrevoir, au trot des voitures, les traits de celle dont la destinée fut si haute? Aucunement. Le préfet du Jura s'en est informé. « On a répondu qu'elle n'inspirait pas assez d'intérêt pour faire une pareille démarche; que son inconduite avait terni l'éclat de sa première position (4). »

Ce ton est celui de tous les rapports. On reconnaît que plus rien de français ne subsiste en cette voyageuse de tenue négligée, laide, insignifiante, qui s'installe au Grand-Saconnex (5), le 7 août, à six heures du soir, dans la propriété de M. de Budi-Boissy. Ce château, tout meublé, lui a été loué pour un mois,

(1) ROGNIAT, préfet de l'Ain, au ministère de l'Intérieur; Bourg, 11 août 1829. — *Archives nationales*, série F⁷, carton 6993.

(2) Le conseiller d'État, préfet du Bas-Rhin, au ministre de l'Intérieur; Strasbourg, 15 septembre 1829.— *Archives nationales*, série F⁷, carton 6993.

(3) ROGNIAT, préfet de l'Ain, au ministre de l'Intérieur; Bourg, 11 août 1829.—*Archives nationales*, série F⁷, carton 6993.

(4) Le préfet du Jura, au ministre de l'Intérieur; Lons-le-Saulnier, 21 août 1829. — *Archives nationales*, série F⁷, carton 6993.

(5) « Le Grand-Saconnex est une commune de l'État genevois, cédée par le traité de 1815, touchant aux communes françaises de Prevessin et Ferney, qui sont à l'extrême frontière. » ROGNIAT, préfet de l'Ain, au ministre de l'Intérieur. Bourg, 10 août 1829. — *Archives nationales*, série F⁷ carton 6993.

LETTRE

DE

MARIE-LOUISE,

EX-IMPÉRATRICE,

ARCHIDUCHESSE D'AUTRICHE, DUCHESSE DE PARME,

A

LOUIS-PHILIPPE,

ROI DES FRANÇAIS,

suivie

DU RETOUR DES FRANÇAIS BANNIS.

PARIS,

Chez J. L. BELLEMAIN, passage du Caire, n. 96.

1830

Brochure populaire publiée à l'occasion de la révolution
de juillet 1830.

au prix de 2.000 francs, dit le préfet de l'Ain (1), de 6.000 francs, rectifie le préfet du Doubs (2).

A l'annonce de cette arrivée, préfectures et ministères sont en rumeur. Que cache ce voyage? Avec quelles intentions Marie-Louise arrive-t-elle? On ne doute pas que la monarchie soit en péril. Et, aussitôt, la gendarmerie et les mouches de la police, tout comme en 1814, sont mis sur pied (3). Les départe-

(1) ROGNIAT, préfet de l'Ain, au ministre de l'Intérieur ; Bourg, 11 août 1829.— *Archives nationales*, série F⁷, carton 6993.

(2) ABEL JUIGNÉ, maître des requêtes, préfet du Doubs, au ministre de l'Intérieur ; Besançon, 18 août 1829. — *Archives nationales*, série F⁷, carton 6993.

(3) Sur la surveillance policière dont, en 1814, Marie-Louise fut l'objet, voici une curieuse lettre qui, adressée à Mme Récamier, fut interceptée par le Cabinet noir et copiée, pour être versée aux Archives du ministère des Affaires étrangères, volume France, pièce n° 675 : « Aix, Montblanc, 17 août 1814. — J'ai vu ici l'impératrice Marie-Louise qui y vit avec la plus grande simplicité : elle doit y demeurer encore quelque temps, car elle fait partir aujourd'hui un courrier pour Vienne dont elle attendra le retour. On dit généralement qu'elle ira d'abord en Autriche malgré le désir qu'elle avait manifesté d'aller à Parme. Elle est ici dans une position fort singulière et la police, comme tu penses bien, l'avait environnée. Il était venu, entre autres, un colonel de gendarmerie, mais elle leur a donné bien de la besogne, car elle court partout et il n'est pas de position qu'elle n'ait visitée ; un jour, entre autres, elle est montée sur la montagne de Mouchi où on ne parvient qu'après cinq heures d'une marche pénible ; on y va à cheval, mais il faut redescendre à pied, et cinq mortelles heures sont bien longues pour les petits souliers d'une archiduchesse. Celle-ci s'en est tirée à merveille, ayant toujours refusé les offres qu'on lui faisait de la porter. Cependant, quelqu'un qui l'accompagnait me disait que sur la fin de sa route, il lui échappait de temps à autre des soupirs de détresse. Je l'ai rencontrée hier. Il y a eu salut réciproque ; elle avait une redingote de cheval en drap bleu, un chapeau de paille d'Italie avec un gros panache blanc, des gants jaunes et des brodequins verts. Elle se porte beaucoup mieux qu'au mo-

ments voisins vont être surveillés avec zèle. Le commissaire de police, stationné dans le Jura, « redoublera de vigilance ». Tous les passeports seront examinés, scrutés, contrôlés. Les diligences seront arrêtées, leurs sacs de dépêches éventrés et vérifiés. Une manière de petite terreur va régner. Le 15 août, par une lettre confidentielle du ministère de l'Intérieur, les préfets de l'Isère, de l'Ain, du Doubs, du Rhône, du Jura et du Bas-Rhin, en recevront les détails minutieux. Mais on examinera surtout « si les troupes du Roi ne seroient pas travaillées par des factieux (1) ». N'est-ce pas à croire que la veuve de Neipperg s'en vient restaurer l'Empire ? Au début on n'en paraît pas douter, et, l'éveil donné, voici Marie-Louise sous l'œil de la police. Puérilité des craintes officielles ! Que la monarchie se rassure ! Au surplus, la conduite de Marie-Louise y va, exemplairement, tâcher. Quelques menus faits de cette villégiature démontrent que les espérances françaises ont, au reste, rompu définitivement avec elle. Elle n'évoque plus de souvenirs, elle n'entretient plus d'illusions. La « veuve d'Hector », cela ? Allons donc !

> *... Compagnonne*
> *Dont le menton fleurit et dont le nez trognonne.*

Les populations, alors qu'elles ne demeuraient pas indifférentes, s'en gaussaient. Ainsi le 9 août, quand elle fut visiter Ferney et assister à la fête du lieu, « elle a entendu des expressions fort énergiques sur

ment où elle a quitté la France. » ALBERTO LUMBROSO, *Napoleone II, studi e ricerche*; *parte prima*; Roma, MDCCCCII, in-18, pp. 198, 199.

(1) *Archives nationales*, série F⁷, carton 6993.

sa conduite », dit le préfet du Jura (1). Mais aussi :
« Elle a été reconnue par un officier en retraite qui
l'a nommée ; un mouvement de curiosité a réuni
autour d'elle une partie considérable de la population, mais bientôt des réflexions assez grossières sur
sa laideur actuelle et sur son nez, qui est bour-
geonné, ont suivi le premier mouvement de curiosité (2). »

Saluons ici l'accord des préfets. Unanimes à con-
stater l'indifférence ou l'hostilité de la foule (3), ils le
sont de même à signaler la déchéance physique de
la souveraine. Le « menton qui fleurit » et le « nez
qui trognonne » ne sont pas ici de vaines images:
« Sa figure est couverte de boutons », dit le préfet
du Jura (4). « Sa maigreur et l'altération de son
teint, aujourd'hui très couperosé, annoncent le mauvais état de sa santé », observe le préfet du Rhône (5).

(1) Le préfet du Jura, à M. Rives, directeur du cabinet
particulier du ministre de l'Intérieur ; Lons-le-Saulnier,
24 août 1829. — *Archives nationales*, série F⁷, carton 6993.

(2) ABEL JUIGNÉ, préfet du Doubs, au ministre de l'Intérieur ; Besançon, 18 août 1829. — *Archives nationales*, série F⁷
carton 6993.

(3) ROGNIAT, préfet de l'Ain, au ministre de l'Intérieur ;
Bourg, 15 août 1829. — *Archives nationales*, série F⁷, carton 6993·

(4) Le préfet du Jura, à M. Rives, conseiller d'État, directeur du personnel au ministère de l'Intérieur ; Lons-le-Saulnier, 11 septembre 1829. — *Archives nationales*, série F⁷, carton
6993.

(5) DE BROSSES, préfet du Rhône, au ministre de l'Intérieur ; Lyon, 19 août 1829. — *Archives nationales*; série F⁷, carton 6993. — Le 22 août le ministre félicitait le préfet sur ses
renseignements. « Je vous remercie, écrivait-il, des détails
intéressants que votre lettre du 19 de ce mois contient sur
le séjour de Mme la duchesse de Parme à Sacconex et
compte sur vos soins pour maintenir avec toute la discrétion désirable la surveillance qui a été recommandée. »
Archives nationales, série F⁷, carton 6993.

« Elle est perclue de rhumatismes et d'obstructions
et elle a l'air d'une femme de cinquante-cinq ans
mal conservée », résume enfin le préfet du Bas-
Rhin (1). Aussi recherche-t-elle la solitude de la retraite. « Elle ne reçoit personne et vit très reti-
rée (2). » Quelquefois elle va à Genève.
On remarque sa tenue négligée et la
vétusté de sa voiture mal soignée (3).
Elle court boutiques et magasins (4),
comme une simple particulière. Qu'est-
elle de plus maintenant? Le jour où
elle prétend à plus haut, on le lui fait
bien voir. Ainsi, quand elle assiste, à
Genève, à la fête annuelle de la navi-
gation, « elle a étalé un grand luxe de
livrées et de voitures ». Certains s'y
sont laissé piper. Quelques acclamations s'élèvent, mais « auxquelles se
mêlèrent d'un autre côté, et toujours
dans la même foule, des observations
ironiques et peu révérencieuses (5) ».

Clef du cercueil
de Napoléon.

Dès lors elle évite le contact de populations assez mal
apprises pour songer à ce qu'elle fut naguère, dans

(1) Le préfet du Bas-Rhin, au ministre de l'Intérieur; Strasbourg, 15 septembre 1829.— *Archives nationales*, série F⁷, carton 6993.
(2) Rogniat, préfet de l'Ain, au ministre de l'Intérieur;.
Bourg, 16 août 1829.— *Archives nationales*, série F⁷, carton 6993
(3) De Brosses, préfet du Rhône, au ministre de l'Intérieur; Lyon, 19 août 1829.— *Archives nationales*, série F⁷, carton 6993.
(4) Rogniat, préfet de l'Ain, au ministre de l'Intérieur;
Bourg, 16 août 1829 —*Archives nationales*, série F⁷, carton 6993.
(5) Rogniat, préfet de l'Ain, au ministre de l'Intérieur;
Bourg, 23 août 1829.— *Archives nationales*, série F⁷, carton 6993.

son autrefois de gloire impériale. Ces réflexions, où parle le bon sens des humbles, la colère contenue des fidèles, on les lui évite dans les nobles compagnies. A fréquenter la duchesse de Clermont-Tonnerre et son entourage royaliste, elle n'a point à les craindre. Elle y va entendre la messe et s'y rencontre avec la fille du traître Moreau. Ce sont là ses relations. Aussi comprend-on qu'un des fils de Lucien, logé à Genève, à l'auberge de l'Écu, s'évite la facile honte de rechercher une entrevue avec sa tante (1).

C'est là le sommaire de la vie de la ci-devant impératrice, en villégiature. Entre ses messes, ses courses à Genève, une excursion à cheval, au fort de l'Écluse (2), elle partage les loisirs de ses va-

(1) ROGNIAT, préfet de l'Ain, au ministre de l'Intérieur; Bourg, 2 septembre et 8 septembre 1829. — Cette dernière lettre porte, en marge, la mention : *Communiqué au Roi. Archives nationales*, série F⁷, carton 6993.

(2) Wolff, commandant de place au fort de l'Écluse, à Collonge, département de l'Ain, au docteur Blum, à Strasbourg; Fort-l'Écluse, 24 août 1829. — *Archives nationales*, série F⁷, carton 6993. — Cette excursion de Marie-Louise fut connue d'une manière curieuse, sur laquelle nous renseigne cette lettre du préfet du Bas-Rhin au ministre de l'Intérieur, à la date du 30 octobre 1829 : « Monseigneur, M. le ministre de la Guerre a écrit à M. le lieutenant général commandant la division, pour lui parler d'une particularité du séjour de la duchesse de Parme à Genève et que j'ignorais. C'est qu'elle aurait été, dans une de ses promenades à cheval, visiter le fort de l'Écluse dans le pays de Gex, à peu de distance de Genève. Son Excellence le Ministre de la Guerre indiquait que cette particularité était connue par une lettre que le commandant du fort de l'Écluse avait écrite à un médecin nommé Blum, et demeurant à Strasbourg. Il priait le général de se concerter avec moi pour savoir si cela avait été réellement écrit au médecin Blum. J'ai chargé un homme fort intelligent d'accoster le médecin Blum et de tâcher d'éclaircir le fait. Blum a été amené fort adroitement à parler de la lettre du commandant qui lui donnait cette nou-

cances. « Tout ce qui me revient, mande le préfet Rogniat, prouve qu'il est désormais superflu de s'occuper de Mme la comtesse de Neipperg, dont personne ne s'occupe, si ce n'est fort indifféremment, dans le pays où elle a jugé à propos de venir séjourner momentanément. On la dit malade, quelques-uns la croyent enceinte : aucun intérêt ne s'attache à elle (1). » Dix-huit jours après cette constatation dénuée d'urbanité, Marie-Louise quittait sa résidence. Le 19 septembre, à une heure de l'après-midi, suivant ses équipages partis la veille, elle gagnait Lausanne, pour le coucher, et le 20, la route de Parme, par le Simplon (2). Ses deux mois de séjour

velle. Comme il importait de savoir en quels termes ce voyage était raconté et l'intérêt que le commandant mettait à cette visite, je tenais à avoir cette lettre : je suis venu à bout de me la procurer; j'en joins ici une copie; j'en ai donné une au lieutenant général qui l'envoie au ministre de la Guerre. Votre Excellence verra que le commandant du fort de l'Écluse raconte cela comme un événement ordinaire, sans y mettre un grand intérêt. Il est étonnant cependant qu'il n'ait pas rendu compte au ministre de la Guerre et au lieutenant général de cette visite, dont je doute encore. Mais, si elle a eu lieu, la chose en valait bien la peine. Dans le premier moment, cet événement ne m'avait pas paru sans intérêt, et c'est ce qui me faisait tenir davantage à voir la lettre. Le commandant Wolff est parent d'un officier général autrichien employé souvent par le gouvernement dans la *diplomatie d'intrigue*, et sa parenté avec le commandant du fort pouvait lui donner des relations qui n'étaient pas indifférentes dans la circonstance. J'ai cru devoir donner ces détails à Votre Excellence, bien que le lieutenant général les donnât de son côté au ministre de la Guerre. » — *Archives nationales*, série F⁷, carton 6993.

(1) Rogniat, préfet de l'Ain, au ministre de l'Intérieur; Bourg, 1ᵉʳ septembre 1829. — *Archives nationales*, série F⁷, carton 6993.

(2) Le sous-préfet de Gex, au ministre de l'Intérieur; Gex, 20 septembre 1829.— *Archives nationales*, série F⁷, carton 6993.

avaient parfaitement convaincu le gouvernement français de sa nullité. « Mme la duchesse, avait dit, le 23 août, le préfet de l'Ain, voudrait faire quelque effet sur les habitans de la frontière française, mais tout prouve aussi qu'elle ne réussit pas (1). » C'est à tort qu'il s'était alarmé. Plus judicieusement, plus soucieux de la psychologie de la femme, son collègue du Rhône avait écrit quelques jours auparavant : « Je ne pense pas qu'aucune fermentation nuisible puisse résulter de la présence sur la frontière d'une personne aussi dénuée d'importance politique et de consistance individuelle que la duchesse de Parme (2). » Ce zélé fonctionnaire parlait avec la voix de la raison. Les préfets de Charles X avaient sauvé la monarchie. Confessons que Marie-Louise y avait mis du sien.

*
* *

A cette date, elle avait encore quatre ans à pleurer, — officiellement, du moins, — la mort de Neipperg. Ce ne fut qu'en août 1833 que le gouvernement de son père lui expédia, de Vienne, un nouveau grand-maître, et un nouvel amant : M. de Bombelles. Il arrivait à point pour remplacer le successeur de Neipperg, le baron de Marchal, « qui s'en sauva au plus vite », paraît-il (3). Multiplicité des affaires ? Exigences de la souveraine ? Problème.

Dès son plus tendre âge, M. Charles de Bombelles

(1) ROGNIAT, préfet de l'Ain, au ministre de l'Intérieur ; Bourg, 23 août 1829.—*Archives nationales*, série F⁷, carton 6993.

(2) DE BROSSES, préfet du Rhône, au ministre de l'Intérieur ; Lyon, 19 août 1829.—*Archives nationales*, série F⁷, carton 6993.

(3) *Souvenirs de la baronne du Montet...*; p. 299.

avait donné dans la dévotion. Il la tenait de son père, qui, sur le tard, était entré dans les ordres. M. de Bombelles père, ayant épousé Angélique de Mackau, « la petite Bombe », comme disait Mme Élisabeth, sœur de Louis XVI (1), avait émigré à la Révolution. Ce fut en Allemagne qu'il perdit sa femme. Désespéré de ce trépas, et du retard d'une pension promise par la reine de Naples, il se retira incontinent dans un couvent (2). Les voies du Seigneur sont impénétrables : il en devait sortir pour de plus reluisants destins.

Cet excellent Français commença par assurer l'avenir de ses fils : il les fit entrer dans les armées autrichiennes, les mit à la solde des ennemis de sa patrie. C'était, paraît-il, une manière d'aimer son pays, en ce temps-là. Ainsi le futur grand-maître de Marie-Louise débuta au service autrichien (3).

Bombelles père, en 1806, non rallié à Bonaparte, obtint, dans la Silésie prussienne, la petite cure d'Oppelddorf. Il y mourut bientôt de faim. De la paroisse il était le plus nécessiteux. En juillet 1807, le duc de Berry fit une aumône de cinquante louis à ce pauvre petit curé prussien (4).

(1) Comte FLEURY, *Les dernières années du marquis et de la marquise de Bombelles, d'après des documents inédits* ; Paris, 1906, in-8, p. 352. — Cf. du même auteur : *Angélique de Mackau, marquise de Bombelles et la Cour de Madame Elisabeth, d'après des documents inédits* ; Paris, s. d., in-8.

(2) Comte FLEURY, *Les dernières années du marquis et de la marquise de Bombelles...* ; p. 359.

(3) « Le marquis [lors du Consulat] n'eut pas un instant la pensée de refaire des Français de ses fils. » Comte FLEURY, *Les dernières années du marquis et de la marquise de Bombelles...* ; p. 356.

(4) Comte FLEURY, *Les dernières années du marquis et de la marquise de Bombelles...* ; p. 366.

Il parvint, cependant, à intéresser le haut clergé à sa passagère infortune. Le doyenné d'Oberglogau lui échut en 1814. Mais les temps étaient proches. Les bons principes allaient triompher. La seconde Restauration fit de Bombelles père l'aumônier de la duchesse de Berry. En 1817, on lui donna une mître : il fut évêque d'Amiens. Il paraît que, dans les salons où il promenait sa progéniture, on annonçait solennellement, et sans pouffer : « Son Éminence l'Évêque et ses fils. » Ce digne homme mourut le 22 février 1822, laissant, au dire du maréchal de Castellane, quatre-vingt volumes d'anecdotes, qu'on jugea séant de brûler. Apparemment que la morale du ci-devant curé prussien était là à la hauteur de son patriotisme.

Il laissait aussi quatre enfants. Un seul d'entre eux, et le plus jeune, Charles-René de Bombelles, doit nous retenir ici.

Né à Versailles, le 6 novembre 1784, après avoir passé par l'armée autrichienne, il était venu à Paris, en 1814, comme aide de camp de Schwarzemberg. Au service dans les troupes françaises, ses préférences n'avaient pu se résoudre. Retourné en Autriche, il y avait épousé Caroline-Sabine-Victoire de Poulhariez-Cavanac (1). Elle avait 20.000 livres de rente. Lui était sans le sol. A ceux qui le lui faisaient observer, il répliquait péremptoirement : « Je n'ai rien ? Qu'appelez-vous rien ? Et mon nom (2)? » A 20.000 livres par an, Mlle Cavanac ne le trouva pas trop chèrement payé. Elle n'en profita pas long-

(1) Charles Nauroy, *Les Secrets des Bonaparte* ; Paris, 1889, in-18, p. 316.
(2) *Souvenirs de la baronne du Montet...* ; p. 293.

La psyché de Marie-Louise,
dessinée par Prudhon,
exécutée en lapis et argent
par les
orfèvres Thomire et Odiot.

temps, d'ailleurs : à peine le temps de donner un fils
et une fille à M. de Bombelles, et elle mourut, phti-
sique, à Vienne, en 1819.

Par testament, elle faillit jouer un déplorable tour
à son mari. Dans ses dernières volontés elle exigea
« que son cœur fût mis dans une boîte en plomb et
que son mari ne le quittât jamais, même dans ses
voyages les plus courts (1) ». On fit donc l'autopsie
du corps, et, pendant l'opération, ce qui fut surtout
remarquable, fut la conduite d'un des chirurgiens
qui batifola avec la femme de chambre et lui fit des
« plaisanteries bouffonnes (2) ». Quant au cœur de
sa femme, Bombelles le promena quelque temps
dans ses malles. La boîte en plomb finit par l'embar-
rasser. Il la déposa un jour dans la chapelle d'Ancy-
le-Franc, en Bourgogne, chez son cousin, M. de
Louvois, et finit par l'y laisser définitivement. Peu
après, il imagina de reconvoler avec Mlle de Bar-
tenstein, laquelle lui préféra un Hongrois huppé.
M. de Bombelles en fut pour sa mise en frais de
galanterie. Vers 1830 on le trouve lieutenant-colonel
au 5e régiment d'infanterie légère à Nancy. Il avait
planté là l'Autriche. Décision légère! Quelques semaines plus tard, et fort heureux de l'aubaine, chassé
de France par la Révolution de Juillet, il rejoignit
son ancien régiment étranger. Le moyen de ne pas
tuer le veau gras pour un enfant si prodigue? On
n'y manqua pas, et, par la même occasion, M. de
Bombelles tombait sous la main de Metternich. Heureux hasard! On avait précisément besoin d'un
diplomate à tout faire.

(1) *Souvenirs de la baronne du Montet...*; p. 294.
(2) *Souvenirs de la baronne du Montet...*; p. 294.

M. de Falloux, le neveu de M. de Bombelles, a raconté dans ses *Mémoires* les négociations qui se conclurent à Vienne par l'envoi de son oncle, comme conseiller intime de Marie-Louise, à Parme, aux appointements de 12.000 florins (30.000 francs) par an (1). La page est édifiante. A brûle-pourpoint, M. de Metternich dit un jour à M. de Bombelles : « Le poste de grand-maître de la cour de Parme est vacant par la mort du comte de Neipperg ; ce poste exige un homme capable de dominer le caractère faible de l'archiduchesse Marie-Louise, de maîtriser sa petite cour et de gouverner avec intégrité son petit État. »

Acquiescement poli de M. de Bombelles. Où en voulait-on venir ? A ceci : « La famille impériale a jeté les yeux sur vous ; elle désire votre consentement ; ne le refusez pas. » Stupeur de M. de Bombelles. Il « éprouva la plus vive surprise, opposa une longue résistance ». M. de Metternich insista, pour la forme naturellement, et M. de Bombelles « ne céda qu'à des considérations noblement désintéressées ». Hum ! hum !... et les 12.000 florins ?... Frais de route et de déplacement ? Point sot, il comprit à demi-mot M. de Metternich. D'ailleurs, la baronne du Montet n'a-t-elle pas dit de lui que c'était un « homme timide, réservé et délicat, [qui] a plu à plusieurs femmes (2) » ? On le pria d'aller continuer à Parme, et, docilement, empochant ses 12.000 florins,

(1) *Souvenirs de la baronne du Montet...* ; p. 196. — Cf. Comte de FALLOUX, *Mémoires d'un royaliste* ; Paris, 1888, in-8, t. I, p. 195 et suiv., et ARVÈDE BARINE, *L'Impératrice Marie-Louise, d'après ses lettres intimes*, dans la *Revue Bleue*, 8 octobre 1887, p. 454.

(2) *Souvenirs de la baronne du Montet...* ; p. 293.

en gage de désintéressement, sans doute, il y fut.

En août, nous l'avons dit, il arriva. Il vint, fut vu, et vainquit. En septembre Marie-Louise manifestait joyeusement sa jubilation. « Il réunit tout ce qu'on peut désirer, fermeté et douceur dans les manières, en même temps, écrivait-elle à Mlle de Poutet : c'est un homme si vertueux, c'est une vraie trouvaille (1). » On a dit que la dévotion de M. de Bombelles ne l'empêchait pas d'être « de complexion fort amoureuse (2) ». Jugement ratifié par la veuve Neipperg : « C'est un saint homme et si agréable en société (3) ! » A la vérité, la chance de M. de Metternich dépassait les espérances humaines. Une fois de plus, il avait mis la fille de son souverain en de bonnes mains. Seuls les Parmesans purent s'en plaindre.

En effet, avec M. de Bombelles, un nouveau régime était instauré dans les États de Marie-Louise. Il avait débuté par ramener la grande duchesse dans l'étroit sentier de la dévotion. Il « détermina son évolution vers la religion », dit un biographe aimable et tolérant (4). Et d'ajouter : « Il était bien le fils du pieux archevêque d'Amiens et se montra le plus zélé défenseur des congrégations et des communautés religieuses (5). »

Avec moins d'euphémismes Carlo Malaspina, le

(1) Lettre du 12 septembre 1833.— *Correspondance de Marie-Louise...*; pp. 307, 308.

(2) PAUL GINISTY, *La Marquise de Sade*; Paris, 1901, in-18, p. 189.

(3) Lettre à Mlle de Poutet, 25 décembre 1833. — *Correspondance de Marie-Louise...*; p. 310.

(4) Comte FLEURY, *Les dernières années du marquis et de la marquise de Bombelles...*; pp. 379, 380.

(5) Comte FLEURY, *Les dernières années du marquis et de la marquise de Bombelles...*; p. 380.

bibliothécaire du palais ducal, dit que Bombelles introduisit dans l'administration du duché « un cléricalisme qui souleva dans l'esprit des hommes de bon sens et de patriotisme une aversion progressive contre le nouveau majordome (1) ». Et, dès lors, n'est-elle pas d'un charme symbolique, la jolie phrase de Trolard, déclarant que Parme « dégageait une odeur cléricale plus forte que le parfum de ses fleurs (2) » ? Avec sa rancune d'émigré, son esprit étroit de sectaire, M. de Bombelles prenait là une revanche sur l'Empereur. Hier, traître à sa patrie, transfuge de son pays, besoigneux, méprisé, il se découvrait aujourd'hui, par le plus imprévu des coups de fortune, le droit et le pouvoir de détruire l'œuvre politique et préservatrice de celui dont il allait épouser la veuve. De Parme, transformée en une vaste congrégation, il rouvrait les couvents et les établissements religieux, pour souffleter ce décret impérial rendu, le 3 juillet 1806, à Saint-Cloud, dont les deux articles ruinaient le jésuitisme italien :

Article I. — L'ordre des Jésuites est supprimé dans les États de Parme.

Article II. — Tous les individus de cet ordre qui ne sont pas nés dans lesdits États, seront obligés de les évacuer ; ceux qui y sont nés seront mis à la pension et il leur sera défendu de porter un autre habit que celui des ecclésiastiques séculiers.

Délicat plaisir de sacristain de donner une nasarde au fantôme de Sainte-Hélène ! M. de Neipperg n'y

(1) Cité par le docteur Max Billiard, *Les Maris de Marie-Louise...* ; p. 259.
(2) Cité par le comte Fleury, *Les dernières années du marquis et de la marquise de Bombelles...* ; p. 380.

avait pas songé. De même il n'avait pas touché à la toilette de l'impératrice, à cette merveille de lapis et d'argent, exécutée, en 1810, pour la Ville de Paris, par les orfèvres Thomire et Odiot, sur les dessins de Prudhon (1). A la psyché, au lavabo, au tabouret, au coffret à bijoux, au fauteuil et à la table à miroir, le génie de l'élégance française avait apporté l'essence même de sa délicatesse et de son bon goût. « Ce sont de purs chefs-d'œuvre », a-t-on dit des modèles de Prudhon (2). De fait, rien de plus rare dans la somptuosité, de plus joli dans la noblesse. Ce trésor, la Ville de Paris l'avait mis dans la corbeille de noces de la jeune impératrice. En 1814, le regret lui vint de laisser cette merveille derrière elle, épave magnifique de son naufrage. Par son intendant Ballouhey, elle la réclama (3). La Restauration laissa partir à l'étranger ce glorieux lambeau du patrimoine artistique français. La toilette partit pour Vienne. « Elle arriva cabossée (4) ».

Jusqu'en 1832, elle orna le palais ducal de Parme. Puis, un jour, on la fondit. « Les ouvriers chargés de la besogne pleuraient d'anéantir ces choses magnifiques dont ils devinaient l'importance artistique et les touchantes allégories (5). » Le sacrilège versa

---

(1) Le 22 mai 1810, Prudhon réclamait un acompte de 1.000 écus, sur les travaux de la toilette. Cf. *Catalogue d'autographes Noël Charavay* ; Paris, mai 1908, in-8, pièce n° 181 (*Collection Laperlier*).

(2) HENRI BOUCHOT, *La Toilette à la cour de Napoléon...* ; p. 151.

(3) Baron de MÉNEVAL, *Napoléon et Marie-Louise ; Souvenirs historiques...* ; t. II, pp. 103, 104.

(4) HENRI BOUCHOT, *La Toilette à la cour de Napoléon...* ; p. 154.

(5) HENRI BOUCHOT, *La Toilette à la cour de Napoléon...* ; p. 156.

125.000 francs dans les caisses de Marie-Louise (1). Il paraît que ce fut pour prévenir les ravages du choléra. Le choléra donna une leçon : il ne vint que quatre ans plus tard.

Il convient ici d'accorder à chacun la part de ses actes. A cet attentat aux plus glorieux souvenirs de l'impératrice, Bombelles n'eut aucune responsabilité. Il se commit un an avant son arrivée. C'est donc elle, et elle seule, qui doit porter le poids de cette décision infamante. Ce n'est d'ailleurs point la seule qui demeure à ajouter au méprisable acte d'accusation qu'élèvent les gestes de sa vie déchue. Comme pour achever de faire juger de la hauteur de son caractère moral, le destin a voulu la laisser seule, livrée à elle-même, dans les deux plus grandes crises où il convenait de la voir. Dans la première, la possibilité est apparue d'une restauration impériale, d'un retour du Fils sur le trône du Père ; dans la seconde, c'est en présence du cadavre de ce fils, de ce dernier lien avec le grand nom impérial, qu'elle se montre. Ici plus de Neipperg ; ici pas de Bombelles, pour lui indiquer son rôle et tirer les ficelles de la chétive marionnette. C'est d'elle seule que dépend sa décision ; si elle parle, c'est d'elle seule que viendront les mots. Et comment y apparaît-elle ? Peut-on, là, définitivement la condamner, et abandonner, sans rémission, sa mémoire à l'opprobre de la postérité ?

Oui, à n'en pas douter. En effet, de quelle signification eût été alors le moindre de ses gestes ! Quelles

(1) Jules Lecomte, *Marie-Louise à Parme* ; Paris, 1845, in-8, t. II, p. 87.

conséquences pour l'avenir de son fils ! Son retour en France n'est pas impossible. C'est en son nom que les vieux soldats de l'Immortelle, dans leurs uniformes troués de Wagram et de Waterloo, montent aux barricades des Trois Glorieuses (1). Si ces vieux et nobles débris d'Empire s'immolent, ce n'est que pour Lui, l'Enfant, le Fils, l'Empereur de demain. Qu'il paraisse ! Ce trône vide l'attend.

« Si l'Empereur [d'Autriche], son grand-père, lui prête le moindre appui, s'il veut permettre que sous ma conduite il soit montré aux Français, sa seule présence le rétablira sur le trône », écrit le roi Joseph à Marie-Louise. Et, envisageant l'avènement au trône de la branche cadette des Bourbons, il ajoute, prévision qui va se vérifier : « Le duc d'Orléans ne peut réunir quelques partisans que par l'absence du fils de Votre Majesté. Son rétablissement en France peut seul y réunir tous les partis, empêcher les germes d'une révolution nouvelle de s'y développer et assurer ainsi la tranquillité de l'Europe (2). » De fait, Louis-Philippe n'est ici qu'un pis-aller. Sur les barricades, nouant ensemble par

(1) « On voyait, au milieu des combattants, quelques soldats qui, dès le commencement, avaient pris parti pour le peuple ; il y avait des uniformes de toutes les armes, de toutes les époques, de la République, de l'Empire, portés par de vieux soldats ou des officiers en retraite. » Docteur Poumiès de la Siboutie, *Souvenirs d'un médecin de Paris* (1789-1863) ; publiés par Mme A. Branche et L. Dagoury, ses filles ; introduction et notes de Joseph Durieux ; Paris, 1910, in-8, pp. 208, 209

(2) Lettre signée de Joseph à Marie-Louise ; New-York, 10 septembre 1830, 2 p. in-4. — A cette date Joseph ne connaissait les événements de Paris que jusqu'à la date du 1ᵉʳ août. — *Catalogue d'autographes Noël Charavay*, mai 1908, in-8, pièce n° 19.

des rubans tricolores d'immenses feuilles de papier
d'emballage, d'une rude griffe les combattants rédi-
gent la pétition que
voici :

*Nous tous, ci-après
soussignés, nous nous
réunissons aux vœux de
nos députés, nous tous
remercions et bénissons
le généreux préserva-
teur de l'anarchie et de
la guerre civile, et, pour
que la charte soit désor-
mais et toujours une
vérité, nous proclamons
S.A.R. Louis-Philippe,
duc d'Orléans, lieute-
nant général de l'Empi-
re, en attendant mieux,
et lui jurons obéis-
sance.*

Paris, 31 juillet 1830 (1).

Ce « mieux » qu'on
attend, n'est-ce point de
Vienne qu'il doit venir?
C'est en vain, hélas !
que vers le pont de
Strasbourg se dardent
les espérances ; rien ne

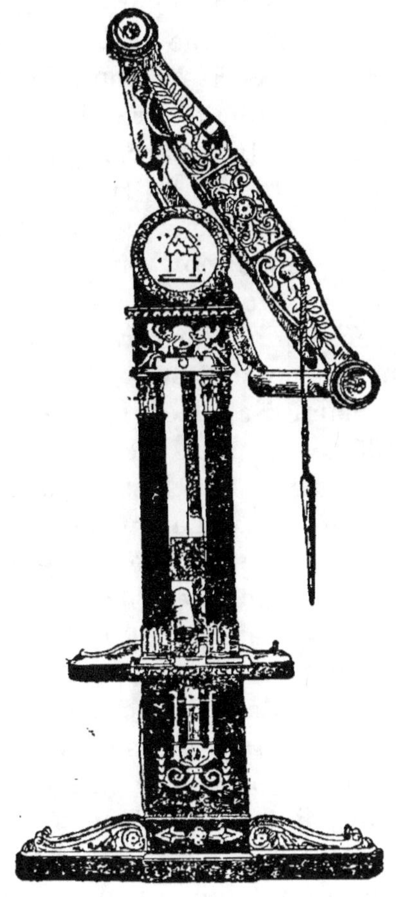

Métier de tapisserie de Marie-
Louise, conservé au palais de
Fontainebleau.

viendra. Ce geste attendu, par Joseph, de Marie-

(1) Pétition autographe en notre possession.

Louise, elle ne l'a pas fait, et ainsi, abdiquant une seconde fois, volant la couronne à son fils, elle a permis la nouvelle trahison de La Fayette et l'escamotage du trône par la Haute Banque. « Je dois vous dire, écrit Joseph à M. Ch.-J. Ingersoll, de Philadelphie, que d'après les nouvelles que je reçois de personnes très sûres, que M. de La Fayette avait d'abord proposé à l'Hôtel de Ville : 1° l'exclusion de tous les Bourbons ; 2° qu'il n'avait aucune objection à la proclamation du jeune Napoléon; il n'a cédé à ceux qui voulaient le duc d'Orléans, qu'après une défense qui a duré trente heures. Il est de fait aussi que les combattants des trois journées ont souvent proclamé Napoléon II, que les troupes de ligne ont cédé avec moins de répugnance en entendant ces cris, et que les classes populaires, qui se sont battues, ne s'attendaient pas à la proclamation du duc d'Orléans ; elle a été l'ouvrage des riches banquiers et négociants de Paris, qui ont craint les mouvements populaires et qui se sont appuyés sur celui qui était présent et qui leur a paru donner plus de garantie contre la République et leur prêter l'appui de son nom, de son argent et de sa clientèle existant à Paris (1). » Mais ce que les « personnes très sûres » n'ont point mandé à Joseph, c'est que la résistance de La Fayette ne fut que de pure forme, et qu'il était dans son rôle de transfuge de la noblesse, de transfuge de la monarchie, de transfuge de la Révolution, de transfuge de l'Empire, de compléter sa carrière par cette suprême palinodie, à laquelle le Destin

(1) Lettre datée de Point-Breeze, 2 janvier 1831. — GEORGES BERTIN, *Joseph Bonaparte en Amérique* (1815-1832); Paris, 1893, in-18, p. 351.

ne devait pas le laisser survivre. Quatre ans encore, et le peuple allait saluer son cadavre du cri vengeur : « Vive La Fayette mort (1)! »

De touchantes naïvetés bonapartistes masquèrent l'ultime lâcheté de l'Impératrice. C'est elles qui imaginèrent cette *Lettre de Marie-Louise, ex-impératrice, archiduchesse d'Autriche, duchesse de Parme, à Louis-Philippe, roi des Français* (2), abondamment répandue dans le peuple, les casernes et les faubourgs. Elle y déclarait son fils captif de l'Autriche, arraché à ses soins, victime d'une politique contre laquelle elle protestait. C'est pourquoi l'Enfant de l'Empereur avait été dérobé aux vœux du peuple, mais puisque ce peuple avait élu Louis-Philippe, elle se soumettait à ce choix, tant en son nom qu'au nom de son fils. Pouvait-on, alors, plus habilement donner le change? La confiance populaire s'y pouvait laisser prendre. Grâces aux Dieux, la postérité avait d'autres moyens pour s'y dérober.

Mais, pendant quelques années encore, la légende mensongère de l'Impératrice demeurée française de cœur, fidèle au pays de Napoléon, devait être entretenue. Savait-on que les Napoléonides la reniaient (3)?

(1) Docteur POUMIÈS DE LA SIBOUTIE, *Souvenirs d'un médecin de Paris...*; p. 230.

(2) *Lettre de Marie-Louise, ex-impératrice, archi-duchesse d'Autriche, duchesse de Parme, à Louis-Philippe, roi des Français, suivie du retour des Français bannis* ; Paris, chez J.-L. Bellemain, passage du Caire, n° 96, 1830, in-8, 8 pp.

(3) « Je n'ai vu Marie-Louise qu'une fois; c'était en 1836, sur la grand'route près de Parme. J'étais avec mon père. Je ne la connaissais pas, mais le roi Jérôme me saisit la main avec une violente émotion et me dit : « Voilà l'impératrice Marie-Louise... non, reprit-il, ce n'est plus l'impératrice, c'est madame Neipperg! » Prince NAPOLÉON, *Napoléon et ses détracteurs*; Paris, 1887, in-18, p. 102.

De même connaissait-on les odieux détails de sa rupture avec la Famille impériale ? De la légende, le silence et l'ignorance allaient se faire les zélateurs. Et, ici, pareille toujours à elle-même, abdiquant, après la gloire de la souveraine, la dignité de la mère, nous trouvons Marie-Louise dans la deuxième crise sur laquelle on est appelé à juger de son caractère, sans appel.

Des relations gardées par elle avec le Roi de Rome, nous avons déjà parlé plus haut. Quand, en juin 1832, l'état du malade fait que la mère est prévenue d'urgence, elle part, non pour sauver son fils, mais les apparences, dira-t-on (1). Comment l'accueillit le moribond ? « Avec calme », écrit son ami Prokesch (2). De plus longs détails nous sont donnés sur la tragique entrevue, par un des officiers de la maison du duc, le général comte Procope Hartmann de Klarstein (3), dans une lettre à l'Empereur François d'Autriche. Le document est précieux pour la psychologie de Marie-Louise à cette heure d'angoisse :

(1) Article d'Alexandre Weill, cité par Guy (de l'Hérault), *Histoire de Napoléon II, roi de Rome...* ; p. 400.

(2) Comte de Prokesch-Osten, ancien ambassadeur d'Autriche, *Mes relations avec le duc de Reichstadt*, mémoires posthumes traduits de l'allemand ; Paris, 1878, in-18, p. 147, — Précédemment Prokesch avait dit que, lors d'une visite de Marie-Louise au duc de Reichstadt, à Vienne, en 1830 : « Sa mère l'accueillit avec tendresse ; il l'embrassa, lui, d'un air plutôt grave. » *Mes relations avec le duc de Reichstadt...* ; p. 15.

(3) Sur le général Hartmann, cf. notre volume : *Le Roi de Rome et les Femmes* ; (la comtesse Napoleone Camerata ; la danseuse Fanny Elssler ; la cantatrice Pêche ; les Anonymes et les Inconnues ; l'archiduchesse Frederique-Sophie de Bavière) ; Paris, 1910, in-8, p. 263.

Schoënbrunn, 25 juin 1832.

SIRE,

Sa Majesté l'archiduchesse Marie-Louise est arrivée hier à 5 heures et quart; environ une heure après, elle s'est rendue auprès du prince; l'entrevue, comme il est trop aisé de le comprendre, a éprouvé la mère et le fils; cependant, Sa Majesté s'est sentie tranquillisée d'avoir vu le prince, et celui-ci était gai; tout faisait espérer que la présence de sa mère aurait sur lui une influence bienfaisante. L'archiduchesse se rendit le soir une seconde fois auprès du prince, qui passa ensuite une assez bonne nuit, troublée, comme d'habitude, par des quintes de toux fréquentes, mais moins fatigantes, et ce matin l'enrouement survenu depuis deux jours est moindre. L'état du prince ne présente d'ailleurs, en comparaison de mes précédents rapports, aucun changement ni en bien ni en mal; j'ai l'honneur d'en informer Votre Majesté (1).

Quelques semaines de répit encore, et le dénouement est proche. Le 22 juillet, à 5 heures 10 du matin, s'achève la mélancolique destinée du jeune homme ; le dernier lien se brise qui rattache Marie-Louise au souvenir napoléonien. Cette mort, qui la doit frapper d'un coup sans pareil, qui semble emporter avec elle tout ce qui doit lui demeurer de sa rayonnante et heureuse jeunesse, cette mort, c'est en deux petites phrases, pauvres et banales, qu'elle l'annonce à son père. Voici le billet. Il achève de la compléter au moral :

(1) ÉDOUARD WERTHEIMER, *Documents inédits sur la maladie et la mort du duc de Reichstadt*, publiés dans la *Revue historique*, mai-août 1907, t. LXIV, p. 89.

Schoënbrunn, 22 juillet 1832.

Très cher Papa,

Mon pauvre fils vient d'expirer à l'instant, à 5 heures 10 minutes. Le ciel a exaucé mes prières et lui a accordé une mort douce et paisible. Je vous baise les mains, mon cher papa, et vous remercie de toutes les bontés et de toute l'affection que vous lui avez témoignées; mon cœur, plein de tendresse filiale pour vous, vous en gardera une reconnaissance éternelle (1).

Voilà ce qu'à l'heure tragique de sa destinée, cette mère trouve pour pleurer son fils ! Pas un cri du cœur dans ce billet, pas un sanglot venu des entrailles. Elle enregistre la mort, sans plus. Mais qu'eût-on attendu de mieux d'elle? Et, dans la lettre par laquelle elle annonce à Madame Mère la désastreuse nouvelle, c'est la même insignifiance pacifique et neutre, le même ton monocorde, la même nullité :

A Madame Mère,
à Rome.

Madame,

Dans l'espoir d'adoucir l'amertume de la douloureuse nouvelle que je suis malheureusement dans le cas de vous annoncer, je n'ai voulu céder à personne le soin pénible de vous en faire part. Dimanche 22, à 5 heures du matin, mon fils chéri, le duc de Reichstald (sic), a succombé à ses longues et cruelles souffrances. J'ai eu la consolation d'être auprès de lui dans ses derniers moments, et celle de pouvoir me convaincre que rien n'a été négligé pour le conserver à la vie. Mais les

____

(1) Édouard Wertheimer, Documents inédits sur la maladie et la mort du duc de Reichstadt... ; p. 93.

secours de l'art ont été impuissants contre une maladie de poitrine que les médecins, dès le principe, ont
unanimement jugée d'une na-
ture si dangereuse, qu'elle
devait infailliblement conduire
au tombeau mon malheureux
fils, à l'âge où il donnait les
plus belles espérances. Dieu
en a disposé ! Il ne nous reste
qu'à nous soumettre à sa volonté suprême, et à confondre
nos regrets et nos larmes.

Agréez, Madame, dans cette
douloureuse circonstance, l'expression des sentiments d'attachement et de considération
que vous a voués

Votre affectionnée

Marie-Louise.

Au château de Schônbrunn,
le 23 juillet 1832 (1).

Mais on devine bien que ce
n'est là qu'un modèle proto-
colaire recopié par la mère
en deuil. La phrase s'arrondit
pompeusement et ridicule-

Caricature révolution-
naire de 1791, contre
le « traître » Lafayette.

(1) Cette lettre fut donnée par Mme Mère au roi Joseph
qui la légua, avec ses papiers, à son exécuteur testamen-
taire. De là elle passa aux mains du baron du Casse, éditeur, comme on sait, des *Mémoires du Roi Joseph*. Elle appartient aujourd'hui au baron Robert du Casse. Nous en avons
donné un fac-similé dans notre volume *Le Roi de Rome et les
Femmes...* ; pp. 280, 281.

ment, et, dans elle, rien ne parle de ce qui est la
nature.

Que plus digne, plus noble et plus déchirante, est la
lettre par laquelle répond la grand' mère aveugle et
solitaire dans son vieux palais romain ! Ici le grand
ton napoléonien crève la phrase, la gonfle de l'orage
captif de l'énorme douleur contenue. C'est Fesch
que la mère de l'Empereur charge d'écrire :

Rome, le 6 août 1832.

MADAME,

Malgré l'aveuglement politique qui m'a toujours
privée de recevoir des nouvelles du cher enfant dont
vous voulez bien m'annoncer la perte, je n'ai jamais
cessé de lui conserver des entrailles de mère (1). Il
était encore pour moi l'objet de quelque consolation,
mais à mon grand âge, à mes infirmités habituelles et
douloureuses, Dieu a voulu ajouter ce coup, nouveau
gage de ses miséricordes, dans la ferme espérance
qu'il aura amplement compensé, dans sa gloire, la
gloire de ce monde. Veuillez, madame, recevoir le
témoignage de ma reconnaissance, pour avoir pris la
peine, dans une aussi douloureuse circonstance, de
soulager l'amertume de mon âme. Soyez sûre qu'elle
durera le reste de ma vie. Mon état m'empêchant de
signer cette lettre, permettez que j'en charge mon
frère (2).

(1) En 1832, Prokesch rendit visite à Madame Mère à Rome.
« Elle me raconta sans amertume, dit-il, qu'elle avait écrit
à plusieurs reprises à Marie-Louise, et même au duc, mais
que ses lettres étaient restées sans réponse. » Comte de
PROKESCH-OSTEN, *Mes relations avec le duc de Reichstadt...*;
p. 140.

(2) Baron LARREY, *Madame Mère (Napoleonis Mater)*, *essai
historique*; Paris, 1892, in-8, t. II, p. 407.

Après cela se détache le dernier chaînon qui retient Marie-Louise aux Napoléonides. Elle retourne à elle-même, au bourbier de sa vie, et plus rien, désormais, ne la viendra rappeler au souvenir de ce qu'elle fut naguère. « Je ne la crois pas inconsolable ! Dieu lui pardonne ! » écrivait Méneval à sa femme (1). Marie-Louise allait avoir à cœur de le prouver. Elle commença par se hâter de quitter Schœnbrunn. Le cercueil de cuivre de son enfant descendu dans l'humide crypte de l'église des Capucins, à Vienne, elle rejoignit son père au château de Persenberg, alla faire une petite cure à Salzbourg, et regagna Parme. Ce fut alors que M. de Metternich se décida à lui envoyer un consolateur sous la forme séduisante d'un personnage patelin et benoît, M. de Bombelles. Et, tombant à point, on a vu comme il fut accueilli.

(1) Lettre du 9 août 1832. — Baron de MÉNEVAL, ministre plénipotentiaire, *Marie-Louise et la Cour d'Autriche entre les deux abdications...* ; p. 412.

II

LES INTERMÈDES GALANTS DE LA VIEILLE DAME

Quelques mois la duchesse de Parme vit en concubinage avec le jésuite expédié de Vienne. Le 17 février 1834, ils se décident à faire régulariser leur situation, discrètement, et ils se marient (1). Cela se fait quelque peu « à la façon des reines de Madagascar » (2), mais peu importe. De concert ils ont sauvé les apparences.

C'est, vraisemblablement, en présidant le banquet de noces d'Albertine, fille de Marie-Louise et de Neipperg, mariée, le 26 octobre précédent, au comte de San Vitale, chambellan de la souveraine, que le goût en est venu à M. de Bombelles. Cependant, à en croire Mme du Montet, « il s'est résigné à être le

(1) Léonce de Brotonne, *Les Bonaparte et leurs alliances...* ; p. 101.
(2) Henri Bouchot, *La Toilette à la cour de Napoléon...* ; p. 156.

mari non avoué d'une princesse ; il ne l'a certainement pas désiré, l'élévation et l'indépendance de son caractère m'en sont de sûrs garants. L'emploi de mari a quelque chose de victime (1) ».

Entendu. Marie-Louise a violé M. de Bombelles. Le pauvre homme ! Il poussait décidément le sacrifice aux dernières limites. Désintéressé — malgré les 12.000 florins de casuel — il devait étendre sa facilité de sacrifice sur tous les terrains. A la vérité, on le pouvait plaindre. C'étaient les tristes restes d'une beauté, déjà fanée sous le magistère de M. de Neipperg, qui lui venaient échoir. Déjà nous avons vu ce qu'en 1829 les populations françaises et suisses pensaient des charmes physiques de l'impératrice démissionnaire. L'année suivante, ils n'avaient guère regagné leur fraîcheur. Eugène de Méneval, premier secrétaire de l'ambassade de France, à Vienne, la vit en 1830. C'était alors « une vieille femme édentée, décharnée, offrant aux regards de ceux qu'elle admettait à venir la visiter tous les symptômes de la décrépitude et l'aspect d'une véritable ruine (2) ». Le portrait tracé, en 1839, par le neveu de Bombelles, n'était guère plus flatteur : « Je ne sais, écrivait M. de Falloux, si l'impératrice avait été belle ; en tout cas, à l'époque où j'eus l'honneur de la voir, son extérieur n'avait rien d'attrayant. Elle était voûtée ; sa lèvre inférieure, épaisse, selon le type héréditaire de la famille impériale d'Autriche, était très pendante, ce qui la faisait paraître plus

(1) *Souvenirs de la baronne du Montet...*; p. 296.
(2) Baron de MÉNEVAL, ministre plénipotentiaire, *Marie-Louise et la Cour d'Autriche entre les deux abdications...*; pp. 397, 398.

vieille que son âge (1). » Quelques mois plus tard,
en août 1840, un voyageur passant à Ischl, dans le
Tyrol, la vit assise à la fenêtre de sa maison « en-
graissée, vulgarisée, tricotant des bas et plongeant
sa vue dans un de ces petits miroirs attachés aux
fenêtres en Allemagne pour regarder les passants,
et qu'on appelle des espions (2) ».

La veuve de César n'était plus qu'une grosse com-
mère allemande. A léguer à la postérité l'image de
sa plantureuse maturité, son appétit collaborait.
« Elle jouissait d'un bon estomac », a-t-on diagnos-
tiqué d'après ses menus (3). On peut les citer ici, ces
pièces à conviction de son appétit. Elles ajoutent
aux coins de son intimité, et il est bon de savoir que
M. de Bombelles avait trouvé à Parme, outre le
« reste », un bon gîte. Ainsi, le 29 décembre 1846,
Mme de Bombelles dînait suivant ce menu :

Le potage panade à l'allemande.
Le bœuf sauce Raifort au bouillon.
Les cervelles frittes (*sic*) garnies de carottes.
Le poulet rôti.
Brand Nockerln.

C'était le sieur Rousseau, cuisinier français, qui
combinait ces solides délicatesses. Le 2 janvier 1847,
il offrait à la duchesse cet en-cas de taille :

Le potage Semel-Knödeln (4).
Le bœuf sauce Raifort au bouillon.

(1) Comte de Falloux, *Mémoires d'un royaliste...* ; t. I, p. 195.
(2) Coulmann, *Réminiscences*, 1862, t. I, p. 124, cité par
Charles Nauroy, *Les Secrets des Bonaparte...* ; p. 315.
(3) Docteur Max Billiard, *Les Maris de Marie-Louise...* ; p. 276.
(4) « Potage avec une sorte de boulettes de mie de pain. »
Docteur Max Billiard, *Les Maris de Marie-Louise...* ; p. 275.

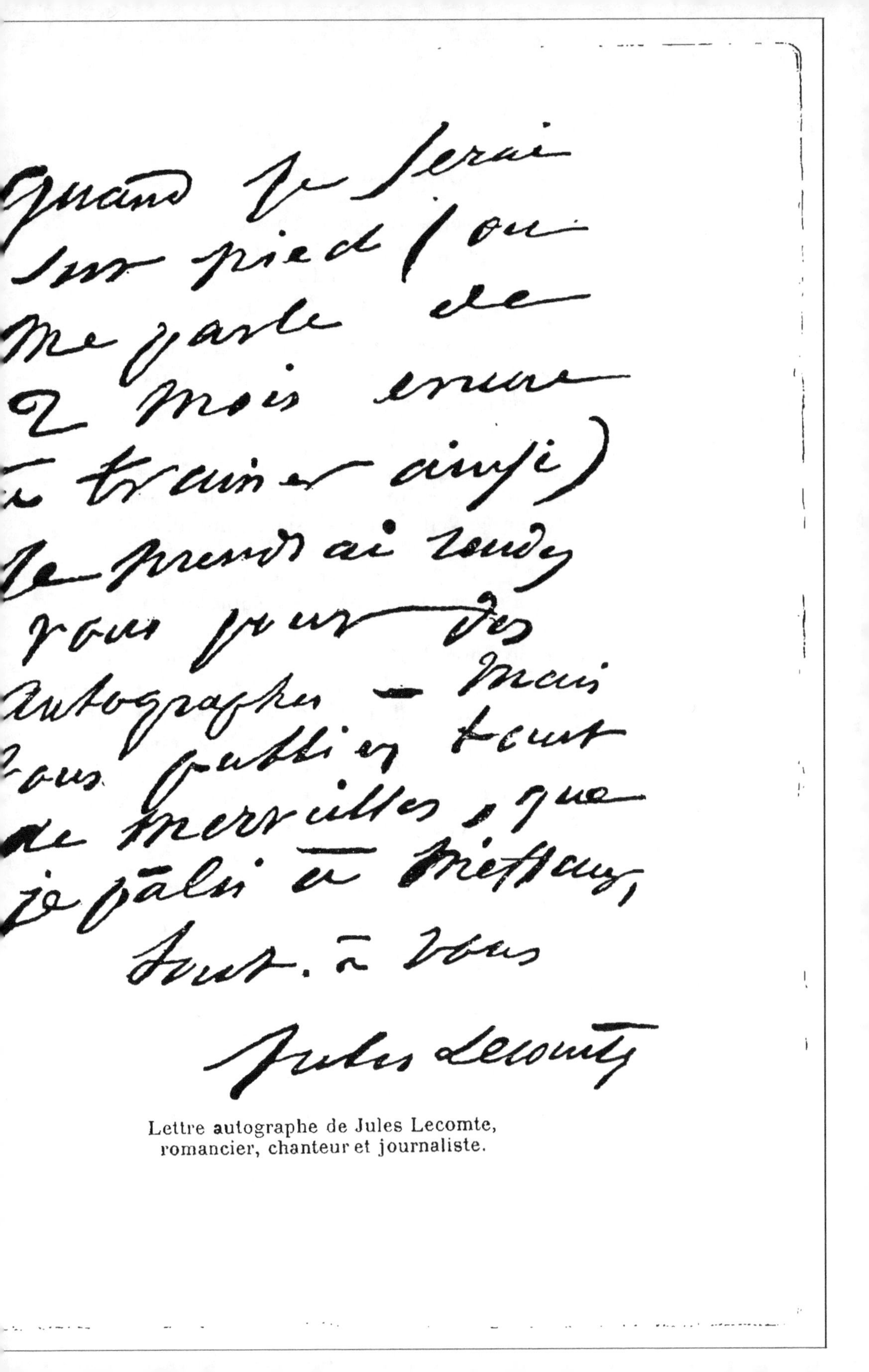

Lettre autographe de Jules Lecomte,
romancier, chanteur et journaliste.

Les cervelles frittes (*sic*) aux choux-raves.
La grive aux petits croûtons.
Le poulet rôti.
Croquettes de Roy.

Oh! somptueuse frugalité des menus impériaux !
C'est par des platées de ce genre que l'Impératrice,
en se régalant, les remplaçait :

Le potage panade à l'allemande.
Le bœuf sauce Raifort à la crème.
Les croquettes fines ou Bofossen de volaille.
La cervelle fritte (*sic*) aux épinards.
La poitrine de veau farcie à l'allemande.
Le poulet rôti.
Les asperges de Parme, au suprême (1).

Ce noble appétit atteste d'une conscience pure et
pacifique. Rien ne troublait maintenant l'eau dor-
mante du calme lac de la vie de Marie-Louise. Table
copieuse, un mari à demeure, des bals masqués à
Parme, la comédie chez elle, dans son palais (2),
quels autres bonheurs souhaiter? Aucun. Ici encore
les lambeaux épars de sa correspondance témoi-

(1) Docteur MAX BILLIARD, *Les Maris de Marie-Louise...* ;
pp. 275, 276.
(2) « A Parme, le palais, vaste et beau, avait deux longues
ailes ; une aile était occupée par la chapelle et par des religieuses avec lesquelles elle [Marie-Louise] passait une
bonne partie de la matinée ; l'autre aile était la salle de
spectacle ; la princesse y entretenait une bonne troupe
d'opéra et y passait la plupart de ses soirées d'hiver. Quant
à l'Empereur Napoléon, pas un buste, pas un portrait de
lui ; pas davantage du duc de Reichstadt ni à Parme, ni à
la campagne. Tout respirait là ou le plus profond oubli, ou
la plus profonde résignation. » Comte de FALLOUX, *Mémoires
d'un royaliste...* ; t. I, p. 196.

gnent de la vie quiète, somnolente, insignifiante, où elle traîne ses jours. Ce sont des billets pour demander des aiguilles pour tricoter les chaussons de ses pauvres (1), pour se plaindre de sa mauvaise santé pendant l'hiver de 1838 (2), pour se lamenter, en deux pages, sur les inondations de 1839 (3), pour se plaindre de la chaleur et commander l'achat d'objets de toilette (4). A cela se bornent ses préoccupations.

Elles reviennent, avec quelques détails sur sa vie intime, dans la correspondance qu'elle date d'Ischl, où elle va prendre, chaque année, les eaux chlorurées et sodiques, recommandées aux poitrinaires et aux femmes lymphatiques. Le 5 septembre 1839, elle écrit : « Je commence à me ressentir des bons effets de ma cure, au moins ne suis-je plus un squelette ambulant comme lors de mon arrivée ; le tic doulou-

---

(1) Lettre aut. sig. à M. de Foresti ; Salzbourg, 2 août 1838, 1 p. in-8.— *Catalogue d'autographes Noël Charavay*, juin 1905, in-8, pièce n° 107.

(2) Lettre aut. sig. à M. de Foresti ; Parme, 7 février 1839, 1 p. in-8.— *Catalogue d'une précieuse collection de lettres autographes et de dessins originaux ayant appartenu à M. Henri Bachimont*, vente des 25 et 26 novembre 1909. Paris, 1909, in-8, pièce n° 219. — Cette lettre a figuré depuis au *Catalogue d'autographes Noël Charavay*, n° 404, avril 1910, pièce n° 67207, offerte à 100 francs.

(3) Lettre aut. sig. au chevalier de Foresti, 11 novembre 1839, 2 p. 1/2 in-8.— *Catalogue d'une intéressante collection de lettres autographes*, vente du 14 décembre 1908 ; Paris, 1908, in-8, pièce n° 103, vendue 51 francs.

(4) Lettre aut. sig. à... [Foresti?] ; Sala, 11 octobre 1841, 2 p in-8.— *Catalogue d'une précieuse collection de lettres autographes comprenant des lettres adressées à Rachel par Béranger, Déjazet, Marie Dorval, Dumas père et fils, Victor Hugo, Lamartine Alfred de Musset, George Sand, etc., des lettres et morceaux de musique...* ; vente du 18 décembre 1909 ; Paris, 1909, in-8, pièce n° 103.

reux que j'avais dans la figure a presque cessé et tout me fait espérer un hyver beaucoup meilleur au précédent, mais les médecins s'accordent à dire que je ne recouvrerai entièrement ma bonne santé qu'après avoir pris l'été prochain ma seconde cure à Ischl. Le temps affreux qu'il fait depuis une semaine m'est bien désagréable, parce qu'il empêche souvent mes bains de vapeur (1). » On remarquera le style excellent acquis par Marie-Louise pendant ses quatre ans de séjour en France. Le 25 août 1841, arrivée à sa villégiature, elle remplit trois pages de détails sur son voyage aux bords du Danube (2); le 2 septembre suivant elle a un pouce tout enflé et craint d'avoir la goutte (3); en 1842, elle recommence à broder sur le thème habituel. Elle a eu des mésaventures sur le bateau à vapeur, à cause de la chaleur et pour avoir bu de la mauvaise eau. Derechef elle craint d'avoir la goutte, — revanche des plantureux repas, à l'allemande, de Parme. Mais elle se résigne à la volonté de Dieu, quoique la perspective de la maladie ne soit guère faite pour la réjouir. Sa famille la préoccupe peu. « J'ai trouvé tous les miens en bonne santé, mais tellement occupés de la famille de Saxe, que pour moi c'est comme s'ils ne fussent pas ici. »

Elle demande un bracelet de pierres en forme de

(1) Lettre aut. sig. [au chevalier de Foresti]; Ischl, 5 septembre 1839, 2 p. in-8. — *Catalogue d'autographes Victor Lemasle*, n° 92, février 1909, pièce n° 2417, offerte à 75 francs.

(2) Lettre aut. sig. au chevalier de Foresti ; Ischl, 25 août 1841, 3 p. in-8. — *Catalogue d'autographes Noël Charavay*, n° 367, mars 1907, pièce n° 59206, offerte à 75 francs.

(3) Lettre aut. sig. au chevalier de Foresti; Ischl, 2 septembre 1841, 1 p. in-8. — *Catalogue d'autographes Noël Charavay*, n° 405, mai 1910, pièce n° 67381, offerte à 75 francs.

chapelet, une coupe de robe en organdi blanc, de celles qui sont à la mode, avec des raies ou des dessins, puis un camail « comme il appartient pour une dame d'un certain âge (1) ». La « dame d'un certain âge », c'est elle. Elle a alors dépassé la cinquantaine. Elle semble avoir renoncé aux agréments des dames sur le retour. Non point tout à fait, cependant, à en croire les bavardages d'un avantageux galantin C'est le sieur Jules Lecomte, que nous voulons dire.

Ce personnage était né, en 1814, dans un de ces logis boulonnais dont les fenêtres, serrées les unes contre les autres, semblent se presser d'éclairer l'humide intérieur.

Fils d'un capitaine de navire, il entra dans la marine et, assez rapidement, acquit le grade de lieutenant de vaisseau. Mais hanté du démon de la littérature, il planta là la dunette de ses premiers voyages pour courir de moins mouvants terrains. En 1833 il publia une *Pratique de la pêche à la baleine dans les mers du Sud*, qui ne suffit point à rapprocher son nom de celui d'un de ses confrères maritimes fameux, Eugène Sue. Entré dans les petits journaux satiriques de Paris, il y fut demeuré longtemps sans doute, sans un incident qui mit la frontière entre sa personne et la justice. En 1837 il avait signé un faux billet au bénéfice d'une femme galante. Piètre, si on veut, sa liberté lui était chère. Il la mena promener outre-France. C'est alors que, de ville en ville, par

(1) Lettre aut. sig. [au chevalier de Foresti]; Ischl, 8 septembre 1842, 2 p. in-8. *Catalogue d'autographes Victor Lemasle*, n° 86, avril 1908, pièce n° 95, offerte à 75 francs. — Le chevalier de Foresti, à qui sont adressées les lettres citées ci-dessus, fut un des gouverneurs du duc de Reichstadt. Voyez sur lui notre volume, *Le Roi de Rome et les Femmes...*; p. 45.

la Belgique, l'Allemagne et l'Italie, il fut faire montre des agréments de sa voix. Il se fit ténor. Sa « tournure avantageuse et une grande distinction de mise et manières (1) » n'y nuisaient point. Lui-même a plaisamment raconté les déconvenues et agréments de ce roman comique (2). Sur le tout brochèrent quelques querelles retentissantes. Ainsi Alexandre Dumas, parangon d'honnêteté, comme chacun sait, lui reprocha publiquement à Florence l'indélicatesse, cause de son exil. « Je n'ai pas le temps de lire un paquet de lettres lithographiées que m'envoie Alexandre Dumas, dont l'intention est de ne pas se mesurer avec M. Jules Lecomte, qui l'a deux fois frappé au visage en pleine promenade, à Florence, lit-on dans les notes du maître-chanteur Charles Maurice. J'ai autre chose à faire que de peser le courage des gens et de chercher à connaître l'état de santé de ceux qui se portent bien (3). » Ces lignes montrent que Jules Lecomte n'acceptait pas placidement le rappel de ses juvéniles défaillances. Il préférait caresser celui de ses aimables succès. En bonne place, « ce diable d'homme (4) » y faisait figurer la conquête de Marie-Louise.

(1) Témoignage de M. Jules Troubat, dernier secrétaire de Sainte-Beuve.— Docteur Max Billiard, *Les Maris de Marie-Louise...*; p. 263.

(2) Jules Lecomte, *Aventures galantes d'un ténor italien*; Paris, 1842, 2 vol. in-8.

(3) Charles Maurice, *Histoire anecdotique du théâtre, de la littérature et de diverses impressions contemporaines, tirée du coffre d'un journaliste, avec sa vie à tort et à travers*; Paris, 1856, in-8, t. II, p. 239. — A la date du 31 mai 1843.

(4) Lettre aut. sig. d'Edmond About, à Dumas fils ; La Schlittenbach, 4 p. in-12. — *Catalogue d'autographes Noël Charavay*; février 1908, in-8, pièce n° 1.

Comme ténor il avait chanté au théâtre de Parme. Son talent, joint à ses séductions naturelles, captivèrent, à l'entendre, la souveraine. Avec une bonne humeur gaillarde il écrivait, à Souverain, son éditeur :

Oui, mon cher Souverain, votre nom fait bien dans cette affaire, — je succède à Napoléon. Vous ne vous en apercevrez pas aux Tuileries, mais je m'en aperçois à Parme. J'ai chanté devant Marie-Louise ; elle m'a retenu à souper. Le souper dura toute la nuit. Quand je me suis réveillé le matin, j'ai pu me figurer que j'étais Empereur !

Ne soyez pas trop fier de votre romancier maritime. Si j'ai été à *l'Abordage* (1), c'est comme ténor et non comme romancier. Cupidon dit : « Il faut avoir deux cordes à son arc (2). »

Et, pour attester de la réalité de sa bonne fortune, pièces à l'appui, il publiait, en 1845, deux forts in-octavos : *Marie-Louise à Parme.*

De cette nuit d'amour dont il se vantait, certes il était digne, et Marie-Louise était bien capable de la donner. Connaissant la femme, qui ne croirait à la vraisemblance de l'anecdote ? Sans doute, Jules Lecomte est suspect, parce qu'il s'en vante. Mais n'est-il pas tels triomphes dont des gens de son bord puissent s'enorgueillir ? Personne, d'ailleurs, jusqu'à sa mort, survenue en 1864, ne le mit en doute (3).

(1) *L'Abordage* avait été un des premiers romans maritimes de Jules Lecomte.

(2) Cité par le docteur MAX BILLIARD, *Les Maris de Marie-Louise...*; pp. 266, 267.

(3) « M. Jules Lecomte, le spirituel chroniqueur du *Monde illustré*, a succombé, le 22 avril, à une phtisie pulmonaire.

Où une valable raison pour le faire aujourd'hui Arsène Houssaye, qui y croyait, comme chacun y peut croire, disait de Marie-Louise : « Il n'y a plus qu'à graver sur sa tombe : *Ci-gît qui a commencé par un empereur et qui a fini par un ténor.* »

A de moins badines et moins reluisantes épitaphes, Jules Lecomte prétendit. Sa tombe, dans la 29ᵉ division du cimetière Montmartre, s'orna de lignes plus modestes :

JULES LECOMTE

auteur de
« La charité à Paris »
Ouvrage couronné par l'Académie (1)
Décédé
dans sa cinquante-quatrième année
le 22 avril 1864 (2).

La chronique anecdotique et scandaleuse n'y trouva, évidemment, point son compte. C'est tant pis pour elle. D'ailleurs, qu'avait à y perdre la « dame d'un certain âge » de Parme ?

Né à Boulogne-sur-Mer, en 1814, il avait servi dans la marine avant d'embrasser la carrière des lettres. M. Jules Lecomte était amateur d'autographes ; il aimait à en parler dans ses chroniques, et il avait même réuni une collection assez nombreuse de lettres de célébrités contemporaines. Son goût était d'illustrer ses livres avec ses autographes. On trouve dans sa bibliothèque un grand nombre de curiosités de ce genre. » *L'Amateur d'autographes*, nᵒ 57, 1ᵉʳ mai 1864, p. 144.

(1) JULES LECOMTE, *La Charité à Paris* ; Paris, 1861, in-18, récompensé, en août 1860, par le prix Montyon.

(2) Docteur MAX BILLIARD, *Les Maris de Marie-Louise...* ; p. 272.

III

LA MORT DE LA CI-DEVANT IMPÉRATRICE

Paisiblement, dans la vase de la médiocrité, s'achevait la vie de Marie-Louise. Les troubles de 1831 et de 1847 étaient seuls venus l'interrompre. Les uns et les autres avaient rapidement été domptés. D'une main de fer Bombelles mit à la raison les libéraux qui commençaient à s'agiter. Les congrégations y trouvèrent des forces nouvelles pour résister aux attaques des sociétés politiques et secrètes. Et, pour un temps, le jésuitisme eut le dernier mot. Marie-Louise en devait emporter la consolante illusion dans la tombe.

Au début de décembre 1847, elle s'était sentie quelque peu indisposée, pendant une promenade en voiture. La nuit fut mauvaise. Il fallut appliquer des sangsues. La fièvre et la toux l'écrasaient parmi ses oreillers mouillés. Une forte saignée lui permit de passer, sans autres malaises, la journée du 10 décembre. Le bulletin de santé du 11 annonça une « fièvre rhumatique ». Sur la foi de M. Corrado Cicci, directeur de la Pinacoteca de Parme, on a pu croire que le refroidissement contracté par Marie-Louise s'aggrava de la faiblesse où elle était, par la suite de l'abus « des plaisirs des sens (1) ». A la réalité elle était atteinte d'une pneumonie aiguë (2). La maladie prit rapidement un caractère grave. Le 12 décembre, l'évêque de Parme accordait à la moribonde l'extrême-onction morale, si on peut dire, car « Sa Majesté n'étant pas à jeun ne pouvait pas recevoir la sainte communion (3) ». Au mieux sensible qui suivit cette journée, succéda bientôt une crise d'étouffement. On en appela aux vésicatoires et aux sinapismes. La quinine ne combattait plus la fièvre. Par les rues de Parme processionnèrent des cortèges. Les bourdons sonnèrent aux églises. A tous les autels se haussèrent les ostensoirs expiatoires. Le 15 décembre, au matin, la gorge de l'archiduchesse se serra au point qu'il lui fut impossible d'avaler une gorgée de ses remèdes. Enfin, le 16, l'extrême-onction définitive lui fut donnée. Elle exigea la récitation à son chevet des prières des agonisants, puis, elle se fit lire son dernier testament, daté du 22 mai 1844. Hoquetante, elle écouta l'interminable lecture de la longue pièce. Décrits, étiquettés, numérotés, tous les bijoux de la souveraine, tous ses menus souvenirs d'amour — l'œil de Neipperg, le buste de Neipperg, le masque de Neipperg, les cheveux de Neipperg, le portefeuille de Neipperg

---

(1) PAUL GINISTY, *La Marquise de Sade...*; p. 197.

(2) Docteur MAX BILLIARD, *Les Maris de Marie-Louise...*; p. 294.

(3) Abbé MISLIN, *Derniers moments de Sa Majesté Marie-Louise, duchesse de Parme, Plaisance et Guastalla, morte à Parme le 17 décembre 1847*; Parme, 1847, in-4, p. 8. — Docteur MAX BILLIARD, *Les Maris de Marie-Louise...*; p. 284.

— figuraient là. Comme de juste, elle les distribuait aux bâtards du borgne. Outre cela elle donnait son âme à Dieu, « et je le prie de la recevoir dans son immense miséricorde ».

Elle fit venir ses enfants et petits-enfants. D'une main défaillante elle les bénit, agenouillés au lit de son agonie. « Honorez ma mémoire », leur recommanda-t-elle. Que ne pouvait-elle adresser pareille prière à la postérité !

Le 17 décembre, elle s'affaiblit de plus en plus ; le matin elle prit de la gélatine et du bouillon ; à midi elle eut un vomissement de bile ; puis, engourdie, retomba. A 5 heures 10 minutes, sa tête blême s'enfonçait dans les oreillers. Elle avait passé (1). « Puisse le ciel lui rendre légère l'improbation universelle qui pèse sur sa tête dégradée ! » s'écriait un patriote de 1842 (2). Cette improbation n'avait point troublé son agonie.

Les funérailles n'eurent lieu que huit jours plus tard. Pendant quelques jours, en grand appareil, roulé dans les soies d'une robe blanche et les pourpres plis d'un manteau de cour, écrasée sous l'amas de ses croix et de ses décorations, un crucifix serré dans ses mains décharnées, elle était demeurée exposée dans la chapelle ardente de son palais. Sous la cuirasse des étoffes, des ors, des broderies et des

______

(1) « Cette souveraine à l'âme si peu royale mourait à Vienne, à l'âge de 56 ans, le 18 décembre 1847. » Baron de MÉNÉVAL, ministre plénipotentiaire, *Marie-Louise et la Cour d'Autriche entre les deux abdications...* ; p. 398. — Deux lignes, deux erreurs : Marie Louise mourut à Parme, non à Vienne, le 17 décembre, et non le 18.

(2) P. FRANC-LECOMTE (de la Marne), *Histoire de Napoléon II, né roi de Rome...* ; p. 76.

gemmes, son cadavre était intact. Le scalpel de l'autopsie ne l'avait point éventrée. « Je désire que mon corps ne soit point ouvert, priait-elle dans le premier article de son testament de 1844, mais injecté avec de l'arsenic, d'après le nouveau procédé en usage en Italie ; cette disposition est cependant subordonnée au désir de mon premier médecin ; s'il désire pour sa tranquillité et sa responsabilité que l'autopsie aye lieu, je ne m'y oppose pas. » En conséquence de quoi le docteur Rossi, par une incision de quelques centimètres au cou, injecta au cadavre de la ci-devant impératrice une solution de 10 litres d'alcool mélangés à 1 kilogramme d'acide arsénieux (1). Telle, le 23 décembre, on la déposa sur le matelas de crin et de velours violet de son cercueil de pin, lequel fut placé dans un deuxième cercueil de plomb, enfin dans un troisième de noyer verni. Le lendemain, le clergé leva la dépouille funèbre recouverte de son poêle de velours à croix d'or.

Depuis quelques jours une affiche, à la porte de la cathédrale, conviait la foule aux funérailles :

MARIÆ LUDOVICÆ

IMP. CŒS. FRANCISCI I AUG. FILLIÆ AUG.

ARCHIDUCI AUSTR. DUCI N.

PARANTALIA

AGITE O CIVES

PRINCIPI

QUÆ BENE DE UNIVERSIS MERITA EST

BENE INVICEM ADPRECAMINI (2).

(1) Docteur MAX BILLIARD, *Les Maris de Marie-Louise...* ; p. 295.

(2) Docteur MAX BILLIARD, *Les Maris de Marie-Louise...* ; p. 297.

La dernière oraison tombée, la dernière aspersion faite, le triple cercueil fut embarqué dans un fourgon et dirigé sur Vienne. A quinze ans de distance il allait rejoindre dans la Kaisersgruft, le cercueil de bronze et de cuivre du Fils de l'Homme. « Elle ne sut même pas se faire oublier », dit le fidèle Pons (1). C'était la suprême fois qu'elle se rappelait au souvenir napoléonien. Une légitime pudeur réclamait le silence autour de ce cadavre déshonoré : « Laissons donc aux vers du cercueil cette impératrice descendue, cette épouse adultère, cette mère sans amour, qui était morte pour la France avant de l'être pour le monde, et qui, pour n'avoir su garder ni l'honneur de son rang, ni la grandeur de son nom d'épouse, ni l'austérité de son rôle de veuve, ni son amour de mère, ni sa chasteté de femme, a mérité de ne laisser ni respect, ni regrets, ni mémoire. Le dédain de l'oubli est la vengeance de la pudeur publique (2). »

Le silence se fit, mais non l'oubli, car son souvenir demeure pour l'éternité d'une honte sans égale, d'une abjection sans exemple.

*
* *

Au lendemain de la mort de l'archiduchesse, M. de Bombelles avait remis le pouvoir au successeur désigné par les traités de Vienne : Charles-Louis de Bourbon, duc de Lucques. Ainsi, après les huit Far-

______

(1) Pons (de l'Hérault), *Souvenirs et anecdotes de l'île d'Elbe...* ; p. 190.

(2) *Le Portefeuille, revue diplomatique*, dimanche 9 janvier 1848, p. 31.

15.

nèse qui régnèrent à Parme, de 1545 à 1727, la principauté retombait aux mains de ces Bourbons dont trois avaient déjà occupé le trône. Le quatrième n'y devait demeurer qu'un an. Un destin fatal pesait sur Parme. Le fils de Charles-Louis de Bourbon lui succéda. Six ans plus tard il était assassiné. M. de Bombelles vécut assez vieux pour voir crouler dans le sang et l'anarchie l'État qu'il eut sous sa coupe.

De Marie-Louise il héritait de 3oo.ooo livres italiennes en rentes milanaises, d'un portrait de l'Impératrice par Gérard, et de la bibliothèque.

Jusqu'en 1855 il vécut à Prague, obscurément, presque victime de la révolution qui avait arraché l'empereur François de l'antique trône des Habsbourg. M. de Metternich avait eu un instant l'idée de le récompenser. Une fois encore, le jésuite se drapa dans sa dignité. Il « refusa toute récompense, même honorifique, et revint en France », écrit le comte de Falloux. En mai 1855, M. de Bombelles débarqua à Versailles, et, au n° 7 de la rue de la Bibliothèque (depuis Gambetta), il vint gîter avec sa fille Marie. Pour honorer ses loisirs, l'empereur d'Autriche lui dépêcha le grand collier de l'Ordre de la Couronne de Fer. Le grand-duc de Toscane y ajouta la grand'croix de l'Ordre de Saint-Joseph. A tant de présents, M. de Bombelles ne survécut guère. A l'automne de 1855, il prit le lit. Les jours de sa mélancolie traînèrent. MM. prêtres le venaient visiter. Le R. P. de Ponlevoy, lui-même, l'auteur de la *Vie du Père de Ravignan*, lui vint apporter ses consolations. M. de Bombelles en fut touché à l'extrême. « Merci, merci, mon père, lui dit-il ; si j'ai été en mesure d'être utile à la compagnie dans le cours de

ma vie, vous me le rendez bien aujourd'hui (1). »
Le 3o mai 1856, il mourut, dans son logis de Versailles.

Le 4 juin suivant on transportait le corps dans la
petite église de Grisy-sur-Seine, payée d'une partie
de ses deniers. Depuis quelques semaines il y avait
fait transférer la boîte en plomb contenant le cœur
de sa première femme, cette même boîte qui encom-
brait si désagréablement ses malles, au cours de ses
voyages. Et, sous une pompeuse épitaphe latine, de
vingt-quatre lignes, célébré et loué jusque dans ses
décorations, le protecteur des Jésuites, M. de Bombelles, le troisième et dernier mari de la ci-devant
Impératrice des Français, vint dormir le grand som-
meil de son dernier voyage.

Seul le hasard de l'Histoire l'y vient troubler. Son
rôle auprès de Marie-Louise oblige seul à soulever
la dalle qui le dérobe à la lumière. C'est elle, sa
psychologie, le lamentable procès-verbal de sa déchéance, qui condamnent à cette enquête, car, suivant la sage parole : « Les nations ont des souvenirs
qui se taisent et qui durent (2) », le souvenir de
l'Autrichienne impériale dure dans la terre où demeurent marqués les talons des bottes de l'invasion.

(1) Fragments de notes tracées par Mlle la comtesse Marie
de Bombelles. — Docteur Max Billiard, *Les Maris de Marie-
Louise...*; p. 312.
(2) Lord Rosebery, *Napoléon ; la dernière phase...*; p. 277.

Nous tous ci-après soussignés ... protestant ... de nos

... Nous nous réunissons et ... le général ... et
à la bonne cause ... pour que la charte soit observée. ...
... liberté ! ... Nous proclamons au lieutenant ...
Philippe duc d'Orléans ... le général ... l'empire ... et lui
jurons obéissance. Paris 31 Juillet 1830 ...

Pétition signée sur les barricades de

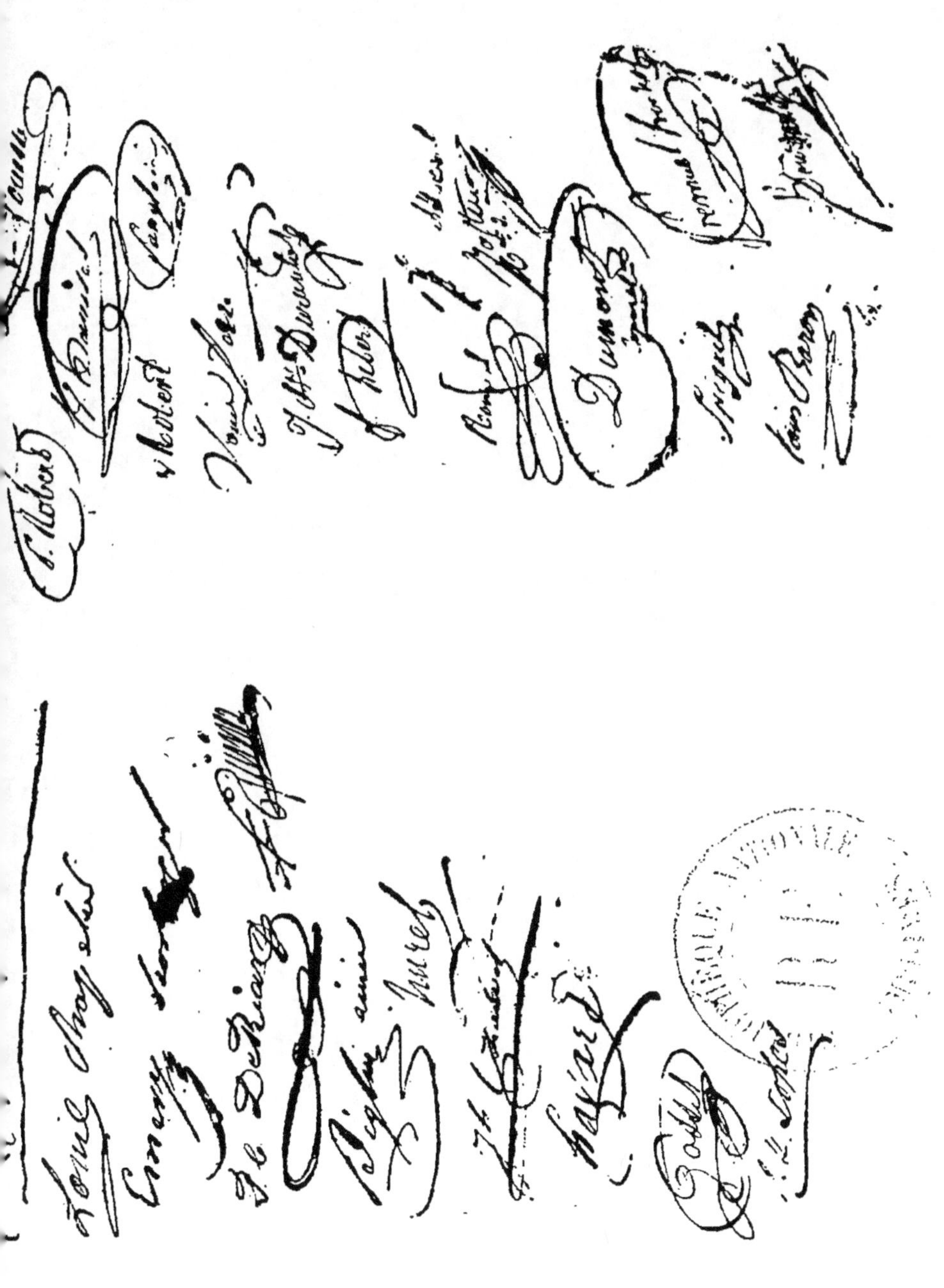

réclamer le retour du roi de Rome.

...tion Hector Fleischmann.)

APPENDICES

APPENDICES

I

LE RETOUR DE MARIE-LOUISE EN AUTRICHE EN 1814

Sur le retour de l'Impératrice en Autriche, après l'abdication de Napoléon, il existe divers témoignages, notes de pure information, dispersées à travers les numéros du *Journal des Débats*, pendant les mois de mai et de juin 1814. Ces notes, à ce que nous sachions, n'ont jamais été réunies, reliées entre elles par un groupement chronologique, et on peut le regretter, car c'est un document de premier ordre, précis et pittoresque, que leur ensemble constitue. Nous le donnons ici, établi pour la première fois, en complément du chapitre que nous avons consacré à la fuite de l'Impératrice du territoire de l'Empire.

*
* *

Schaffouse, 29 avril (1814). — Un courrier, qui a passé ici la nuit dernière, a annoncé que S. A. I.

l'archiduchesse Marie-Louise arriverait ici le 3 mai. Cette princesse est attendue le 1ᵉʳ à Bâle (1).

Sur les mouvements de voyageurs créés à Bâle par les derniers événements, le journal donne, le mois suivant, quelques chiffres qui peuvent être cités à titre de curiosité :

Depuis le 21 décembre 1813 jusqu'au 30 avril 1814, la ville de Bâle a logé 1.728 généraux, 51.725 officiers, 4.739 chirurgiens, 240 ministres, 1.044 conseillers, 2.575 secrétaires, 3.733 femmes, 56.891 domestiques et 517.664 soldats ; total : 639.729 (2).

Le 11 mai, les *Débats* reprennent la série des informations sur le voyage de l'Impératrice :

Munich, 30 avril. — On attend ces jours-ci S. A. I. l'archiduchesse Marie-Louise (3).

Ce n'est point, cependant, avant la mi-mai, que Marie-Louise quittera la Suisse :

Schaffouse, 13 mai. — S. A. I. l'archiduchesse Marie-Louise d'Autriche est attendue aujourd'hui dans notre ville ; elle a passé à Bâle le 1ᵉʳ mai. On a commandé 116 chevaux pour cette princesse et sa suite. S. A. I. sera reçue à la frontière par M. le colonel Schlach et le commandant de place M. le lieutenant de Ziegler ; un escadron de dragons et un ba-

---

(1) *Journal des Débats politiques et littéraires,* dimanche 8 mai 1814.
(2) *Journal des Débats politiques et littéraires,* samedi 18 juin 1814.
(3) *Journal des Débats politiques et littéraires,* mercredi 11 mai 1814.

taillon d'infanterie l'escorteront jusqu'à l'auberge de la Couronne où S. A. I. sera complimentée par une députation de la régence du canton (1).

Sur ce séjour à Schaffouse, les *Débats* donnent, dans leur numéro du lendemain, des détails qui ne sont pas tout à fait sans intérêt :

Schaffouse (sic), 5 *mai.* — M. de Bausset, préfet du palais, est arrivé hier matin ici, avec le capitaine d'état-major autrichien comte de Karatochay, pour préparer les logements de S. A. I. l'archi-duchesse Marie-Louise. Une partie des bagages les suivit de près. Cette princesse arriva vers neuf heures du soir ; elle était escortée par un détachement de hussards de Kienmayer et des dragons du canton. S. A. I. a admis ce matin à son audience les principales autorités civiles et militaires ; ensuite elle s'est rendue avec une partie des personnes qui l'accompagnaient à la maison de M. Winz pour y voir la chute du Rhin. Elle fera demain une petite excursion à Zürich, d'où elle reviendra ici le soir. Voici son itinéraire jusqu'à Schoënbrunn. S. A. I. partira le 7 pour Constance, employera la journée du 8 à visiter les environs, se rendra le 9 à Waldsée, le 10 à Kempten, le 11 à Renti, le 12 à Inspruck, où elle s'arêtera le 13. Elle en repartira le 14 pour se rendre à Saint-Jean, et le 15 à Salzbourg où elle restera le 16. Elle partira le 17 pour Vallabruck, le 18 pour Enns, le 19 pour Molk et arrivera le 20 au château de Schoën-brunn. La suite de S. A. I. et du prince de Parme,

(1) *Journal des Débats politiques et littéraires*, samedi 14 mai 1814.

son fils, est de 62 personnes, parmi lesquelles on re- marque la duchesse de Montebello ; la comtesse de Brignolles ; la baronne de Hurtault-Castener ; mad. de Rabusson ; le général comte Caffarelli, grand écuyer ; le marquis de Bausset, préfet du palais ; le comte Saint-Aignan, écuyer ; le baron de Menneval, secrétaire privé ; le baron de Corvisart, médecin ; Mad. de Montesquiou, gouvernante du prince ; la baronne de Soufflot et sa fille ; M. le général comte de Kinsky est chargé de la direction du voyage de S. A. I. ; il a pour adjoints les comtes de Wrbna et de Toffi (1).

Les détails sur le séjour à Zurich sont plus concis :

Zurich, 7 mai. — S. A. I. l'archiduchesse Marie-Louise est arrivée ici à midi, venant de Schaffouse avec une suite nombreuse. Cette princesse est des- cendue dans une campagne au bord du lac, à un quart de lieue de la ville. S. A. I. y a dîné. Elle a fait une promenade sur le lac, et le soir elle est re- partie pour Wintherthur, d'où elle retourne demain à Munich. Cette princesse voyage *incognito* sous le nom de comtesse de Falkenstein ; elle a refusé les honneurs dus à son rang et n'a reçu personne (2).

La même feuille contient cette note, envoyée de Bâle le 11 mai :

Hier nous vîmes passer sept magnifiques carrosses de l'archiduchesse Marie-Louise, dont l'un qui est

(1) *Journal des Débats politiques et littéraires*, dimanche 15 mai 1814.
(2) *Journal des Débats politiques et littéraires*, samedi 21 mai 1814.

celui de parade, est tout couvert d'or ; plusieurs chevaux de main de la plus grande beauté accompagnaient ces voitures. Le tout était escorté par un escadron de cuirassiers autrichiens.

Quatre jours plus tard est signalé le passage de l'archiduchesse dans le Tyrol :

Inspruck, 14 *mai.* — S. A. I. l'archiduchesse Marie-Louise d'Autriche est arrivée, le 12, dans notre ville et y a été reçu avec une très grande pompe. Plusieurs arcs de triomphe avaient été érigés sur son passage ; les autorités et presque tous les habitants s'étaient portés à la rencontre de l'auguste fille des Césars, pour lui offrir à l'envi leurs hommages et lui témoigner leur amour. S. A. I. a fait son entrée au bruit du canon et au son de toutes les cloches. Le peuple a dételé les chevaux de sa voiture et l'a traînée jusqu'au château. Le soir, toute la ville a été illuminée. Hier, S. A. I. a fait une promenade sur les montagnes voisines d'Inspruck ; elle a bien voulu accepter un repas champêtre qui lui avait été préparé au presbytère d'Axanis. Aujourd'hui elle s'est rendue à Hall pour visiter les Salines (1).

Désormais, maintenant qu'elle est sur les terres de son père, le voyage de l'Impératrice prendra des allures triomphales. L'allégresse nationale salue le retour de la victime du Corse. « Partout les populations se pressaient sur son passage, écrit M. de Montbel, on eût dit une fête générale, où l'on célébrait comme un bonheur public, le retour de cette archiduchesse d'Autri-

(1) *Journal des Débats politiques et littéraires,* mercredi 25 mai 1815.

che (1). » Les *Débats* continuent à nous en donner les échos :

Saltzbourg, 18 *mai*. — L'archiduchesse Marie-Louise est arrivée ici le 16 à neuf heures du soir. Cette princesse a donné hier au matin audience aux autorités ; elle a parcouru dans l'après-midi une partie de nos environs. S. A. I. s'est remise aujourd'hui en route pour Vienne (2).

Enfin, de la capitale autrichienne arrive la première — et la dernière — nouvelle :

Vienne, 19 *mai*. — On attend après-demain S. A. I. l'archiduchesse Marie-Louise à Schoënbrunn. S. M. l'Impératrice y est déjà. LL. AA. II. les archiducs et les archiduchesses sont sur le point de s'y rendre (3).

Ce ne sont plus maintenant que deux brèves notes que nous donnent les *Débats*. Elles sont comme la mélancolique conclusion de cette fuite de fin d'Empire :

Paris, 14 *juin*. — Le général Caffarelli qui avait accompagné S. A. I. l'archiduchesse Marie-Louise est de retour à Paris (4).

Et, c'est un retour encore, le dernier :

Lausanne, 10 *juin*.— Madame la duchesse de Mon-

(1) M. DE MONTBEL, *Le Duc de Reichstadt...*; p. 50.
(2) *Journal des Débats politiques et littéraires*, lundi 30 mai 1814.
(3) *Journal des Débats politiques et littéraires*, mardi 31 mai 1814.
(4) *Journal des Débats politiques et littéraires*, mercredi 15 juin 1814.

Je vous demande bien des excuses mon cher Monsieur Ballouhey de répondre si tard à la lettre dans laquelle vous m'adressiez vos vœux à l'occasion de la nouvelle année et pour lesquels je ne vous en suis pas moins reconnaissante — Je serois aussi bien contente si votre santé vous permît de faire un voyage en Italie et de venir à Parme où vous seriez sûr d'être le bien venu dans la maison, et je fais bien des vœux pour qu'elle ne vous cause plus autant d'incommodité que par le passé. Ma santé est aussi très bonne et je compte me rendre bientôt à la campagne, et peut-être dans une couple de mois à Vienne — Je vous prie de croire à tous les sentiments d'estime et de considération avec lesquels je suis

Parme ce 30 Mai
1827.

Votre très affectionnée
Marie Louise

Lettre de Marie-Louise à Ballouhey, ancien secrétaire de ses dépenses.

tebello, M. de Saint-Aignan et le docteur Corvisart, qui ont accompagné à Vienne l'archiduchesse Marie-Louise, sont arrivés dans cette ville, hier au soir, avec une suite de trois voitures. Ils se sont remis en route ce matin pour Genève (1).

Seuls, les derniers fidèles sont demeurés là-bas, Mé neval, Mme de Montesquiou, Mme Soufflot. Et puis, c'est le silence. L'Autriche a remis la griffe sur son archiduchesse volée.

(1) *Journal des Débats politiques et littéraires*, samedi 18 juin 1814.

II

LA « VEUVE D'HECTOR » ET LE POÈTE SENSIBLE

Les différentes visites faites par Marie-Louise, lors
de son séjour au Petit-Sacconex, en 1829, à Genève,
eurent le don d'inspirer un poète sensible de l'endroit,
le sieur Elysée Lecomte.

C'était, on le voit, le premier Lecomte que Marie-
Louise était appelée à rencontrer dans sa vie. Le moment était bien choisi pour faire gémir les presses. On
annonçait déjà la venue du duc de Reichstadt (1). La

(1) Voici une lettre au ministre de l'Intérieur qui atteste
des bruits alors en circulation :

Bourg, le 13 septembre 1829.

Monseigneur,

J'ai l'honneur de rendre compte à Votre Excellence que
l'archiduchesse Marie-Louise est partie le 10 du Petit-Sacconex avec quelques personnes de sa suite, pour se rendre
à Lausanne et de là à Fribourg, où l'on assure qu'elle doit
avoir une entrevue avec son fils le duc de Reichstadt et le
général Bertrand. Elle doit revenir au Petit-Sacconex sous
peu de jours et en repartir définitivement le 18 pour Turin.

Je suis avec respect, Monseigneur, le très humble et très
obéissant serviteur,

Le capitaine commandant la gendarmerie de l'Ain :
CARRELET.

Cette lettre fait partie du dossier d'où nous avons tiré
nos précédentes pièces. — *Archives nationales*, série F^7, carton 6993.

16

mode était, décidément, à ce que les préfets appelaient, dans leur correspondance avec le ministre, « d'odieux souvenirs ».

Le brave Elysée Lecomte, sans se douter de ce qui allait advenir, publia donc bien innocemment son poème (1). Nous le rééditons ici, comme la pièce capitale de l'affaire d'état que les préfets de la Restauration créèrent autour d'elle. Outre sa rareté, sa valeur psychologique pour l'étude des sentiments libéraux de l'époque mérite qu'on la tire de l'oubli poussiéreux du carton d'archives où elle dort.

Marie-Louise a Genève.

Je l'ai vue !... Et mon cœur gémit et doute encor.
Je l'ai vue !... Ils disaient : C'est la veuve d'Hector !
C'est elle, c'est Louise, épouse d'un grand homme,
Fille d'un Empereur, mère du Roi de Rome.
L'Impératrice, enfin !... Je contemple, à ces mots,
Celle qui fut unie au premier des héros...
O surprise ! ô douleur !... Une fièvre ennemie
A-t-elle donc fané les roses de ta vie?...
D'où vient donc que ton œil, autrefois si puissant,
Laisse tomber à peine un regard languissant?...
D'où vient donc qu'à ta marche, autrefois triom-
                                        [phante,
Succède la lenteur d'une marche pesante?...
Est-ce un habit de deuil que couvre ton manteau?...
Et ce triste cortège, à mes yeux si nouveau,
Leur offre-t-il, du moins, la consolante image
D'un éternel regret, d'un éternel veuvage?
Pardonne, un tel discours t'afflige, je le sais ;
Mais j'aimai ton époux, ton fils. Je suis Français !

(1) ÉLYSÉE LECOMTE, *Marie-Louise à Genève*; Genève, imprimerie J. Barbezat et Cⁱᵉ, s. d. [1829], in-8, 8 p.

Qu'ai-je entendu, grands Dieux !... Est-ce la calomnie
Dont la langue de fiel, trop souvent impunie,
Distillant sur tes jours son funeste poison,
Jusques dans le tombeau poursuit Napoléon ?
Mon respect pour sa cendre et surtout pour ta gloire,
Veut, en vain, dérober tes fautes à l'histoire.

*
* *

Catastrophe inouïe ! Affreuse politique
Qui relégua le père au fond de l'Atlantique,
Emprisonne le fils, égare sa raison,
Lui cache son pays, son véritable nom ;
Et, couronnant, enfin, cette infernale trame,
Prive un fils de sa mère, un époux de sa femme !
Ce n'était pas assez. Il fallait qu'un affront
De l'illustre captif stigmatisât le front,
Que, rongé de douleur, jusque dans l'Élysée,
Hector vit sa maison à l'opprobre exposée.
Il fallait plus encor... Et tu sus résister !
Louise, il t'en souvient, ils osaient discuter
Les moyens captieux d'un criminel divorce,
Aux lois de la raison substituer la force,
Et, de l'autorité du pontife romain,
Appuyer sans pudeur leur barbare dessein.
On dit que de la gloire, implacable ennemie,
Ta marâtre en fureur pressait ton infamie.
Un refus éclatant, seul fruit de leurs efforts,
A réjoui le monde et consolé les morts.

*
* *

Que ne l'as-tu suivi !... Spartiate nouvelle,
Et comme Chélonis, courageuse et fidelle,

Que n'as-tu dit aux rois : « Ne me retenez plus ;
Je veux vivre et mourir avec Cleombrotus !
Il règne à l'île d'Elbe et je suis encor reine ;
Il est captif : adieu, je vais à Sainte-Hélène ! »
Ta présence eût calmé ses cuisantes douleurs,
Et des nains couronnés prolongé les terreurs.
Que ne peut une femme !... On l'eût sauvé, peut-être ;
Et l'Europe avec joie eût reconnu son maître !
De tes brillants destins qu'un pouvoir trop jaloux
Ait enchaîné tes pas loin d'un auguste époux ;
Que ton cœur n'ait jamais outragé sa mémoire,
C'est ce qu'on doit penser, c'est ce que je veux
           [croire...
Mais si tu n'étais plus *tout entière* à son fils,
Si ta faiblesse... Ah ! Dieux ! Louise, je frémis...
Vils calomniateurs, tremblez, qu'osez-vous dire ?...
Ce n'est que pour ce fils que Louise respire ;
Sans lui, vous la verriez descendre chez les morts,
Par les chagrins tuée et non par les remords.
L'Impératrice, ô ciel ! à ce point avilie !!!
Peuples, rassurez-vous : si jamais ma patrie,
Brisant les factions et leur joug odieux,
Rendait au *Fils de l'Homme* un trône glorieux,
Sur le char de triomphe, à sa droite placée,
Reprenant sa grandeur quelque temps éclipsée,
Louise nous disait : « Voilà le *Fils d'Hector* !
Je vous l'ai conservé : m'en voulez-vous encor ?... »

*
* *

Marie-Louise eut-elle connaissance de ce poème ?
Nous l'ignorons. Mais la police française, elle, l'eut
bientôt entre les mains. Dès le 21 septembre, le préfet
du Jura l'envoyait à M. Rives, conseiller d'État et direc-

teur du personnel au ministère de l'Intérieur. Ces vers, disait-il, « se vendent publiquement dans cette ville [Genève], mais ils sont fort peu répandus dans le Jura ». Il les résumait avec impartialité : « L'auteur cherche en vain à réchauffer des souvenirs ; les bonapartistes ne pardonnent pas à la veuve d'Hector d'avoir oublié si souvent ce qu'elle devait à sa mémoire (1). » Plus loquace, plus explicite, plus pénétré du danger auquel vient d'échapper la monarchie, le préfet de l'Ain écrit fiévreusement, trois jours après son collègue du Jura, une lettre qui nous apprend ce qu'il advint au poète et à son imprimeur :

PRÉFECTURE DU
DÉPARTEMENT DE L'AIN.

Bourg, le 24 septembre 1829.

MONSEIGNEUR,

Après le départ de la duchesse de Parme, la pièce de vers dont je joins ici un exemplaire a été publiée à Genève. L'auteur, Elysée Lecomte, qui est françois, mais réside dans cette ville (c'est tout ce que je sais sur son compte ; je vais aller aux informations), a été mandé, ainsi que l'imprimeur Barbézat, chez le premier syndic, et tous deux ont été réprimandés par lui. Un assez grand nombre d'exemplaires s'est débité à Genève ; il ne s'en débitera point dans l'arrondissement de Gex, de même qu'il ne s'y débite point d'imprimés, car les habitants communiquent si librement et si fréquemment avec Genève, que cette ville est pour eux le marché unique, et leur chef-lieu ; placés, par le traité de 1815, en dehors de la ligne des douanes, quand ils tra-

(1) *Archives nationales*, série F⁷, carton 6993.

versent le pont de Bellegarde, seul point avec lequel on communique avec l'arrondissement de Nantua et le midi du royaume, ils appellent cela venir en France. Mais ils ont, en général, un trop grand amour du bon ordre pour que cette publication coupable, que quelques-uns se procureront sans doute à Genève, et des chansons qu'on commence aussi à y répandre, produisent plus qu'un effet éphémère, et d'ailleurs peu sensible. Je ne doute point qu'avec la circonstance qui les fait naître, ces écrits ne soyent bientôt oubliés.

Si l'auteur étoit en France, je n'hésiterais pas à déférer son ouvrage au Procureur du Roi. Persuadé qu'il sera promptement oublié, comme je viens de le dire, il m'a paru convenable, avant de rien faire, de prendre les ordres de Votre Excellence. En attendant, j'obtiendrai d'autres renseignements.

Le bruit que la duchesse de Parme reviendra l'année prochaine se soutient; on va même jusqu'à désigner l'habitation qu'elle aurait secrettement arrêtée, savoir la maison Piquet, à Champol, sur les bords de l'Arve. J'ai peine à croire cela. Il faut s'attendre pendant deux ou trois semaines à diverses rumeurs, auxquelles il n'y a pas lieu, à mon avis, de prêter beaucoup d'attention.

Il en seroit autrement des écrits ou actes quelconques qui indiqueroient des espérances criminelles. J'aime à espérer que les premiers essais, dont je communique un échantillon à Votre Excellence, n'auront pas de suite. Je surveillerai cela avec soin. Je vous prie, Monseigneur, d'agréer mon respect.

Le préfet de l'Ain,
ROGNIAT.

P. S. — En relisant ces vers, il me semble, malgré l'esprit qui les a dictés, et les passages à incriminer, surtout celui de la fin, que l'esprit général serait de fortifier le sentiment, assez dominant chez les libéraux, qui a éloigné de la duchesse toute espèce d'intérêt.

A Son Excellence le Ministre de l'Intérieur (1).

A des dénonciations aussi formelles et animées d'un zèle aussi pur, le ministre ne pouvait demeurer indifférent.

Dès le 25 septembre, il faisait répondre au préfet du Jura : « Je vous remercie de cette communication et je vous prie de tenir la main à ce que cette production, qui ne saurait manquer de produire un mauvais effet, ne puisse être introduite en France par la frontière de votre département. Votre zèle m'est un sûr garant de l'efficacité des précautions que vous prendrez pour cet objet (2). »

Quant au sieur Rogniat, préfet de l'Ain, fonctionnaire si dévoué, si actif, si prolixe, on lui faisait la grâce de changer à peine le cliché habituel dont on venait de se servir pour le préfet du Jura. « Je vous remercie de cette communication, lui écrivait le ministre, le 28 septembre, et je partage entièrement votre manière de voir au sujet de l'ouvrage, dont vous m'avez indiqué les passages les plus répréhensibles, et je vous prie de donner sur la frontière de votre département les ordres nécessaires pour empêcher l'introduction de cette brochure dans le royaume (3). » Ainsi se termina cette grave affaire. Pauvre Elysée Lecomte ! Il avait

(1) *Archives nationales*, série F⁷, carton 6993.
(2) *Archives nationales*, série F⁷, carton 6993.
(3) *Archives nationales*, série F⁷, carton 6993.

raté la vocation de prophète. Il venait trop tôt. Un an
plus tard le gouvernement eût souscrit à cent exemplaires de son poème de bonne volonté. Il était de ces
poètes qui n'ont point le sens de l'opportunité.

TABLE DES CHAPITRES

TABLE DES CHAPITRES

Pages.

AVANT-PROPOS   V

LIVRE I

La Femme de César.

I. — L'orgueil de la survie dynastique.   13
II. — Le « ventre » autrichien   43
III. — La victime du « Corsicain ».   58
IV. — La descente à la trahison.   94

LIVRE II

La Femme du Borgne.

I. — Manière de divorcer suivant la raison d'État .   123
II. — Les bâtards parmesans   160
III. — « Notre sérénissime conjoint ».   182
IV. — La fin du « terrible mâsle ».   206

LIVRE III

La Femme du Jésuite.

I. — Loisirs badins de la dévotion   217

Pages.

II. — L'intermède galant de la vieille dame 246
III. — La mort de la ci-devant Impératrice 257

APPENDICES

I. — Le retour de Marie-Louise en Autriche en 1814. 269
II. — La « veuve d'Hector » et le poète sensible . . 277

2688. — Tours, Imprimerie E. ARRAULT et Cie.